高麗時代 田莊의 構造와 經營

신 은 제

동아대학교 사학과를 졸업하고 같은 대학에서 고려시대 사회경제사를 전공
하여 석사와 박사학위를 받았다. 동아대학교와 창원대학교 등지에서 강의하였
으며 동아대학교 석당학술원 고려사역주사업단에서 연구교수로 재직하면서 『국
역 고려사』 역주에 참여하였다. 현재는 (재)한국문물연구원의 연구원으로 일하
고 있다.

『국역 고려사』 세가와 열전, 『입산마을의 역사와 문화』(선인, 2008)을 공저하
였으며 주요 논문으로는 「고려시대 전장의 구조와 경영」(박사학위논문), 「원종·
충렬왕대 전민변정사업의 성격」(『한국중세사연구』 21, 2006), 「고려사 편찬 후
고려에 대한 기억」(『한국중세사연구』 23, 2007), 「14세기 전반 원의 정국동향과
고려의 정치도감」(『한국중세사연구』 26, 2009) 등이 있다.

高麗時代 田莊의 構造와 經營

값 18,000원

2010년 6월 30일 초판 인쇄
2010년 7월 9일 초판 발행

저　　자 : 신 은 제
발 행 인 : 한 정 희
발 행 처 : 경인문화사
편　　집 : 신학태 김지선 문영주 안상준 정연규
　　　　　서울특별시 마포구 마포동 324 - 3
　　　　　전화 : 718 - 4831~2, 팩스 : 703 - 9711
　　　　　이메일 : kyunginp@chol.com
　　　　　홈페이지 : 한국학서적.kr / www.kyunginp.co.kr
등록번호 : 제10 - 18호(1973. 11. 8)

ISBN : 978-89-499-0734-5　94910
ⓒ 2010, Kyung-in Publishing Co, Printed in Korea

高麗時代 田莊의 構造와 經營

신 은 제

景仁文化社

책을 내면서

시간과 속도는 반비례 한다는 아인슈타인의 말은 최소한 정보화 사회에 사는 우리들에게는 적용되지 않는다. 정보화는 현대인들에게 보다 빠른 속도를 요구하게 되고 우리들은 일상을 추스릴 여유도 없이 그냥 시간을 흘려보낸다. 내 컴퓨터의 인터넷 속도만큼이나 학문적 조류도 빨라지고 있다. 80년대 한국사회를 휩쓴 마르크스가 90년대 중반을 거치면서 쇠퇴하고, 90년대 말부터 포스트 모던의 열기가 넘쳐 흐르더니 이제는 전근대 한국사연구자가 감히 넘보기도 어려울 정도로 많은 조류들을 밀물처럼 밀려왔다 썰물처럼 사라져 간다.

그 조류의 한 가운데에서 너무나 진부해 보이는 책을 출간하려 한다. 『고려시대 전장의 구조와 경영』이라는 이 책은 필자의 박사학위 논문을 정리한 것이다. 2005년 8월 학위를 받았으니 5년이라는 세월이 지나가 버렸다. 논문을 쓸 때에도 다소 진부해 보이는 주제가 이제는 더욱 낡고 초라해 보인다. 그럼에도 온고지신이라는 말을 위안삼아 책으로 출간하는 용기를 내었다.

이 책은 마르크스에 이론적 토대를 두고 있다. 당연히 이유는 있다. 필자는 90학번이다. 필자는 베이비붐 세대의 마지막에 태어났으며 80년대를 사로잡은 민주화 운동의 끝자락에서 대학을 다녔다. 이런 운명은 필자의 학문적 이력에도 깊은 자욱을 남겼다. 필자는 학부시절 내내 민중사학의 그늘아래에서 전근대 사회구성체를 고민했고 근현대 민족운동을 배웠다. 상황은 대학원에서도 변하지 않았다. 고심 끝에 전공을 고려시대사로 채택한 필자에게 사적유물론에 입각한 사회경제사는 운명과도 같았다. 정치사나 사상사는 사회경제적 토대에 결정되는 존재이기에 필

vi

자의 관심에서 멀어져 있었다.

그런데 필자가 고려시대 사회경제사 연구에 본격적으로 뛰어들었을 무렵, 세상은 변하기 시작했다. 불과 5년이 안되어 사회경제사 연구는 세인들에게 외면 받더니 곧이어 연구자들의 관심에서도 멀어지게 되었다. 그렇다고 실망할 필요는 없다. 사회경제사가 한물간 이야기이던 그렇지 않건 필자는 사회경제사 연구를 선택했고 그 길을 묵묵히 걸어가면 그뿐이지 않겠는가?

고려시대 사회경제사 연구에서 필자가 부딪힌 또 하나의 장벽은 일제시기부터 장구하게 진행되어온 연구성과에 대한 정리였다. 일제시기 와다이치로[和田一郎]의 연구에서 최근 李景植의 저서에 이르기까지 다양한 입론을 가지고 전개된 사회경제사 연구를 정리하고 그 문제를 파악하는 것은 사료를 통해 고려 사회를 이해하는 것만큼 힘든 작업이었다. 선행연구를 필자 나름의 시각에서 정리하고 그 문제점을 찾아내기란 쉽지 않았지만, 필자는 '국가권력의 위상' 혹은 '토지에 대한 국가지배력의 본질'에 논점이 자리잡고 있다고 결론지었다. 토지에 대한 국가지배력은 '收租權'으로 명명되었고, '수조권'이 국유를 보여주는 증거인지 아니면 중세적 사유의 한 특징인지가 핵심적인 논점이었다. 이 논쟁은 오랜 역사만큼이나 많은 연구성과를 가져왔고 그를 통해 한국중세사회의 성격을 규정하는 이론적 토대가 구축되었다.

그러나 빛이 있으면 그늘이 있기 마련이다. '토지에 대한 국가의 지배력'의 성격규명에 힘을 쏟아 풍성한 성과를 거두었으나, 고려시대 계급관계에 대한 해명은 구체화되지 못했다. 김석형에 의해 계급관계가

추상적으로 언급된 이후 대토지소유제에서 농민과 지주의 계급관계의
구체적 양상에 대한 본격적 연구는 그리 많지 않았다. 그나마 관련 연구
도 고려후기로 집중되어 고려전기의 토지소유제에 대해서는 대토지소유
제의 위상에 대한 異見까지 나오게 되었다. 이에 필자는 고려시대 대토
지소유제에서의 계급관계에 대한 분석을 시도하였고 그 분석의 대상으
로 田莊을 선택했다.

전장은 통일신라기에 형성된 대사유지였으며 羅末麗初 사회변동을
거치면서 발전하였다. 고려시대 전장은 田廬, 田舍, 田園, 別業, 農莊, 別
墅 등과 混用되었으며 莊舍, 경작지, 초채지 등으로 구성된 특정의 공간
이었다. 전장의 운영은 예속민의 노동에 기초하고 있었으며 전장의 예속
민은 노비와 몰락 양인으로 구성되었다. 노비들 중 극소수는 가족을 구
성하지 못한 채, 전장주의 장사에서 身役을 바쳤으나 대다수의 경작 노
비는 가족을 구성하였으며 독자적인 자기 경리를 가지고 있었다. 그러므
로 전장은 소농경영에 기반하고 있었다.

때문에 전장과 소농경영의 형성은 같은 시기에 이루어졌다. 4~6세기
는 농업생산력의 발전이 소농경영을 진전시키고 전장을 출현시키는 주
요한 배경이었다. 이후 나말려초를 지나면서 전장은 더욱 확대·발전하
였으며, 사찰, 궁원, 관료와 향리들이 전장을 소유하였다. 특히 나말려초
에 지배 계급으로 성장한 호부층들은 자신의 본관지에서 전장을 소유하
였다. 고려가 건국된 후, 이들의 전장소유는 더욱 진전되어 고려시대 대
다수의 토지가 대토지소유제로 경영되고 있었다.

고려시대 전장은 대략 15戶 내외의 예속농가를 지배하고 있었으며 경

작지 면적은 약 700여 두락 내외였다. 이러한 규모를 갖춘 전장은 와가瓦家 혹은 초가로 이루어진 莊舍와 경작지, 초채지, 기타시설로 구성되어 있었다. 장사에는 소유자 혹은 관리자와 이들을 모시는 노비의 주거지, 가축의 우리, 창고가 있었다.

한편, 전장주들은 장사가 위치한 전장을 중심으로 하나의 촌락을 벗어나 인근의 촌락을 지배하거나, 여러 곳에 두루 전장을 두기도 하였다. 여러 개의 촌락들을 지배하면서 전장주들은 개별 촌락에 대한 수취를 달리 하였는데, 전장 인근의 자연촌들은 茶를 주로 수취하던 촌락, 소금을 수취하던 촌락, 어패류를 수취하던 촌락 등으로 구분되어 있었다.

고려시대 전장의 경영에서 竝作制는 부수적이었고 直營制와 作介制가 주로 이용되고 있었으나, 개별 전장에서 병작제, 작개제, 직영제는 혼용되고 있었다. 병작제는 새로 개간한 토지에 대한 우대, 유망 양인농민을 모집하는 動因, 경작노동을 감시할 수 없는 원처에 있던 소규모의 경작지에서 행해졌다. 작개는 전장주가 자주 방문할 수 없어 舍音奴에 의해 관리되던 원처의 전장에서 효율적인 잉여수취를 위해 채택되었다. 직영은 자신이 세거하는 세거지 전장에서 행해졌으며, 특히 장사 주변에 위치하여 노동에 대한 감시가 용이한 곳에 직영지가 두어졌다. 전장주들은 경작 농민을 감독하기 위하여 전장을 직접 방문하여 전장 일대를 살피는 것을 중요하게 여겼다. 또 일상적인 감시를 위해 감시가 용이한 곳에 자신의 저택이나 정자를 짓기도 하였다. 한편 먼 곳에 위치한 자신의 전장을 관리하기 위하여 노비 등을 보내어 관리하였으며, 때로 '田家主人'과 같이 해당 지역에서 관리자를 선발하기도 하였다.

고려시대 피지배 예속민들은 국가권력에 의한 수취의 대상이기도 했지만, 일상에서도 대토지소유자들에게 규율되고 통제되었다. 그들은 일상에서 자신의 노동력과 잉여생산물을 수취당하는 존재이자, 일상에서 지주의 수취에 저항하는 존재였다.

엉성하지만 이처럼 고려시대 민들의 구체적인 일상을 살펴보는 것이 필자의 기획이었다. 이 기획의 성공여부는 확인할 수 없다. 그러나 이러한 시도가 그동안 우리가 관심을 기울여 오지 못한 고려시대 계급관계에 대한 연구의 일진보가 되기를 기원한다.

어떤 농부도 자신의 힘만으로는 낱알 한 톨도 생산할 수 없다. 노동은 항상 사회적이다. 이 책 역시 혼자만의 생산물은 아니다. 이 책이 나오기까지는 많은 분들의 도움이 있었다. 가까이는 가족들에서 멀리는 함께 공부해 온 동학에 이르기까지 그들의 도움이 없었다면 필자와 이 책은 존재할 수 없었을 것이다.

학부 때부터 부덕한 제자를 묵묵히 지도해 주신 김광철 선생님께 감사드리지 않을 수 없다. 역사학이 무엇인지를 고민하게 해준 김학이 선생님은 필자에게는 참으로 소중한 분이다. 아울러 늘 연구자로서 자세와 태도를 일깨워 주신 이기영, 홍순권, 신태갑, 이훈상 선생님께 입은 은혜도 잊을 수 없다. 복이 많게도 필자는 동아대학교 은사만이 아니라 많은 분들로부터 배움을 받았다. 학부시절 우연한 인연으로 만나 역사학자로서의 삶이 무엇인지를 보여주신 박준성, 윤한택, 홍성곤, 남재우 선생님은 필자의 삶에서 빠뜨릴 수 없는 분들이다. 나이 많고 경험 없는 필자

x

를 기꺼이 받아주신 한국문물연구원 정의도 원장님의 은혜 역시 잊을 수 없다. 선생님보다 형이라는 이름이 더 좋은 신춘식 형, 이동일 형, 박한승 형, 김종원 형은 한결 같이 필자가 의지한 분들이다. 초등학교부터 20년을 함께 한 양미숙 학형, 그리고 김수한, 최윤진, 안승광, 박혜인, 정슬기, 이현정 학형은 필자의 믿음직한 동료들이다. 끝으로 이 책의 출간을 허락해주신 경인문화사의 한상하 회장님과 한정희 대표님 및 편집부 여러분께도 깊은 감사를 드린다.

2010년 6월
신 은 제

목 차

제1장

서 론

서 론

田莊은[1] 통일신라기에 형성된 대사유지였으며 羅末麗初 사회변동을 거치면서 발전하였다.[2] 그러나 고려가 건국된 후, 이 대사유지의 존재는 연구자들에게 부각되지 않았다. 나말려초를 풍미한 전장의 종적이 묘연해진 대신에 새롭게 田柴科가 강조되었고 사회경제사 연구는 전시과의 성격규명에 집중되어 왔다.[3]

역사의 뒤안길로 사라진 것 같았던 전장은 12~13세기 이후 새롭게 주목받았다.[4] '農莊'으로 지칭되는 새로운 '대토지지배'[5]의 확대는 고

---

1) 일반적으로 한국 중세 대사유지는 '전장'과 '농장'으로 命名되어 왔다. 두 용례 모두 사료로 부터 인용되었으므로 並稱하여도 무리는 없어 보인다. 다만 중세 대사유지에 대한 연구가 대개 고려후기와 조선시대에 집중되어 있어, 통일신라기의 대사유지로 지칭되어온 '전장'보다 '농장'이라는 용어가 대사유지를 지칭하는 용어로 보다 많이 사용되어 왔다. 그럼에도 불구하고 필자가 전장이라는 용어를 적극적으로 사용한 이유는, '전장'이 통일신라기부터 고려말에 이르기까지 대사유지의 지속과 특성을 보다 잘 드러내어 주는 용어이기 때문이다. 논자에 따라, '농장'은 고려후기의 사회경제적 특징을 지칭하는 용어 혹은 조선전기 노비노동을 기초로 한 대사유지로 이해되어 왔다. 즉 '농장'은 연구자들에 의해 그 역사성이 강조되어, 고려후기에는 '수조권'과 '소유권'에 입각한 대토지지배, 조선전기에는 노비노동에 바탕을 둔 대사유지를 의미하게 되었다. 따라서 '농장'이라는 용어를 고집할 경우 스스로 시대적 제한을 두거나, 개념상의 혼란이 야기될 수 있다.
2) 김창석, 1991, 「통일신라기 전장에 관한 연구」 『한국사론』 25, 서울대학교 국사학과 ; 이인재, 1997, 「신라통일기 전장의 형성과 경영」 『김용섭교수 정년기념사학논총』, 지식산업사.
3) 한국사의 내재적 발전과정을 고찰하면서 대사유지의 존재를 언급하거나, '民田'의 경영방식을 고찰한 연구를 제외하면 고려전기 대사유지에 대한 연구는 거의 全無하다고 할 수 있다. 김용섭, 2000, 「토지제도의 사적추이」 『한국중세농업사연구』, 지식산업사 ; 안병우, 1997, 「고려시기 민전의 경영」 『김용섭교수정년기념사학논총』, 지식산업사.

려왕조 멸망의 주요한 경제적 요인으로 간주되었다. 무인정권, 대몽전쟁 그리고 元간섭기를 거치면서 권력을 동원한 奪占, 매득, 개간 등으로 '농장'은 확대되었으며 그 모순으로 고려왕조가 몰락하고 조선이라는 새로운 왕조가 수립되었다는 것이다. 이처럼 고려시대 대사유지 혹은 '대토지지배'에 대한 연구의 대부분이 고려후기에 집중되어 있기 때문에, 고려시대 대사유지에 대한 연구는 고려시대 '농장'연구를 검토하는 것에서 출발할 수밖에 없다.

'농장'연구는 여타의 한국사 분야와 마찬가지로 식민지시대부터 시작되었다. 스도우 요시유끼[周藤吉之 ; 이하 스도우]는 전시과를 국유론에 입각한 토지분급제도로 간주한 후, '농장'은 전시과의 붕괴와 함께 생겨나 조선이 건국된 후 발달한 것으로 이해했다. 그에게 '농장'은 사유에 입각한 私田이었고 唐·宋의 장원을 모방한 것으로 노비와 병작농에 의해 경작되었다.

그런데 스도우[周藤吉之]는 주로 조선초의 '농장'을 연구의 대상으로 삼아 본격적인 고려 전장연구로 볼 수는 없다. 무엇보다 국유론에 입각하여 고려전기 토지소유론을 규정하고 국유가 해체되면서 사유지로서 '농장'이 형성된 것으로 파악하여 고려시대 대사유지의 존재를 부정하고 있다. 때문에 그에게 고려시대 대사유지는 존재하지도 않았다.

고려 '농장'에 대한 본격적인 연구는 宋炳基에 의해 시작되었다. 송병기는 12세기 이후 토지겸병과 人口集中에 의해 '농장'이 형성되기 시작

---

4) 스도우 요시유끼[周藤吉之], 1934, 「麗末鮮初に於ける農莊に就ついて」, 『青丘學叢』17 ; 이경식, 1986, 『조선전기 토지제도연구』, 일조각 ; 강진철, 1989, 『한국중세토지소유연구』, 일조각 ; 위은숙, 1998, 『고려후기 농업경제 연구』, 혜안.
5) '농장'을 대사유지가 아니라 '대토지지배'로 지칭한 것은 논자에 따라 고려후기 '농장'이 서로 상이하게 규정되기 때문이다. 예를 들어 강진철은 '대사유지'를 농장으로 규정한 반면, 하마나까 노보루[浜中昇]는 고려후기의 '농장'의 대부분을 '집적된 수조지'로 파악하였다. 또 이경식과 위은숙은 '대사유지', '집적된 수조지' 모두를 '농장'의 범주에 포함시켰다.

하여 대몽항쟁과 원간섭기를 거치면서 점차 발전한 것으로 이해하고, '농장'의 분포와 경영형태를 연구하였다.[6] 그러나 '세계사적 보편성'을 지적하려는 의도에서, '농장'을 서구 장원과 등치시키려는 경향을 가지고 있었을 뿐 아니라 고려 사회의 소유관계 즉 계급관계에 대한 분석에까지 연구를 이끌어 나가지는 못했다.

이러한 송병기의 한계를 한 단계 넘어선 연구자는 강진철이었다. 그는 고려후기 '농장'의 확대를 논증한 후, '竝作半收'를 그 주요한 경영형태로 파악하면서 '농장'을 중세사회의 기본적 특징으로 이해하였고, 이를 바탕으로 고대와 중세를 시기구분하였다.[7]

한편 하마나까 노보루[浜中昇 : 이하 하마나까]는 고려말의 '농장'을 노비를 사역하는 직영지, 병작제가 행해지는 '농장', 私田에서 佃客을 지배하는 '농장'으로 세분하였다.[8] 하마나까의 연구는 收租權의 집적과 집중을 고려후기 '농장' 형성과 연관시켜 고찰하였다는 점에서 주목할 만하다. 전장을 이렇게 세분하여 파악하는 방식은 이경식의 연구에 의해 보다 체계화된다. 이경식은 사유론에 입각하여 고려 全時期에 걸쳐 대사유지가 존재하고 있었음을 강조하면서도, 역시 고려후기의 토지제도 붕괴와 '농장'의 형성을 직접적으로 연관시켜 고려후기 '농장'을 '收租地의 家産化'를 통해 발전한 것으로 이해하였다.[9] 이러한 이경식의 견해는, 이후 고려후기의 토지문제에서 농장의 의미를 강조하는 이른바 '농장론'의 중심이 되었다.[10]

이경식에 의해 정립된 고려후기 '농장론'은 위은숙에 의해 더욱 강조

6) 송병기, 1969, 「고려시대의 田莊 - 12세기 이후를 중심으로 - 」『한국사연구』 3.
7) 강진철, 앞의 책.
8) 하마나까 노보루[浜中昇], 1976, 「高麗末期の田制改革にについて」『朝鮮史における國家と民衆』, 朝鮮史研究會論文集 13.
9) 이경식, 앞의 책, 30~42쪽.
10) 이인재는 이런 견해에 입각하여 고려후기 농장을 연구하였다. 이인재, 1997, 「고려중·후기 농장의 전민확보와 경영」『국사관논총』, 국사편찬위원회.

되었다. 위은숙은 고려후기 확대되고 있던 '농장'을 '사적 소유지형 농장'과 '收租地 집적형 농장'으로 세분하였으며,[11] '수조지 집적형 농장'의 증가와 私田의 확대과정을 일치시켜, 사전개혁은 농장 문제의 해결을 모색하는 과정에서 혹은 그 결과로 제기되었다고 보았다.

이상의 연구들은 '농장'이 고려후기에 형성되었으며 고려왕조가 멸망하는 데 중요한 사회경제적 배경이 되었음을 지적하고 있다. 하지만 이러한 결론에도 불구하고, 선행연구들은 소유권 혹은 수조권 중 어느 쪽에 중심을 두어 고려후기의 '농장'문제를 파악할 것인가에 따라 견해차를 보인다.

이러한 견해차는 어디에서 비롯된 것일까? 고려시대 '농장'관련 사료는 거의 다 공개되어 공유하고 있어서 새로운 사료를 바탕으로 자신의 견해를 주장할 가능성은 매우 낮다. 서로 같은 사료를 근거로 하였음에도 불구하고, 상이한 결론을 도출하고 있다는 것은, 결국 이에 대한 이론과 시각을 달리한 데서 비롯된 것이다.

강진철에 의하면, '농장'은 주로 권력을 이용한 소사유지 탈점을 통해 형성되었으며 그 경영방식으로 竝作制가 보편적으로 시행되었다. 특히 병작제의 시행은 고려전기의 노동력에 기초한 수취가 토지에 기초한 수취로 전환하였음을 의미하며, 이는 한국 중세사회의 고유한 특징으로 이해되었다.[12] 식민지 정체성론의 극복과 내재적 발전론의 정립이 당면과제였던 시기에 한국사의 내적 변화과정을 규명하려 한 강진철의 연구는 주목할 만 하다. 그러나 수취방식을 기준으로 사회성격을 규정하였고 고려전기 사회를 고대사회로 파악하였기 때문에, 그의 견해는 이후 집중적으로 비판받았다.

하마나까[浜中] 역시 고려후기와 고려전기를 상이한 사회구성으로 파

---

11) 위은숙, 앞의 책.
12) 강진철, 앞의 책.

악하고 있었다. 하지만 하마나까의 연구는 그 구체적 내용에서 강진철의 연구와 판이하였다. 하마나까의 연구에 의하면, "고려전기는 낮은 생산력수준으로 인하여 休閑法이 이루어진 계층 미분화의 사회였고, 그런 조건 위에서 전시과가 성립되었으며 그것은 免租權이 부여된 토지였다. 한편, 12세기 이후 생산력의 발전은 전시과체제를 붕괴시키고 병작제를 발전시켰으며 토지분급제 또한 收租權을 지급하는 형태로 변화하였다. 이과정에서 賜給田을 통한 수조지의 확대는 '농장'형성의 중요한 요인이 되었다."13)

연구의 구체적 내용이 가지는 차별성에도 불구하고, 이들 견해는 모두 고려전기와 후기를 상이한 사회구성체로 파악하고 고려말의 '농장'이 전시과체제의 붕괴와 더불어 형성·발전하였다는 인식을 공유하고 있다.

이러한 연구경향과는 달리 한국 중세사회의 성격을 수조권과 소유권의 중층적 구조로 파악하면서 보다 일관되게 한국사회의 내적발전을 규명하려한 연구도 있었다.14) 이 견해는 80년대 이후 널리 확산되어 수조권 분급제를 중세사회의 고유한 특징으로 파악하였으며, 전시과 체제를 수확량의 1/10 수취를 내용으로 하는 수조권 분급제로 이해하였다.15) 또 고려후기 '농장'은 수조권 분급제의 붕괴와 더불어 형성되었으며, 이때 '농장'은 수조권과 소유권의 충돌에 따른 수조권의 소멸과정에서 나타난 현상으로 간주되었다.16)

한편 고려시대 '농장' 연구와 달리, 조선전기 '농장'은 노비 使役에 기초한 대사유지로 이해되기도 하였다. 조선전기 대사유지의 유형을 農

---

13) 하마나까 노보루[浜中昇], 1986, 『朝鮮古代の經濟と社會』, 法政大學出版局.
14) 김용섭, 2000, 앞의 글.
15) 노명호, 1992, 「나말여초 호족세력의 경제적 기반과 전시과체제의 성립」『진단학보』74.
16) 『한국사』, 국사편찬위원회 ; 『한국사』, 한길사 ; 『고려시대사 강의』, 늘함께 등 많은 개설서가 이러한 서술 형태를 취하고 있다.

莊型과 並作型으로 구분하여 노비노동에 기반한 대사유지만을 '농장'이라 한 것이다.[17] 물론 부수적으로 농장내에 並作奴의 존재를 인정하지만, 조선전기 '농장'에서는 주로 직영에 의한 노비노동이 행해지고 있었음을 강조하였다.[18]

이상에서처럼 선행연구들은 통일신라기의 대사유지를 田莊, 고려후기 '대토지지배'를 '農莊'으로 파악하였으며, 노비와 예속양민[佃戶]을 전장과 '농장' 경영의 기반으로 이해하였다. 그러나 많은 성과에도 불구하고 선행연구들은 몇 가지 문제점을 가지고 있다.

첫째, 전장과 '농장'의 개념 혹은 범주에 관한 문제이다. 고려후기의 '농장'은 논자에 따라 그 실체가 상이하다. 강진철은 대사유지를 '농장'으로 이해하여 전장과 '농장'의 차별을 두지 않았다. 반면 하마나까[浜中], 이경식, 위은숙은 고려후기 '농장'이 가지는 시대적 특성을 보다 강조하고, 대사유지 뿐만 아니라 '집적된 수조지'를 아우르는 것으로 '농장'을 범주화하였다. 수조권 분급제의 몰락과 대사유지의 확대라는 고려후기 사회경제적 특징을 '농장' 범주 속에서 파악하려 하였던 것이다.

그러나 대사유지를 '농장'이라 규정하든, 고려후기 사회 경제적 특징을 범주화 한 개념으로 '농장'을 이해하든, 그 범주에는 문제가 있다. 우선 '농장'을 대사유지로 파악할 경우, 동일한 대사유지를 전장과 '농장'으로 나누는 것이 되고, 이 때문에 경우에 따라 전장과 '농장'을 서로 상이한 것으로 파악할 수 있는 소지가 발생한다.[19] 뿐만 아니라, 대사유

---

17) 有井智德, 1985,「李朝初期의 私的土地所有關係」『高麗李朝史の研究』, 國書刊行回.

18) 김건태, 1992,「16세기 양반가의 작개제」『역사와 현실』 9.

19) 고려 중기를 고대와 중세의 분기로 파악한 강진철에게는 당연 이런 문제가 제기되지 않을 것이다. 고대적 토지지배와 중세적 토지지배는 서로 다른 것이므로 그것은 각각 전장과 농장이라 지칭해도 무방할 것이기 때문이다. 하지만 이후 많은 연구들이 통일신라, 고려, 조선을 동일한 사회구성으로 파악하므로 이는 분명 문제가 될 수 있다.

지 일반을 '농장'으로 규정하는 것은 대사유지에 대한 엄밀한 범주설정이라 할 수 없다.

보다 심각한 문제는 '농장'의 개념을 이중적으로 파악하는 견해에 있다. 고려후기 '농장' 범주에 '집적된 수조지'를 포함할 경우, 노비 혹은 佃戶와 같은 예속민을 기초로 한 대사유지를 '농장'으로 이해하는 조선전기의 '농장' 개념과[20] 충돌을 가져와, '농장' 범주는 혼란스러워 질 수밖에 없다. 아무리 '집적된 수조지'를 '사유지화' 혹은 '가산화'된 것으로 규정한다 하더라도, 그것은 명백히 사유지로서의 전장과는 다른 것이다. 이질적 두 실체를 하나의 용어로 표현하는 것은 적절하지 않다. 이처럼 고려시대 대사유지, 즉 전장의 구체적 양상이 불분명하고 그 개념도 명확하지 않으므로 구체적 사료의 분석을 통해 전장의 범주를 확인해야 할 필요성이 제기된다.

둘째, 전장의 형성과 추이에 관한 문제이다. 선행연구는 대사유지로서 전장의 형성과 추이에 대한 설명에 있어 논리적 결함이 보인다. 주지하듯이 전장은 통일신라기 발달한 것으로 이해되었으나 고려전기가 되면 거의 무시되었다가 고려후기에 '농장'이라는 이름으로 다시 부각된다. 물론 고려 전시기에 걸쳐 대사유지의 존재를 강조한 연구도 있지만,[21] 고려시대를 연구하는 많은 이들은 고려후기에 비로소 대사유지가 형성 발전하였던 것으로 이해하고 있다. 특히 대사유지가 당대 사회의 성격을 규정지을 만큼 보편적으로 발전하기 시작한 것은 고려후기 들어서라는 데는 대다수 연구의 일치된 견해이다. 그리하여 고려전기 사회를 계층미분화의 사회로 파악하거나[22] 고려전기 사회를 자영농이 보편적으

---

20) 이호철, 1986, 『조선전기농업경제사』, 한길사.
21) 안병우, 앞의 글.
22) 하마나까, 1986, 앞의 책.

로 존재하고 사대부들의 경제기반이 수조지에 기초하고 있었다는 연구
가 제시되기도 하였다.[23]

고려전기의 계급분화양상과 사유의 진척은 재론의 여지가 없으므로,
논점은 고려전기 토지사유의 양상이 어떠하였는가에 초점이 맞추어져야
한다. 선행연구처럼 고려전기 자립소농의[24] 보편적 존재를 강조한다면,
나말여초의 혼란기 동안 확대 발전해온 대사유지가 고려가 건국된 후에
농민들의 사유지가 되었다고 보아야 하거나, 나말려초의 사회변동과정
에서 발달한 호부층의 대민지배의 중심은 '수취권'적 지배에 입각해 있
었다고 하여야 한다.[25]

하지만 두 가지 설명 모두 그다지 성공적으로 보이지 않는다. 고려를
건국하는데 핵심적 역할을 한 호부층의 대사유지가 고려 건국 후 갑자기
농민의 사유지로 변하였다는 사실은 소유관계, 나아가 그를 둘러싼 계급
관계의 변화를 의미하는 것이다. 그러나 고려 건국 후 계급관계의 변화
가 나타났다고 보기는 어렵다.

호부층이 '수취권'을 중심으로 민들을 지배하였다는 견해도 현재로는 쉽
게 받아들이기 어렵다. 더불어 고려전기 대사유제를 강조하는 연구들과[26]
17세기에야 완전한 소농경영이 가능했다는 연구[27] 등을 고려한다면, 고려
후기에 대사유지가 본격적으로 형성되었다는 견해는 재검토되어야 한다.

셋째, 전장의 공간구조, 즉 전장의 구체적 실상에 대한 문제이다. 전
장의 범주가 분명하지 않았기 때문에, 고려시대 전장의 공간구조 역시

---

23) 노명호, 앞의 글.
24) 소사유지를 소유한 농민, 즉 자작농을 말한다.
25) 노명호, 앞의 글.
26) 김용섭, 앞의 글 ; 안병우, 앞의 글.
27) 미야지마 히로시[宮嶋博史], 1994,「東アジア小農社會의 形成」,『長期社會變動』
    (アジアから考える 6), 東京大學出版會.

구체적으로 해명되지 못하였다. 조선시대 '농장'에 대한 연구는 개별 '농장'의 구조와 지배방식 등이 해명되어 왔고,[28] 통일신라기 전장 역시 공간구조에 대한 문제에 까지 연구가 진척되었다. 반면 고려시대 전장 연구는 여전히 이러한 문제를 규명하는 데까지 나아가고 있지 못하다. 특히 전국에 산재해 있던 전장이 어떻게 편제되었고, 어떤 구성으로 존재하였는가의 문제를 천착한 연구는 거의 전무하다고 할 수 있다. 따라서 전장의 규모, 구성, 편제에 대한 규명을 통해, 전장의 공간구조를 파악할 필요가 있다.

넷째, 전장의 경영과 지배에 대한 문제이다. 고려시대 전장 연구에서 가장 핵심적인 분야는 전장의 경영방식과 지배에 대한 문제이다. 하지만 그 중요성에도 불구하고, 전장의 경영에 대한 문제는 해결해야 할 많은 과제를 남겨두고 있다. 이러한 과제는 일차적으로는 사료의 부족에서 발생한 것이지만, 다른 한편에서는 선행연구들이 지나치게 사회발전론 혹은 거시적 이론에 입각하여 전장이 가지는 시대적 의미만을 강조해 온 결과이기도 하다.

특히 고려시대 병작제는 전장의 경영방식을 이해하는 핵심에 놓여 있다. 병작제는 고려시대 전장의 경영방식으로 일찍부터 주목받아 왔다. 스도우[周藤]가 병작제를 지적한 이래 강진철은 그것을 중세사회의 고유한 특징으로 파악하였으며, 김석형 역시 병작제의 중요성을 강조하였다.[29] 이러한 경향은 최근에까지 이어져 여전히 고려시대에 병작제가 보다 일반적으로 시행되고 있음이 지적되고 있다.[30]

---

28) 이호철, 앞의 책 ; 김건태, 2004, 『조선시대 양반가의 농업경영』, 역사비평사 ; 이경식, 1998, 『조선전기토지제도연구』 2, 지식산업사.
29) 김석형, 1957, 『조선봉건시대 농민의 계급구성』, 북한사회과학원(신서원, 1993 재출간).
30) 노명호, 앞의 글 ; 이경식, 1998, 앞의 책.

그런데 최근에는 조선전기 농장경영에 대한 연구들을 참조하여 幷作制, 直營制, 作介制 세가지 경영형태가 존재하였음을 강조하는 연구가[31] 제시되어 주목된다. 이 연구는 기본적으로 조선전기 농장의 경영방식이 병작보다는 직영이나 작개가 보다 일반적이었다는 연구를[32] 적극적으로 수용한 결과로 이해된다. 조선전기 '농장'에 대한 연구에 의하면, 16세기 전반기까지 '농장'에서 병작보다는 작개와 직영이 보다 일반적으로 실시되고 있었으며 16세기를 거치면서 병작제가 보다 보편화되어 갔다. 즉 조선전기 농장의 경영은 생산력이 증대해 감에 따라 작개나 직영에서 병작으로 변화한다는 것이다.

이러한 조선전기의 연구를 적극적으로 받아들인다면 고려시대의 전장의 경영에 있어서도 병작보다는 직영이나 작개가 우세하였을 가능성을 배재할 수 없다. 역사가 이론에 의해서 결정되는 것은 아니지만, 이론적으로 볼 때 병작보다는 직영이나 작개가 시간적으로 선행하는 형태였을 가능성이 높기 때문이다. 그러나 시간적 배열만이 숙고의 대상이 되어서는 안된다. 전장의 경영은 해당 전장이 어떤 조건하에 놓여 있었는가의 문제 역시 고찰되어야 한다. 경영의 주체인 전장주가 특정의 토지를 경영하는 데는 생산력 발전 수준 만이 아니라 해당 토지가 어디에 위치하는가의 문제 즉 전장주의 거주지 근처에 위치하는지 아니면 먼 곳에 위치하는지도 고려되어야 한다.

이상의 문제의식을 바탕으로 고려시대 전장의 범주, 형성, 구조, 경영의 문제를 고찰하였다. 이러한 검토는 고려시대 대사유가 보다 보편적으로 존재하고 있었음을 논증하는 동시에 소유관계를 중심으로 나타나는 계급관계의 구체적인 모습을 파악하는 데 도움이 될 것으로 기대한다.

---

31) 위은숙, 앞의 책 ; 안병우, 앞의 글.
32) 김건태, 앞의 책 ; 이호철, 앞의 책.

하지만 이러한 의도에도 불구하고, 고려시대 전장 연구를 수행하는 데는 여러 가지 곤란한 점들이 발생한다. 무엇보다 관련 사료가 부족하여 많은 부분에서 논리적 추론에 의지해 논지를 이끌어 나갈 수밖에 없다. 또 기왕의 고려시대 전장 연구는 기본적으로 토지 분급제와 밀접한 관련을 가지고 진행되었으므로, 전장과 토지 분급제에 대한 나름의 정의 속에서 전장을 살펴볼 필요가 있다. 하지만 토지 분급제와의 연관 속에서 전장을 고찰하는 것은 고려 사회구성의 특성을 규명하는 작업으로 이제 막 고려 사회경제사 연구에 입문한 필자의 연구수준으로는 지나치게 과도한 부담이 아닐 수 없다. 따라서 고려시대 토지 분급제의 성격과 전장과의 관계는 추후의 연구과제로 남긴다.

제2장
田莊의 용례와 범주

고려시대 田莊에 대한 연구는 고려후기 '農莊'문제에 집중되어 왔다. '농장'은, 고려후기의 사회변동과정에서, 토지탈점과 인구집중 혹은 개간을 통해 형성된 것으로 이해되어 왔다.[1] 이렇게 형성된 '농장'은 대사유지로 이해되거나,[2] '수조지 집적형 농장'과 '사적 소유지형 농장'으로 세분되어 파악되기도 하였다.[3] 전자가 奪占으로 대표되는 고려후기 제반 토지문란상을 소유권에 입각해서 바라보았다면, 후자는 收租權과 所有權 두 측면에서 토지문란 현상을 바라보고 있다. 따라서 선행연구에 의하면 '농장'은 대사유지 일반 혹은 집적된 수조지이다.

그러나 이렇게 '농장'을 규정할 경우, 수조권과 소유권이라는 서로 다른 실체가 실현되는 곳이 어떻게 하나의 이름으로 동일하게 간주될 수 있었는가의 문제가 발생한다. 즉 탈점의 결과로 나타난 '농장'만을 강조하거나 고려 멸망의 경제적 요인을 찾으려는 목적으로 '농장'문제에 접근한 결과, 농장 관련 사료의 면밀한 분석을 통해 대사유지의 범주를 확증하는 데는 소홀하였던 것이다.

본장에서는 고려시대 대사유지였던 전장의 실상을 파악하기 위한 기초 작업으로, 대사유지로서 전장이 어떠한 용례들로 사용되었는가를 살펴보고 이를 바탕으로 고려시대 전장을 범주화하려 한다. 전장은 '別墅',

---

1) 송병기, 1969, 「고려시대의 田莊 - 12세기 이후를 중심으로 - 」『한국사연구』3 ; 강진철, 1989, 『한국중세토지소유연구』, 일조각 ; 안병우, 1994, 「고려후기 농업생산력의 발달과 농장」『14세기 고려의 정치와 사회』, 민음사 ; 위은숙, 1998, 『고려후기 농업경제연구』, 혜안.
2) 송병기, 앞의 글.
3) 위은숙, 앞의 책.

'別業', '農莊', '田園' 등의 이름으로 사료에 나오고 있으며 동일한 실체
로 간주되어 왔다. 그러나 이들 용례가 어떻게 전장과 동일한 것으로 이
해될 수 있는지에 대하여 구체적인 논증작업이 진행되지는 못하였다.

따라서 고려시대 전장 용례들을 확정한 다음, 이들 용례들이 어떻게
같은 의미를 지닌 용어로 사용될 수 있는가를 검토하여 고려시대 전장의
범주를 규명할 것이다.

1. 전장의 용례

통일신라기의 대사유지로 알려져 온 田莊은 고려가 건국된 후 光宗대
처음 그 용례가 보인다.[4] 광종 이후 전장의 용례는 비록 풍부하지는 않
지만, 충분히 그 존재를 확인할 수 있다. 성종은 학교를 세운 뒤 전장을
지급하였으며[5] 현종은 즉위직후 왕실에 전장을 지급하였다. 특히 현종
대 전장 용례를 통해, 궁원이 전장을 지배하고 있음을 알 수 있다.

> 가. 康兆가 권세를 얻자 왕에게 아뢰어 (효은태자의 아들인) 王琳과 王禎
> 에게 爵을 주고 藏獲 田莊을 지급하여 宗籍에 속하게 하였다.[6]

孝隱太子는 태조의 삼한통일을 도운 庾黔弼의 외손자로, 광종이 서경
세력을 숙청하는 과정에서 처형되었던 인물이다. 효은태자의 주살과 함
께 그의 아들인 왕림과 왕정도 宗室의 지위를 박탈당하였으나,[7] 목종을

---

4) 仍賜第宅一區, 并臧獲田莊. 김용선 편저, 2001, 「채인범묘지명」 『고려묘지명집성』,
   한림대학교 아시아문화연구소.
5) 敎曰, "予方崇學校, 欲理邦家. 廊開函丈之筵, 廣募摳衣之子, 給田莊而肄業…"
   『고려사』 권3, 세가, 성종 8년 4월 壬戌.
6) 康兆用事, 奏授琳·禎爵, 給臧獲田莊, 屬宗籍.
   『고려사』 권90, 열전 3, 종실 태조 효은태자.

폐위하고 현종을 즉위시킨 康兆가 권력을 잡은 뒤[8] 복권되어 작호와 노비·전장을 지급받았다. 이를 통해 고려시대 諸王이 봉작될 때에는 爵號와 전장이 함께 지급되었다는 사실을 알 수 있다.

전장은 왕실뿐만 아니라 사원의 경제기반이기도 하였다. 최승로는 '時務 28조'를 통해, 당시 사원이 식리를 일삼던 폐단을 근절하기 위해 '寺院寶의 錢穀을 사원의 전장으로 옮겨 둘 것'을 성종에게 건의하였는데,[9] 이는 성종대 여러 사원들이 전장을 두고 있었음을 반증하는 것이다.

한편 사대부들 역시 전장을 두고 있었다.

> 나. 뒤에 珍島를 치려고 전라도에 이르러 군사를 뽑을 때, 兪千遇의 田莊이 長沙縣에 있었으므로 김방경은 소란치 말라고 경계하였다.[10]

김방경은 진도로 들어간 삼별초를 진압하기 위해 전라도로 파견되어 군사를 징발하게 되었다. 당시 전라도 장사현에는 평소 자신과 원만한 관계를 가지지 못한[11] 유천우의 전장이 있었기 때문에, 김방경은 자신의

---

7) 고려시대 宗室은 왕자와 공주 등 封爵된 사람들로 구성된다. 따라서 봉작되지 못하면 그 사람은 왕실의 지위를 누릴 수 없다. 고려시대 왕족에 대한 봉작은 왕자나 공주의 子息代, 즉 왕의 손자대로 제한되어 3대를 경과하면 그 가계는 왕실의 지위를 상실하였다. 하지만 대부분의 왕족들은 近親婚을 통하여 왕실의 지위를 유지하였다. 즉 3대를 지나 왕실의 지위를 박탈당할 위기에 처하면 공주와 결혼하여 부마가 되어 작호를 받아 왕실의 지위를 유지하였던 것이다.
   김기덕, 1998, 『고려시대 봉작제 연구』, 청년사.

8) 강조의 집권에 대해서는 '이태진, 1977, 「金致陽亂의 성격」, 『한국사연구』 17.'을 참조.

9) 凡佛寶錢穀, 諸寺僧人, 各於州郡, 差人勾當, 逐年息利, 勞擾百姓, 請皆禁之. 以其錢穀, 移置寺院田莊, 若其主典有田丁者, 幷取之, 以屬于寺院莊所, 則民弊稍減矣.
   『고려사』 권93, 열전6, 제신 최승로.

10) 後攻珍島, 至全羅調兵, 千遇田莊在長沙縣, 方慶戒勿擾.
    『고려사』 권104, 열전17, 제신 김방경.

11) 당시 김방경과 유천우의 관계는 원만하지 못하였던 것으로 보인다. 이는 김방경이 길에서 유천우를 만나 서로 예를 갖추는 문제를 두고 벌인 설전과 유천우가 김방경 일족이 관직에 나오는 것을 견제하였다는 사실에서 확인된다.

부하들에게 유천우의 전장에서 소란을 일으키지 못하도록 주의를 주었
다. 지금의 전북 고창군 무장면에 해당하는 長沙縣은 유천우의 본관지로,
당시 유천우는 자신의 본관지에 전장을 두고 있었던 것이다. 이러한 유천
우의 사례는 당시 사대부들이 전장을 지배하고 있었음을 확인시켜 준다.[12]
고려시대 사대부들의 전장지배는 아래의 기록을 통해서도 확인된다.

> 다. 전 평리 梁伯益을 먼 곳으로 유배 보냈다. 일찍이 忠惠王의 아들 釋器
> 가 민가의 여자에게 장가들어 아들 하나를 낳았는데, 그 아들이 양백
> 익의 田莊에 숨어 있었다. 일이 발각되자 양백익은 유배 보내고, 석기
> 의 아들은 머리를 깎아 계룡산으로 보냈으나, 아전을 시켜 도중에 몰
> 래 죽였다.[13]

양백익의 자세한 세계는 알 수 없지만 대략적인 이력은 다음과 같다.
공민왕 12년(1362) 開城尹이 되었으며, 홍건적이 압록강을 건너 개경을
점령하였을 때 개경을 수복한 공과 興王寺의 변란이 발생하자 토벌한
공으로 1등 공신이 되었다. 이후 都指揮使를 거쳐 僉議評理를 역임 하
였으나 신돈의 참소로 지금의 춘천으로 유배되었다가 신돈이 주살된 후
다시 관직에 나아가 찬성사로서 서해도원수로 부임하였다. 그러나 우왕
5년(1379) 12월 우왕의 유모 張氏사건에 연좌되어 창녕에 유배되었고[14]
이 사건 이후 더 이상 중앙 관직에 나아가지 못하였다. 관직을 그만 둔

『고려사』 권104, 열전17, 제신 김방경.

12) 고려말 河乙沚도 자신의 본관인 진주에 전장을 두고 있었다. "柳濚代乙沚爲元帥,
   未至, 乙沚輒歸晉州田莊."
   『고려사』 권114, 열전27, 제신 하을지.

13) 流前評理梁伯益于遠地, 初忠惠王子釋器姇民家女, 生一子 其子潛寓伯益田莊. 事
   覺流伯益, 髠其子送雞龍山, 陰使吏殺諸道.
   『고려사절요』 권31, 우왕 8년 4월.

14) 우왕의 유모 장씨 사건은 최영, 이인임 등이 우왕의 측근세력을 제거한 사건이었
   다. 여기에 대해서는 '이형우, 1997, 「우왕의 왕권강화 노력과 그 좌절」『역사와
   현실』 23.'을 참조.

후 양백익은 자신의 전장에서 지내고 있었고, 이 때 석기의 아들을 숨겨 두었다.

석기는 충혜왕과 銀川翁主 林氏 사이에서 태어난 아들로, 공민왕 5년 林仲甫 등의 역모에 연루되어 제주로 유배되었다. 제주도로 가는 도중 암살당할 위기를 모면한 뒤, 공민왕 12년 평양에서 다시 역모에 연좌되어 田綠生에게 참수되었던 것으로 알려졌으나, 이때도 죽지 않고 우왕 원년에 체포되어 처형되었다. 석기는 수차례 죽을 고비를 넘기면서 양가의 여자와 혼인하여 아들을 한명 두었다.[15] 석기가 역모에 연루된 적이 있고 공민왕의 적자가 없는 가운데 우왕이 즉위하였기 때문에, 충혜왕의 아들이 존재한다는 사실은 우왕 즉위를 주도한 이인임 등에게는 위협일 수밖에 없었다. 따라서 석기의 아들은 몰래 살해되고, 양백익은 유배되었다.

여기서 주목되는 바는 양백익이 관직에서 물러난 뒤, 자신의 전장에서 기거하였다는 사실이다.[16] 이는 당시 사대부들이 現職의 여부와 관계없이 전장을 지배하고 있었음을 의미한다.

그런데 『고려사』에서는 양백익이 석기의 아들을 숨기다 유배되었다는 사실을 기술하면서 田莊을 田廬로 표현하고 있다. 『고려사절요』에서는 석기의 아들이 숨은 곳을 양백익의 전장이라 하였지만 『고려사』에서는 양백익의 田廬로 기술한 것이다.[17] 『고려사절요』와 『고려사』가 동일한 내용을 두고 田莊과 田廬로 각각 다르게 표기한 것은 田莊과 田廬가 당시 같은 의미로 통용되었기 때문에 가능하였을 것이다.

한편 아래의 사료에서 田廬는 다른 용어와 혼용되고 있다.

---

15) 『고려사』 권91, 열전4, 종실 충혜왕.

16) 柳淑도 파직된 후 자신의 전장으로 물러나 있었다. "爲趙日新所構罷, 屛居田莊." 『고려사』 권112, 열전25, 제신 柳淑.

17) 釋器姆民家女, 生一子. 潛寓前評理梁伯益田廬, 事覺. 髡之, 置雞龍山, 未至, 陰使吏殺之, 流伯益.
　　『고려사』 권91, 열전4, 종실2 충혜왕.

라. 有司가 다음과 같이 아뢰었다. "거란인[蕃人]에게 잡혀간 廉可偁은 軍器
丞 廉位의 아들로 三韓功臣 司徒 廉邢明의 손자이온데 庚戌年 중에 왕
궁을 지키는[環衛] 公子의 군역에 충당되었다가 때마침 거란병사가 京
城에 난입하자 놀라 兩親을 받들고 고향인 峯城縣으로 피난가다 賊을
만나 잡혀갔던 것입니다. 靑寧 元年 正月 아들 하나를 데리고 도망쳐 왔
사오니 청컨대 廉可偁에게 父祖의 永業田舍를 모두 돌려주도록 하옵소
서." 이에 왕은 "廉可偁은 공신의 후예로서 丁年에 포로가 되어 오랑캐
의 땅에 妻子를 두고 한 아들만 데리고 백발이 되어 돌아오니 참으로 애
처로운 일이다. 舊業의 田廬를 돌려주도록 하라."고 지시했다.[18]

염가칭은 峰城 廉氏로[19] 三韓功臣 廉邢明의 손자이다. 염가칭은 거
란이 침입하여 병란이 발생하자 자신의 본관지로 피난가려 했으나 도중
에 거란의 포로가 되었다. 이후 요나라 淸寧 원년, 즉 문종 9년에 거란을
탈출하여 귀국할 수 있었다. 우여곡절 끝에 고려로 귀국한 염가칭은 해
당 관청의 건의로 舊業의 田廬도 되돌려 받을 수 있었다.

여기서 주목되는 바는 염가칭의 田廬가 永業田舍로도 기술되어 있다
는 사실이다. 이런 표현은 田廬가 조상대대로 전해져 온 것으로, 田舍와
차별 없이 사용될 때에 가능하다. 즉 전장이 田廬와 서로 구별 없이 사
용되었던 것처럼, 田舍와 田廬도 서로 통용되었던 것이다.

충렬왕대에 활약한 李混이 福山莊이라 불리는 別業을 두고 자주 왕
래하였다는 사실에서[20] 알 수 있듯이 전장은 별업으로도 불리었다. 별
업 역시 祖業으로 자식에게 전해지는 것이었으며[21] 관료들이 致仕한 뒤

---

18) 有司奏. "沒蕃人廉可偁, 軍器丞位之子, 三韓功臣司徒邢明之孫, 於庚戌年中, 充環
衛公子軍役, 會丹兵闌入京城, 震騷奉二親, 避兵于故鄕峯城縣, 道遇賊, 被虜而去.
淸寧元年正月, 携一子亡來, 請可偁父祖永業田舍, 並令還給." 制曰, "可偁功臣苗
裔, 丁年被俘, 棄蕃土妻兒, 惟携一子, 皓首而歸, 深可憐憫. 可給舊業田廬."
『고려사』권7, 세가 문종 10년 2월 甲午.
19) 『만성대동보』속(명문당 영인, 1983).
20) 混久典銓選, 性且不廉, … 置別業于城南, 號曰福山莊, 數往來.
『고려사』권108, 열전21, 제신 이혼.
21) 城南百里慶源村德水縣, 鈍齋別業傳快軒, 如今堂構有賢孫, 致愛致愨心常敦.

퇴거한 곳이기도 하여 전장과 다를 바 없는 곳이었다. 고려말 李存吾는 신돈에 의해 관직에서 쫓겨난 뒤 公州의 石灘 別業으로 퇴거하였다가 31살의 나이로 요절하였는데[22] 이후 석탄 별업은 이존오의 아들 李來에 게[23] 상속되었다.[24] 관료들의 퇴거지는 별업 이외에 別墅로도 불리었 다. 비록 조선 예종대의 사례이지만, 同知中樞府事를 지낸 金禮蒙은 충 주에 별서를 짓고 퇴거지로 삼았으며[25] 세종대에 죽은 安純 역시 치사 한 뒤 衿川의 별서에 기거하고 있었다.[26] 따라서 별서 역시 별업과 같은 의미를 지니고 있었고 전장과 다르지 않았다.

그런데 전장은 양반관료 혹은 퇴직한 관료들의 경제 기반으로 조상으 로부터 물려받거나 퇴거하던 곳일 뿐만 아니라, 국권을 좌우하던 權門들 이 전국에 널리 두어 관리하던 땅이기도 하였다. 무인집권기 무인 집정자 들과 권세가들은 자신의 권력을 이용하여 전국에 많은 전장을 두고 있었 고 이 때문에 최씨 무인정권이 종식된 이후 崔竩 세력의 전장은 적몰되 었다.[27] 전장이 이러하다면, 그것은 田園과 다를 바 없다.

우선 권문들의 경제기반을 田園으로도 기술하고 있어 전원과 전장이 같은 것이었을 가능성을 시사한다. 鄭仲夫는 탐오하여 널리 전원을 두고 있었으며[28] 충렬왕대의 權臣인 金方慶은 권세가 온 나라에 미쳤으며 전

『陽村集』 권3, 致堂詩.

22) 『고려사』 권112, 열전25, 제신 이존오.

23) 『한국문집총간해제』 1, 석탄집, 행장. (민족문화 추진회, 1991)

24) 『新增東國興地勝覽』 권18, 충청도 부여현, 산천, 石灘.

25) 中樞府同知事金禮蒙, 以疾辭職. 禮蒙少登第, 儒雅有文辭, 久典成均, 爲學者模範, 自以年高位崇, 病亦侵尋, 治別墅于忠州, 有終焉之志, 辭疾而歸.
　　『예종실록』 권7, 예종 원년 9월 戊戌.

26) 『新增東國興地勝覽』 권25, 경상도 풍기군, 인물 안순.

27) 遣郎將朴承盖于慶尙道, 內侍全琮于全羅道, 籍沒竩及萬宗奴婢·田莊·銀帛·米穀.
　　『고려사』 권129, 열전42, 반역 최의.

28) 仲夫性本貪鄙, 殖貨無厭. 及爲侍中, 廣殖田園.
　　『고려사』 권128, 열전41, 반역 정중부.

국에 전원을 두고 있었다.[29] 더욱이 무인집권이 종식된 후 전국에 산재
하고 있던 집권 무인들의 재산에 대한 처리과정을 살펴보면, 전장과 전
원이 서로 같은 것임을 알 수 있다. 임연의 아들 林惟茂가 처형되면서
무인정권이 종식되자, 諸王과 元宗의 寵臣들은 權臣들의 전원을 하사
받았는데[30] 이때의 권신들은 마지막 무인 정권기에 권세를 누리고 있었
던 임유무 세력이었을 것이다. 이렇게 본다면 임유무 세력의 전원과 崔
竩가 실각한 뒤 적몰된 전장을 실체가 다른 것으로 파악할 수 없다.

전원이 관리들의 퇴거지였다는 사실은 더더욱 전원과 전장이 동일한
실체임을 확증한다. 전원은 인종때 國學學諭를 지낸 金守雌가 퇴거한
곳이며[31] 이규보가 퇴거한 뒤 한가로이 지내고자 한 곳이기도 하였
다.[32] 앞서 살펴보았듯이 전장과 별업은 관료들이 致仕한 뒤 퇴거하여
여생을 지낸 곳이었으므로, 전원과 전장·별업은 서로 다른 것일 수 없
다. 따라서 전원 역시 전장의 異稱임을 알 수 있다.

무인집권기 權臣들이 지배하고 있던 田莊은 田園뿐만 아니라 農莊으
로도 불렸다. 崔沆은 臨陂에 農莊을 두었고,[33] 김준도 삼남지방에 두루
농장을 설치하여 각각 家臣을 보내어 수취하고 있었다.[34] 무인 집권기

---

29) 然當國日久, 又受金符爲都元帥, 權傾一國, 田園遍州郡.
　　『고려사』 권104, 열전17, 제신 김방경.
30) 自權臣誅夷, 諸王及寵臣, 李玄原·康允紹·李汾禧·金自貞·李汾成等, 爭先請王, 受
　　其田園.
　　『고려사』 권27, 세가, 원종 12년 2월 계묘.
31) 弃去, 杜門不出, 理田園鬻蔬以自給, 日與兒童講習爲樂.
　　『고려사』 권98, 열전11, 제신 김수자.
32)『동국이상국전집』 권8, 古律詩, 偶哈二首有感.
33) 父得璜, 剝民聚斂, 諂事崔沆, 爲長興副使. 沆農莊在臨陂, 以故陞爲全羅按察使. 後
　　又爲濟州副使.
　　『고려사』 권104, 열전17, 제신 나유.
34) 列置農莊, 以家臣文成柱管全羅, 池濬管忠淸. 二人爭事聚斂.
　　『고려사』 권130, 열전43, 반역 김준.

권신들이 전국에 두었던 전장과 전원을 최항과 김준의 경우에는 농장으로 기술한 것이다. 그런데 농장은 農舍와 같은 의미로 사용되는 용례가 확인되므로, 농사 역시 전장의 용례 중 하나임을 알 수 있다. 조선의 태종은 개국공신 淸城君 鄭擢이 내시 별감 盧績의 노비를 빼앗아 물의를 일으키자, 도성 문 밖에 있는 농장으로 안치할 것을 명하였다. 이에 朴錫命이 도성 밖 30리 海豊에 정탁의 農舍가 있다고 아뢰었다.35) 농장이 도성 밖에 있는가를 물어본 태종에게 해풍에 농사가 있다고 대답한 것은 농장과 농사가 서로 같은 것으로 인식되었기 때문일 것이다. 따라서 農舍 역시 전장의 한 용례로 볼 수 있다.

이상에서 고려시대 田莊은 각각 田廬, 田舍, 田園, 別業, 別墅, 農莊, 農舍로 사료에 등장하고 있음을 확인하였다. 구체적인 명칭은 달랐지만 각각의 용례들이 서로 같은 의미로 통용되고 있었던 것은, 이들이 의미하는 대상 사이에 等價할 수 있는 내용이 포함되어 있었기 때문일 것이다. 하지만 서로 통용될 수 있는 교집합이 존재한다하더라도, 개별 용례들이 가지는 차이가 무시되어서는 안 될 것이다.

2. 전장의 범주

田莊이 다양한 이름으로 나타나는 것은 이들 명칭들에 보편성을 내재하고 있었기 때문일 것이다. 하지만 이들에 서로 보편성이 내재하였다고 하더라도, 개별 명칭의 차이에서 확인되듯이, 그 명칭이 가지는 특수성도 존재할 수밖에 없고 문맥에 따라 특수한 함의를 가질 수 있다. 보편성은 특수성을 통해서만 자신을 드러낼 수 있어, 특수성을 올바르게 인

---

35) 『태종실록』 권5, 태종 3년 5월 丁酉.

식하여야 보편성으로 도달할 수 있다.[36] 따라서 이들 용례의 특수성을 확인한다면, 고려시대 田莊이 갖는 보편성을 추출해 낼 수 있고 이를 통해 전장을 범주화할 수 있을 것이다.

田園이 田莊과 같은 의미로 사용되었음은 앞서 살펴보았다. 그런데 일부 용례에서 田園은 단순히 토지 일반을 의미하거나 채소밭이라는 의미로 사용되고 있어 주목된다. 토지 일반을 의미하는 것으로서의 田園은, 허공과 이존비가 그들의 同年 朴祿之의 田舍를 방문하여 남긴 시에서[37] 확인된다. 시에서 박록지의 田舍는 "띠와 대나무 우거진 해변마을(黃茅苦竹海村邊), 몇 이랑의 전원에 조그마한 집한 채(數畝田園屋兩椽)"로 표현되었다. 田舍는 '田園屋兩椽'으로, 田은 '田園'에 舍는 '屋兩椽'에 각각 대응하므로 시에서 전원은 경작지를 의미한다.

경작지를 지칭하는 용어 이외에, 전원은 구체적으로 채소밭이라는 의미로 사용되기도 하였다. 이는 '田園의 오이나 과실을 몰래 가져가는 것을 금하는 법령'과[38] 이규보가 鷰溪에 거처를 정한 뒤 서편에 거주하던 이웃인 梁閣校에게 준 시에서[39] 확인된다. 이규보는 양각교와의 친분을 강조하면서 '약포에 물줄 때는 항상 같은 우물을 사용하고(灌藥常同井), 오이를 모종할 때는 園을 함께 사용하려 하네(移瓜欲共園)'라고 하였던 것이다.

한편 別墅는 단어가 가지고 있던 의미처럼 가옥이기도 하였다. 명종

---

36) 특수와 보편의 관계에 대해서는 '주디스 버틀러·라클라우·슬라보예 지젝 지음, 2009, 『우연성 헤게모니 보편성』, 도서출판 b' 참조.
37) 『益齋亂藁』 권4, 許文敬李判樞俱以東征事出慶尙道共訪其同年朴秀才祿之宜春田舍各留詩一篇.
38) 於他人田園, 輒將瓜菓而去者, 一尺杖六十, 一匹七十, 二匹八十, 三匹九十, 四匹一百, 五匹徒一年, 十匹一年半, 十五匹二年, 二十匹二年半, 二十五匹三年, 三十匹流二千里, 三十五匹二千五百里, 四十匹三千里, 強將去者, 以盜論, 輒食者, 坐贓論. 『고려사』 권85, 지39, 형법 禁令.
39) 『동국이상국전집』 권5, 고율시, 卜居鷰溪偶書草堂閑適無敍兩家來往之祭贈西隣梁閣校.

26년 4월 崔忠獻과 그의 동생 崔忠粹가 李義旼을 살해하였는데, 그 때 최충헌과 최충수는 이의민의 彌陀山 別墅 문 밖에서 이의민이 나오기를 기다려 그를 살해하였다고 한다.[40] 이의민의 미타산 別墅 문 밖에서 기다렸다는 표현은 별서가 가옥이 아니고서는 불가능한 표현이다.

그런데 別墅는 가옥만을 의미하지 않았다. 별서는 토지에 부속된 가옥을 의미하기도 하였다. 金宗直이 밀양의 여기저기를 유람하던 중 朴處義라는 자가 김종직에게 밀양에 집짓기를 권하며 자신의 田園을 떼어 주려 하였다. 그러나 그곳이 별서로 삼기에는 적절하지 않다고 여겨 김종직은 그 제의를 거절하였다.[41] 비록 조선전기의 기록이지만, 별서가 토지와 가옥이 결합된 곳을 지칭함을 알 수 있다.

별서와 함께 田廬 역시 토지와 가옥이 결합된 곳이었다.

> 마.
>
> …
>
> 달이 밝아서야 田廬에 돌아오는데/月明返田廬
> 취하여 노래 부르니 이웃 마을을 들썩이누나/醉歌動隣里

---

40) 至是, 王幸普濟寺, 義旼稱疾不扈駕, 潛往彌陀山別墅. 忠獻忠粹及其甥隊正朴晉材族人盧碩崇等, 袖刃至別墅門外 候之.
  『고려사절요』권13, 명종 26년 4월.

41) 『續東文選』권3, 오언고시, 2월 초4일에 密陽에 이르러 다음 날, 通贊 柳承湜과 生員 孫孝祖와 함께 月影寺 옛터에 가서 살 만한 터를 잡으려 했으나, 자못 위험하여 마음에 들지 않았고, 동으로 바라보이는 羊場이 훤출하여 살 만하나, 이미 公家의 소유가 되어 어찌할 수 없었다. 드디어 월영 北岡을 넘어 秀才 朴處義의 집에 이르니, 박은 그 아우 朴固와 함께 우리 세 사람을 맞아 물가에 앉게 하고, 이윽고 教授 林乾이 또 이르렀다. 박은 닭 한 마리, 술 한 병을 가지고 와서 대접하고, 인하여 내게 그 땅에 집을 짓기를 청하며, 자기의 田園을 떼어 주겠다 하는데, 뜻이 매우 간곡하나 땅이 족히 別墅를 둘 만하지 못했다.(十二月初四日, 到密陽明日, 與柳通贊承湜·孫生員孝祖, 遊月影寺故基 卜可居之地, 頗危險不愜意, 東望羊場夷廣可居, 旣爲公家所占, 無以爲計. 遂踰月影北岡, 至秀才朴處義家 朴與其弟, 固要吾三人, 坐水濱, 良久林教授乾亦至. 朴以一雞一壺來飮, 因請予卜築其地, 欲割田園與之, 意甚懇悃, 而地不足置別墅也.)

> 상쾌해라 이 농가의 즐거움이여/快哉農家樂
> 이제부터 나도 전야로 돌아가야지/歸田從此始
> …
> 힘써야지 창포며 살구농사까지도/勉哉趁菖杏
> 때맞추어 갈이하고 거두어들이기를/耕穫且莫違
> (『東國李相國集』 권 2 고율시 '아버지의 別業 西郊草堂에서 놀다')

이규보는 서교의 초당에 놀러가 그곳의 풍경을 시로 표현하였다. 비단처럼 늘어져 있는 밭두둑과 비옥한 토질, 풍부한 물, 일하는 농부의 모습이 한 폭의 그림처럼 서술되어 있다. 시에서 이규보는 해가 지자 田廬로 돌아와 하루를 묵었다. 이때 이규보가 묵은 전려는 '비단같은 토지'에 부속된 가옥이었다.

이상에서 田莊과 같은 의미로 사용된 田園, 別墅, 田廬가 문맥에 따라 특수한 의미로 사용되기도 하였다는 사실을 살펴보았다. 전원은 채소밭 혹은 단순한 경작지의 총칭으로, 별서·전려는 가옥 또는 토지와 가옥의 총칭으로 사용되었다. 전장의 동의어로 볼 수 있는 이들 용례가 이러한 의미로 사용될 수 있었던 배경은 어디에 있을까?

『고려사』 찬자들 혹은 당대 지식인들이 서로 다른 의미를 가진 용어들을 원칙 없이 혼용하였다고 볼 수도 있지만, 이러한 설명은 설득력이 있어 보이지 않는다. 이런 의문에 대해, 아래의 사료는 해결의 실마리를 제공한다.

> 바. 옛날 나의 부친은 도성 서쪽 교외에다 別業을 두었는데, 골짜기가 깊고 경지가 궁벽하여 마치 하나의 별천지를 이룬 것 같아 즐길 만한 곳이었다. 내가 그 집을 넘겨받고는 여러 번 오가면서 글을 읽거나 한가로이 쉬는 곳으로 삼았다. 이곳은 토지가 있으니 농사지어 먹을 수 있고 뽕나무가 있으니 누에를 쳐서 옷을 장만할 수 있는가 하면 샘물이 있어 물 걱정이 없고 나무가 있어 땔나무 걱정이 없으므로 나의 마음에 드는 것이 네 가지였다. 그래서 그 집을 '四可'라 이름 지었다. … 일찍이 이 집에서 시 3수를 지었는데 '西郊草堂詩'가 바로 그것이다.[42]

이 '四可齋'는 앞서 언급한 西郊草堂으로, 이규보는 그 풍족한 광경을 3수의 시로 지은 바 있다. 원래 서교에 있던 이규보의 초당은 戶部郞中을 지낸 아버지 李允綏의 것이었는데[43] 언제인지는 몰라도 이규보는 서교초당을 아버지로부터 물려받았다. 이규보는 '농사지을 토지', '누에를 칠 수 있는 뽕나무', '식수를 제공하는 샘', '땔나무를 구할 수 있는 숲'이 있어 살아가는 데 별 걱정이 없는 곳이라 하여 '四可齋'라 이름 지었다. 이러한 표현은 서교 별업에 토지, 뽕나무밭, 땔나무를 채집할 수 있는 숲, 샘물 등이 갖추어져 있었음을 의미한다. 뿐만 아니라 '사가재기'에는 기술되어 있지 않지만 사료 '마'에 의하면 서교의 별업에는 살구·창포농사도 짓고 있어 별업에 과실과 채소밭이 존재하고 있었다. 즉 이규보의 서교 별업에는 농지, 뽕나무밭, 살구·창포나무 밭, 샘물, 땔나무를 채취할 수 있는 숲이 있었던 것이다. 이규보의 서교 별업 사례는 고려시대 별업이 단순한 대사유지가 아니라, 농지, 채마밭, 시지, 과수원 등으로 구성되어 있는 특정의 공간임을 알려준다. 별업이 그러하였다면, 별업과 같은 의미로 사용되기도 하였던 전장, 田園, 別墅, 田廬, 田舍도 큰 차이가 없었을 것이다.

바로 이 지점에서 가옥, 토지라는 특수한 의미를 지닌 전원, 전려, 별서가 전장과 통용될 수 있는 근거를 확인할 수 있다. 전장이 채소밭과 경작지, 경작민, 가옥 등을 포함하고 있었다면, 그와 같은 의미를 지닌 전원, 전려, 별서는 문맥에 따라 각각 개별적이고 구체적인 의미인 토지, 채소밭, 가옥 등을 뜻할 수도 있다. 즉 전원, 별서 등이 문맥에 따라 경작지와 채소밭, 가옥 등을 의미하면서도 田莊과 같은 의미로 사용될 수 있

---

42) 昔予先君, 嘗置別業於西郭之外, 溪谷窅深, 境幽地僻, 如造別一世界, 可樂也. 予得而有之, 屢相往來, 爲讀書閑適之所. 有田可以耕而食, 有桑可以蠶而衣, 有泉可飮, 有木可薪, 可吾意者有四. 故名其齋曰四可. … 嘗於是齋, 著詩三首, 詩集中有西郊草堂詩是已.『동국이상국전집』권23, 四可齋記.

43) 김용선 편저, 2001,『고려묘지명집성』, 한림대학교 아시아문화연구소.

었던 것은, 田莊이 그 모든 것을 포함한 곳이기 때문에 가능하였다. 따라
서 고려시대 전장은 경작지, 채마밭, 柴地, 샘물 등의 요소가 갖추어진
특정의 공간을 의미하였다.

전장을 이렇게 규정한다면, 고려후기 확대되었던 집적된 수조지로서
의 '농장'을 어떻게 파악할 것인가의 문제가 제기된다. 실제로 선행연구
는 田園의 탈점을 수조지 탈점으로 파악하여 田園을 수조지로 이해하였
다.44) 특히 아래 사료는 전원을 수조지로 파악하는 전거로 활용되었다.

> 사. 臨陂縣令 田承雨는 上將軍 金鉉甫가 田園을 두루 확장하는 것을 시기
> 하여 그 租를 거두어 모두 官에 납입하고 그 토지도 백성들에게 주었
> 다. 김현보가 按察使 崔宗裕에게 청탁하여 그 租를 환수하려 하자 전
> 승우는 분노하여 官의 銀器로 보상하고 法司에게 보고하였다. 법사에
> 서 김현보와 최종유를 탄핵하였으나 崔怡가 그 書狀을 빼앗고 이를
> 그치게 하였다.45)

최씨 무인집권기 임피현령 田承雨는 상장군 金鉉甫가 田園을 확대하
는 것을 시기하여 관에서 그 조를 거두고 토지를 백성들에게 나누어 주
었으나 김현보가 안찰사 崔宗裕에게 부탁하여 그 조를 다시 되돌려 받
으려 하였다. 이에 분노한 전승우는 관청의 銀器로 보상하고는 法司에
보고하였다. 관에서 조를 거두고 이를 다시 안찰사가 되돌려 주었다는
사실은 田園을 수조지로 파악하는 주된 근거가 되었다.

하지만 여기서 전원을 반드시 수조지로만 해석할 필요는 없다. 전원
을 사유지로 보아도 해석은 충분히 가능하다. 김현보의 전장 확대는 임
피현령 전승우의 임피지역 통치, 구체적으로 收稅에 상당한 장애가 되었
을 것이고 이에 불만을 느낀 전승우가 그 조를 관으로 들이고 해당 토지

---

44) 위은숙, 앞의 책, 129쪽.
45) 臨陂縣令田承雨, 疾上將軍金鉉甫廣植田園, 悉收其租入官, 又以其田與民. 鉉甫托
　　按察使崔宗裕, 徵還其租. 承雨忿恚, 償以官銀器, 報法司. 法司劾鉉甫・宗裕, 怡奪
　　其狀, 止之.『고려사』권129, 열전42, 반역, 崔怡.

를 백성들에게 나누어 주었던 것으로도 이해될 수 있기 때문이다.

　주지하듯이 궁원과 사원의 전장은 면세지였으나, 일반인들이 소유한 전장은 국가에 세금을 바쳐야만 했다. 하지만 고려시대 전장주들은 때로 여러 가지 방법을 동원하여 그것을 회피하였던 것으로 보인다. 충선왕 2년 토지개간에 의해 확대된 토지를 量田하여 수세하기 위해 採訪使를 파견하기로 결정하였으나, 재추들은 자신의 田園에 관리들이 들어가는 것을 염려하여 그만 두게 하였다.[46] 이러한 사실은 재추들이 자신들의 전장에서 부담해야 하는 세를 성실히 납부하지 않고 있었음을 확인시켜 준다. 때문에 전장의 확대는 수세지의 감소를 가져왔고, 징세의 과정에서 전장주들과 지방관들은 항상 긴장관계를 유지하였을 것이다.

　이러한 긴장관계는 과전법이 시행되고 있던 조선초나 과전법이 해체된 16세기에도 존재하고 있었다. 조선이 건국된 직후, 경기와 전라의 감사가 된 河崙이 토지의 다과를 바탕으로 賦役을 정하자, 권세가들 중 田園을 널리 두고 있던 자들이 이를 싫어하여 폐지를 청하였으나 수령들이 계속 행하였다는 사실은[47] 조선초 전장주와 지방관과의 긴장관계를 잘 보여준다.

　16세기 의성 김씨 金璡의 靑杞別業의 상속도 부세 수취를 둘러싼 전장주와 지방관과의 긴장관계를 확인시켜 주는 좋은 사례이다. 16세기 영남 사림의 대표적 인물이었던 金誠一의 아버지 金璡은 英陽縣에서 공한지를 개간하여 청기별업을 열어 만년을 그곳에서 보내었다. 그런데 김진

---

46) 宰樞議, 遣採訪使于諸道, 更定稅法. 或曰, "今郡縣田野盡闢, 宜量田增賦, 以贍國用." 宰樞恐其所占田園入官, 事遂寢.
　　『고려사』 권78, 식화, 전제 조세 충선왕 2년 11월.
47) 初政堂文學河崙, 嘗爲京畿全羅兩道監司, 以古者兵出於農之意, 量民戶墾田多少, 立賦役差定之法, 民甚便之, 權勢之家 廣占田園者, 多惡之. 至是, 崙復建議行之, 三軍府請罷之. 然守令猶踵而行之.
　　『태조실록』 권15, 태조 7년 12월 甲辰.

은 자식들에게 자신의 재산을 상속하면서 청기별업이 있던 곳은 관의 부
역 독촉이 심하여 자녀들에게 분할 상속할 경우 효과적으로 별업을 관리
할 수 없다고 판단하였고 청기별업은 장자 金克一에게 상속되었다.[48]
이러한 김진의 조치는 부세 문제를 효과적으로 대처하지 못한다면 전장
의 유지가 어려울 수도 있음을 시사하고, 당시 전장주들이 부세 수취에
민감하게 반응하였음을 잘 보여 주고 있다.

전장주들이 자신의 전장에 대한 지방관의 수취에 민감하였다는 사실
은 다른 한편으로 지방관들이 부세를 수취하는 방식으로 管內의 전장에
대해 자신의 영향력을 발휘하였음을 의미한다. 다만 주목되는 점은 전장
에 대한 지방관의 영향력은 당대 사회가 처한 시대상황에 따라 매우 다
양하게 발현되었다는 사실이다. 충선왕 2년의 사례처럼, 측근정치라는
시스템이 작동하던 원간섭기에 권세가의 전장에 대한 지방관의 통제는
용이하지 않았지만, 충목왕 3년 정치도감의 개혁이 실행되고 있던 국면
에서는 일부 지방관들이 호강자의 전장을 철거하기도 하였다.[49] 또 지
방에 대한 통제가 정비되어 가던 조선시대에는 전장에 대하여 부역을 수
취할 수 있었다. 지방관과 전장에 대한 관계를 이렇게 파악한다면 임피
현령이었던 전승우가 상장군 김현보 전원의 조를 관에 거두어들이는 것
은 충분히 가능한 일이었다.

사유지로도 해석 가능함에도 불구하고, 선행연구에서 고려후기 탈점
지를 수조지로 파악한 것은 사적 소유가 확립된 상황에서는 사유지에 대
한 탈점이 용이하지 않았으리라는 인식과 고려의 멸망 과정을 수조권적
토지지배에서 소유권적 토지지배로 이행하였다는 시각이 반영된 결과이
다. 특히 고려후기의 농장 문제를 수조권 문제로 이해하여, 수조권과 소

---

48) 이수건 편저, 『경북지방고문서집성』, 1981, 171쪽, 金璡許與文記.

49) 理問所, 以撤臣者及豪强田莊, 囚密城副使李孫慶·驪興副使李蒙正·西州副使趙冬暉.
　　『고려사』 권37, 충목왕 3년 10월 壬申.

유권의 중층적 지배가 고려후기의 사회모순을 거치면서 해체되고, 소유
권에 입각한 지배로 귀결된다는 시각 하에, 私田 문제와 '농장'의 확대
를 일치시켜 파악하기도 하였다.50)

하지만 '농장' 혹은 전장 관련 용례를 분석해 보면 그것은 수조지가
아니라 가옥, 경작지, 초채지 등이 포함되어 있는 특정의 공간이었다. 따
라서 '농장' 혹은 전장을 수조권의 문란과 연관된 문제로 이해하는 것은
적절하지 못하다. 즉 우리가 고려후기 수조권 문란 현상을 강조할 수는
있더라도, 그것을 전장과 관련된 것으로 이해하는 것은 곤란하다. 사료
에 보이는 농장은 '집적된 수조지' 혹은 '가산화된 수조지'가 아니라 전
장과 같이 경작지, 채마밭, 시지 등으로 구성되어 있는 특정의 공간이다.
그러므로 고려후기 '수조지 집적형 농장'은 당대 사회에 존재하는 농장
이 아니라 고려후기 사회현상을 설명하는 하나의 창조된 '개념'으로만
존재할 수 있으며, 이런 의미에서 그것은 '농장론'으로 지칭하는 것이
오히려 타당한 것으로 보인다.

3. 전장과 경작민

경작지, 莊舍, 초채지 등이 결합된 공간으로 전장을 파악할 때, 아래
의 사료는 새로운 문제를 야기시킨다.

> 아. 신이 만약 기름지고 비옥한 것을 얻어 農莊을 설치하려고 하였다면,
> 回換하는 날로 즉시 奴婢를 모아서 그 땅에 살게 하면서 경작하게 하
> 였을 것입니다. 어찌 3년이 이르도록 거주하는 노비가 1명이 없겠습
> 니까? 거우 경작하였다는 5곳도 모두 並作입니다.51)

---

50) 이경식, 앞의 글, 91쪽.
51) 臣若欲得膏腴置農場, 則回換之日, 卽聚奴婢, 使居其地而耕耘矣. 何至三年無一奴

위 사료는 사헌부가 牙山 지역에 농장을 두었다는 이유로 左贊成 黃
守身을 탄핵하자, 황수신이 이를 세조에게 해명하는 상소 중 일부이다.
세조 7년 5월 아산현의 官奴 禾萬의 고발로[52] 시작된 이 사건은 1년이
넘도록 조정에서 논란이 되었다. 당시 사헌부는 황수신의 죄를 여섯 가
지로 꼽았다. ①'金克剛이라는 자의 이름을 빌어 아산의 관둔전을 자신
의 농장으로 삼으려 하였다는 점', ②'농장을 만들기 위해 그곳을 부인
의 葬地라고 속인 점', ③'官衙를 값싸게 억매하려 한 점', ④'社倉을 두
지 못하게 한 점', ⑤'사급 받지 않은 채소밭을 官奴를 사역시켜 경작한
점', ⑥'하사 받지 않은 관노를 사역시킨 점'이[53] 그 구체적 죄목이었다.
이에 황수신은 사헌부의 탄핵을 조목조목 비판하면서 자신은 불법적으
로 아산에 농장을 두려하지 않았다고 변명하였고, 사료 '아'는 그 주장
가운데 일부이다.

황수신의 반론에서 주목되는 사실은 자신이 아산지역에 농장을 설치
하려 했다면 '노비를 모아 경작하게 하였을 것'이라는 언급이다. 이 사
료를 바탕으로, 노비노동을 통해 경작되는 대사유지만을 농장(전장)으로
파악하려는 견해가[54] 제시되었다. 즉 농장은 노비 경영이 이루어지는
곳을 지칭하는 용어라는 것이다. 이러한 견해는 조선전기 대사유지를 병
작제와 농장제로 세분하고 노비경영에 의해 경작되는 대사유지만을 농
장제로 파악하였다.

이에 반해, 이러한 사료 해석을 비판하면서 병작제를 포함한 일체의
농업경영방식이 행해지는 대사유지를 농장으로 파악하는 견해도[55] 있

居者乎? 其僅耕五處, 亦皆幷耕.

『세조실록』 권28, 세조 8년 4월 丙戌.

52) 『세조실록』 권24, 세조 7년 5월 辛亥.

53) 『세조실록』 권27, 세조 8년 1월 癸亥.

54) 有井智德, 1967, 「李朝初期の私的土地所有關係」『朝鮮史研究會論文集』3 ; 김건
태, 1993, 「16세기 양반가의 작개제」『역사와 현실』9.

55) 이경식, 1998, 「조선전기 양반의 토지소유와 농장」『조선전기토지제도연구』2,

다. 황수신의 변론은 아산 지역 24곳의 관둔전 모두를 농장으로 삼으려는 의도가 없었음을 강조하기 위한 것이었으므로, 노비노동을 전제로 한 대사유지만이 농장이라는 사실의 전거로 이 사료를 이해하는 것은 무리가 있다는 것이다.

앞서 검토한 전장 관련 용례를 바탕으로 '아'를 살펴본다면, 후자의 견해가 더 설득력이 있어 보인다. 우선 '아'가 농장과 노비의 밀접한 연관을 시사하고 있더라도, 여타의 사료에서 전장은 경작지, 시지, 장사 등이 결합된 특정의 공간을 지칭하는 용어였다. 그러므로 '아'의 용례만으로 노비노동을 전제한 대사유지를 농장으로 규정하기에는 무리가 있다. 더욱이 경영방식을 기준으로 농장제와 병작제로 구분하는 방식은 대사유지를 의미하는 농장의 범주를 혼란스럽게 하는 것이 될 수 있다. 뿐만 아니라, 노비에게는 작개와 직영 노동이 강제되고 양인들은 병작농이었다는 구분은, 지나치게 단선적이라는 비판을 피하기 어렵다. 비록 신분적 예속 관계에 의해 노비들은 노동지대를, 양인들이 생산물지대를 바쳤을 가능성이 높다하더라도, 노비들 중에도 外居奴婢는 병작농으로 존재하였고, 婢夫와 같은 몰락 양인들은 직영 노동을 부담하기도 하였다.[56] 따라서 경영방식을 기준으로 농장의 범주를 설정하는 것은 적절하지 못하다.

따라서 위의 사료는 농장과 노비와의 연관성을 드러내어 주는 좋은 사례 정도로 이해하는 것이 바람직 할 것이다. 비록 노비노동에 근거한 대사유지만을 농장이라 지칭하지 않았다 하더라도, '아'는 농장 경영에서 노비가 차지하는 비율이 낮지 않았음을 시사한다.

조선전기가 이와 같았다면, 고려시대 전장은 어떠하였을까? 이러한 의문과 관련하여 주목되는 것이 전장의 분급사례들이다. 田莊이 사급될 때에는 노비도 함께 지급되었는데, 앞서 언급한 것처럼 강조의 난 이후

지식산업사.
56) 이호철, 1986, 『조선전기농업경제사』, 일조각.

효은태자의 아들 왕림과 왕정은 복권되면서 田莊과 노비를 하사받았으며, 중국에서 蔡仁範이 귀부하자 광종은 田莊과 노비를 함께 내려주었다.[57] 전장과 노비와의 관계는 상속과정에서도 확인된다. 숙종의 다섯 번째 아들 왕효는 어머니로부터 明福宮의 토지와 노비를 함께 하사받았다.[58] 이러한 예들을 통해 본다면, 고려시대 역시 전장 경영과 노비의 연관을 무시할 수는 없었을 것이다. 아래의 사료는 전장과 노비의 관계를 이해하는데 많은 시사점을 주고 있다.

> 자. 또 쿠라다이[忽剌歹] 등이 田民을 奪占한 것을 모두 본주인에게 돌려주어 이로써 원망과 억울함을 풀게 할 것을 요청하는 表에 말하기를, "… 本國 亂臣의 괴수 쿠라다이 등의 姦計는 이미 명백하여 … 朝旨를 받아 本國에 있는 田園과 藏獲를 수취코자 하나이다. … 쿠라다이 등과 같은 자는 본시 單身으로 이곳에 왔으니 일찍이 어찌 한 물건인들 가졌겠습니까? 지금 가진 재산은 모두 빼앗고 뇌물 받은 것이며, 소유한 田民도 강제로 삼키고 세력으로 빼앗은 것이 많습니다. 그 중에는 또한 臣이 준 것도 있는바 역시 주인이 없는 것이라고 거짓 보고하였기 때문에 준 것입니다. 金忻의 田民도 또한 그에 버금하는 것입니다."[59]

몽고인 쿠라다이는 충렬왕비 齊國大長公主의 㤼怜口로 고려에 와서 印侯로 이름을 바꾸었다. 충렬왕과 공주의 폐행이었던 쿠라다이는 '권세가 中外를 기울이고' 있었으며 그 권세로 田民을 빼앗아 치부하였다. 이

---

57) 김용선 편저, 2001,「채인범묘지명」『고려묘지명집성』, 한림대학교 아시아문화연구소.
58) 김용선 편저, 2001,「왕효묘지명」『고려묘지명집성』, 한림대학교 아시아문화연구소.
59) 又請以忽剌歹等奪占田民, 悉還本主, 以伸冤枉, 表曰 … 本國亂臣之首, 忽剌歹等所作姦計, 旣以明白, … 因受朝旨, 欲收本國所在田園藏獲, 又所曾分付, 令還本國. … 若忽剌歹等, 本以隻身而到此, 曾何一物之有將? 今所有資財, 皆出侵漁賄賂, 所有田民, 多是强吞勢奪. 其中亦有臣所給者, 亦因妄告以無主, 故與之耳. 至如金忻之田民, 亦亞於彼.
『고려사』 권32, 충렬왕 27년 5월 庚戌.

렇듯 충렬왕의 측근세력으로 막강한 권세를 가지고 있던 쿠라다이는 충렬 왕 24년 충선왕이 즉위하면서부터 충선왕 세력으로 전향하였다. 하지만 충선왕은 즉위한 지 1년이 되지 않아 다시 원으로 소환되었다. 이에 위기 의식을 가진 쿠라다이는 충선왕을 위해 韓希愈 무고사건을 일으키는 등 적극적인 공세를 취했으나 일이 여의치 않자 원나라로 도주하였다.

충렬왕의 입장에서, 충렬왕 24년 충선왕의 일시적 즉위는 고려와 원나 라에서 무시할 수 없을 만큼 성장한 충선왕 세력에 대한 견제의 필요성을 의미하였을 것이다. 특히 자신의 측근세력이었던 쿠라다이가 충선왕 세력 이 되어 버리자, 쿠라다이에 대한 탄압은 비단 개인적 복수만이 아니라, 국내에 있는 충선왕 세력에 대한 탄압이기도 하였다. 그러나 충렬왕에 대 한 원나라의 견제 역시 존재하였기 때문에 충렬왕은 마음대로 쿠라다이의 田民을 몰수하지 못하고 먼저 원나라에 그것을 요청하였다.[60]

그런데 표문에서 쿠라다이가 전민을 널리 두고 있었음을 강조하면서 고려에 있는 그의 전원과 노비를 적몰해야 한다는 충렬왕의 주장이 주목 된다. 즉 충렬왕의 주장 속에서 전원·노비와 전민이 서로 같은 것으로 간주되고 있음을 발견할 수 있다. 전민을 전원과 노비로 이해한 것은 이 인임의 사례에서도 확인된다.

> 차. 우왕 10년에 李仁任이 그의 여종 鳳加伊를 우왕에게 바치니 우왕이 그녀를 아끼고 사랑하여 자주 이인임의 집에 묵자 李仁任은 그것을 피하여 別墅에 기거하였다. 우왕이 이인임을 아버지, 이인임의 妻 朴 氏를 어머니로 부르니 이인임은 우왕을 데릴사위처럼 대하였다. 나라 에는 며칠의 저축이 없어도 田園과 奴婢가 中外에 편재해 있었고, 將 相들이 모두 이인임의 門에서 나왔고, 이인임을 본받아 다투어 남의 田民을 빼앗았다.[61]

---

60) 충렬왕대 정치세력의 동향에 대해서는 '김광철, 1993, 「충렬왕대 측근세력의 분화 와 그 정치적 귀결」『고고역사학지』9, 동아대학교 박물관.' 참조.

61) 十年, 仁任獻其婢鳳加伊於禑, 禑寵愛之, 屢宿其第, 仁任避居別墅. 禑稱仁任爲父,

고려말 우왕대 권신이었던 이인임은 전국에 전원(전장)과 노비를 두고 있었다. 또 당시 將相은 모두 이인임의 가문에서 나왔으며 그들도 이인임을 본받아 타인의 사람의 전원을 빼앗았다고 한다. 여기서 주목되는 사실은 이인임의 가문에서 나온 장상들이 이인임을 '본받아' 전민을 탈점하였다는 것이다. 그들이 이인임에게 본받고자 한 것은 이인임이 전국에 두고 있었던 전원과 노비였을 것이다. 따라서 사료에서 이인임이 소유한 전원과 노비는 곧 그의 가문에서 배출된 장상들이 탈점한 전민을 의미하는 것임을 확인할 수 있다.

그렇다면 고려시대 田民은 전장과 노비를 지칭하는 용어였을까? 이 문제는 고려시대 전장의 실체를 파악하는 데 있어 매우 중요하므로 쉽게 속단할 수 없다.

조선전기의 사례이지만, 아래의 사료는 일단 당대 전민이 전장과 노비를 지칭한다는 사실을 알려 준다.

> 카. 충청도 관찰사가 다음과 같이 보고했다.
> "국가에서 寺社를 두고 田民을 예속시킨 것은 다만 山水를 진정시키고 나라를 보호하기 위함입니다. 道內에 安波寺란 절이 있는데, 왜적으로 인하여 廢寺되었습니다. 그런데 지금 본래의 절터에서 60리나 떨어진 곳에 초가 암자를 짓고, 사는 중은 두세 명에 불과함에도 노비를 사역시키고 田租를 거두니, 나라에 도움이 될 것이 없습니다. 본래의 절터로 돌아가지 않는 동안은 田民을 일체 공에 속하게 하여 國用에 보충하고, 各道 폐사의 田民도 이 例에 의하소서."
> 왕이 그대로 따랐다.[62]

妻朴氏爲母, 仁任待禑如畜壻. 國無旬日之儲, 而田園奴婢遍中外. 將相皆出其門, 爭效之, 奪人田民.
『고려사』 권126, 열전39, 간신 이인임.

62) 忠淸道觀察使報, "國家所以置寺社而屬田民者, 但爲鎭山水保邦家而已. 道內有安波寺, 因倭而廢. 今去本基六十里結草庵, 居僧不過二三耳, 役奴婢收田租, 無補於國. 其未還本基之間, 田民一皆屬公, 以補國用, 各道廢寺社田民, 亦依此例." 從之.
『태종실록』 권10, 태종 5월 8월 壬辰.

조선 태종대 폐사의 전민을 속공할 것을 아뢰면서 폐사된 안파사의 전민을 일부 승려들이 차지하고 있음을 비판하고 있다. 여기서 주목되는 바는 일부 승려들이 전민을 차지하고 있는 상황을 '노비를 사역하여 전조를 획득하고 있다'고 기술한 점이다. 노비를 사역시키고 전조를 얻는다는 표현은 안파사의 승려들이 전장을 소유하고 있었으며, 그 경작민으로 노비를 사역시키고 있었음을 의미한다.

전민이 전장과 노비를 의미한다는 사실은 공신전의 예를 통해서도 확인할 수 있다. 조선 태종대 형조의 啓는 공신들이 하사받은 전민이 토지와 노비라는 것을 짐작할 수 있게 해준다. 형조는 "元從功臣들의 田民안의 田地는 당사자가 죽은 뒤에 軍資에 환수하는 것은 일찍이 하명 받았습니다. 당사자가 죽은 뒤에 노비도 역시 속공하는 것이 어떠합니까?"라고 아뢰었는데[63] 이러한 啓는 전민이 토지와 노비를 지칭할 때에만 가능한 것이다. '田地'로 표현된 토지는 전장의 형태로 존재하였을 가능성이 높다.

공신에 대한 전민의 지급은 고려시대도 빈번하게 이루어지고 있었다. 충숙왕이 원나라로 가서 濮國長공주를 맞이할 때의 공으로 1등 공신에 책봉된 金永暾은 田民을 하사받았으며,[64] 공민왕은 즉위한 뒤 자신이 원나라 수도인 燕京에 있을 때 호종한 자들에게 공신의 작위를 내리고 田民을 하사하였다.[65] 고려시대에 공신들이 하사받은 전민 역시 태종대 공신들에게 하사된 전민과 크게 다르지 않았을 것이다.

田民이 토지와 노비를 의미하였음은 조선전기 상속문서에서도 확인할 수 있다. 주지하듯이 조선전기 사대부들은 자신의 자손들에게 토지와

---

63) 刑曹啓, "元從功臣田民內, 田地則身故後還屬軍資, 已曾受敎. 其奴婢身沒後, 亦還屬公, 何如?" 敎曰 "賜牌許子孫相傳者, 田地奴婢, 勿令還屬."
   『태종실록』 권32, 태종 16년 10월 戊辰.
64) 延祐丙辰, 從忠肅王朝京師, 請爲嘉禮及尙公主 册公一等功臣 賜田民祿券.
   김용선 편저, 2001, 「김영돈묘지명」, 『고려묘지명집성』, 한림대 아시아문화연구소.
65) 『고려사』 권38, 세가, 공민왕 원년 6월.

노비를 상속하면서 분재기를 남겼다. 그런데 그들은 文記를 작성하면서
자신이 소유하고 있는 토지와 노비를 '전민'으로 표현하였다. 조선 문종
2년 5월 작성된 眞城李氏 李遇陽의 許與文記에는 조상대대로 물려받은
田民을 孫外에 방매하지 말 것을 당부하고 있는데, 당대 허여문기가 노
비와 토지의 허여를 주된 내용으로 하고 있다는 사실을 고려한다면 文
記에 나오는 전민은 이우양이 소유한 토지와 노비로 이해된다. 특히 이
우양은 타인이 자신의 가옥과 자신의 전지를 매입하는 것을 경계하고 있
는 것으로 보아 이우양의 전민은 전장과 노비임에 틀림없다.66)

  전민이 전장과 노비였다는 사실은 고려에서도 전장 경영에 있어 노비
노동이 적잖은 비중을 차지하고 있었음을 의미한다. 하지만 전장의 경작
노동력으로 노비만이 존재하였던 것은 아니었다. 주지하듯이 양인들 중
국가의 부역을 피하기 위해 전장으로 투탁하는 자도 있었으며,67) 전장
주들 역시 전장 노동력을 확보하면서 전장으로 확대하기 위해 적극적으
로 이들을 받아들이고 있었다.68) 따라서 전장 경작민들 중에는 양인도
존재하고 있었을 것이다.

  그런데 이렇듯 양인이 존재함에도 불구하고, 앞의 사료들이 田民을 모
두 전장과 노비로 기술한 이유는 무엇일까? 이는 전장에 속해 있는 양인
들의 처지가 노비와 크게 다르지 않았기 때문일 것이다. 전장이 위치한

---

66) 이수건 엮음, 1981, 『경북지방고문서집성』, 영남대학교 출판부, 128쪽. 이 밖에
    전지와 노비의 상속을 전민의 상속으로 표현한 사례는 많은 고문서에서 나타나고
    있다. 같은 책 137쪽 '李繼陽妻 金氏 許與文記', 140쪽 '安繼宗妻 金氏 許與文記'
    등이 대표적이다.
67) 人物推考別監이 되어 왕께, "大臣과 內僚가 田莊을 많이 두어 도망가는 자들의
    소굴로 되고 있사오니 바라건대 銀과 布를 징수하여 國用에 충당하소서."라고 아
    뢰었다. 『고려사』 권123, 열전36, 嬖幸, 李英柱.
68) 旨를 내리기를, "지금 여러 院, 寺社, 鷹坊, 巡馬, 兩班 등이 유직자들과 殿前, 上
    守를 田莊으로 나누어 보내어 齊民을 불러들이고 …『고려사』 권85, 지 형법 禁
    令, 충렬왕 12년 3월.

곳에서 노비와 잡거하였을 양인들은 노비와 혼인하기도 하였을 터이고
'一賤則賤'의 원칙에 의해 그와 그의 자식들 역시 노비와 같은 사회적 처
지에 놓여 있었을 것이다. 실제로 고려시대에 양천교혼이 이루어지고 있
어[69] 한 마을에 양천이 雜居하였을 가능성은 매우 높다.

최씨정권을 무너뜨리는데 공을 세운 이들의 포상을 위하여 원종 3년에
작성된 '尙書都官帖'에는 金仁俊에게 하사된 노비 10口의 가계가 기술되
어 있다.[70] 10구의 노비 가운데 3구는 양인 남자가 婢를 얻어 낳은 노비였
고, 5구는 부모가 노와 비였으며, 나머지 2구는 아버지의 신분을 확인할
수 없다. '상서도관첩'에 따르면 고려 원종대 양천교혼율은 30%에 달하고
있어 고려시대 양천의 교혼이 비교적 빈번하게 발생하였음을 확인할 수 있
다.[71] 또한 16세기 경상도 예안의 光山金氏家의 노비 중 50%정도가 양천
교혼으로 출생한 자들이었다는 사실을 고려한다면[72] 고려시대 역시 양인
과 노비의 잡거와 혼인 비율이 상당하였을 것으로 이해된다.

이처럼 고려시대 양천의 교혼이 빈번하게 이루어 졌다면, 전장내부의
경작민들 역시 노비로만 구성되었다기보다 양천이 잡거하는 형태가 더
일반적이었을 것이다. 따라서 고려시대 전장의 경작민은 노비와 그들과
사회적 처지가 같았던 예속양인들로 구성된 것으로 보아야 할 것이다.[73]

---

69) 홍승기, 1983, 『고려귀족사회와 노비』, 일조각, 20~23쪽.
70) 노명호외, 2000, 『한국고대중세고문서연구』상, 서울대학교 출판부.
71) '상서도관첩'에 나타난 양천 교혼의 사례를, 전장 경작민으로서의 양천 잡거에 대
    한 논증으로 보기에는 무리가 있다. '상서도관첩'에 기술된 노비 10구는 한 마을
    에 거주하던 노비로 파악할 수 없으며, 양천 교혼이 이루어진 3구의 경우도 아버
    지는 어사대 소속의 말단 서리인 '所由'나 말단 서리인 丁吏여서 그들을 전장의
    예속민으로 상정할 수는 없다. 하지만 '상서도관첩'에 나타난 양천교혼의 비율은
    고려시대 양천의 교혼이 비교적 빈번하게 이루어지고 있음을 알려주는 것이며,
    이는 곧 경작 양인들과 노비들 사이의 양천 교혼도 빈번하게 발생하고 있었음을
    의미하는 것으로 이해된다.
72) 김건태, 앞의 책, 25쪽.
73) 이러한 사정은 조선전기에도 마찬가지였다. 이영훈, 1988, 「조선봉건제론의 비판

전장 경작민으로서 노비를 지적하면서, 마지막으로 언급해야 할 사항
은 노비노동의 성격에 관한 것이다. 일반적으로 私奴婢는 率居奴婢와 外
居奴婢로 이해되어 왔다.[74) 이중 외거노비는 가정을 이루고 독자적인 경
리(농민 보유지)를 점유한 존재였다. 이에 반해 솔거노비는 결혼은 할 수
있었지만, 가정을 이룰 수 없었으며 독자적인 경리를 점유하지 못하여[75)
노예와 다를 바 없는 존재였다. 하지만 통일신라 이후 소농경영이 진전되
고 있었다는 사실을 고려한다면, 고려시대 전장을 경작하던 노비들이 고
대 노예와 같은 처지였다고 보기는 어렵다.

이와 관련하여 조선전기 솔거노비는 대다수의 率下奴婢와 소수의 家
內使喚奴婢로 구분된다는 연구가 주목된다. 연구에 의하면, 극소수의 가
내사환노비만이 노비 소유주의 집에서 함께 거주하였고, 대다수 솔하노
비는 가정을 유지하고 독자적인 농민 보유지를 점유하면서 불완전하게
나마 소농경영을 행하고 있었다.[76) 이러한 노비는 조선전기에 새롭게
형성된 것이 아니라, 소농경영이 발달하고 있던 고려시대부터 존재하였
을 것이고, 고려 전장의 대다수 노비들도 농민 보유지를 점유하면서 불
완전하게나마 소농경영을 행하고 있었을 것이다.

80년대 이후 한국 중세 사회경제사 연구는 수조권과 소유권이라는 중
층적 구조의 정립과정으로 정리될 수 있다. 이런 과정에서 이전까지 대

적 검토」『조선후기사회경제사』, 한길사, 602~604쪽.

74) 홍승기, 1998, 앞의 책. 이에 반해 이영훈은 사노비를 立役奴婢와 納貢奴婢로 구
분한 뒤, 입역노비를 家內奴婢와 農耕奴婢로 세분하였다. 이중 농경노비에는 다
시 家作(직영)노비, 作介노비, 병작노비로 나누어서 파악하였다. 본고에서는 노비
문제를 본격적인 검토를 시도할 수 없으므로 일단 솔거와 외거로 구분하는 견해
를 따른다. 이영훈, 「한국사에 있어서 노비제의 추이와 성격」『노비·농노·노예 -
예속민의 비교사 -』, 일조각.

75) 홍승기, 앞의 책, 90~95쪽.

76) 이호철, 앞의 책, 452~459쪽.

사유지 일반을 지칭한 것으로 이해되어 온 전장 혹은 농장은 이제 '사적 소유지형 농장', '수조지 집적형 농장'으로 구분되었다. 그러나 소유지와 수조지라는 서로 다른 두 범주가 어떻게 전장이라는 동일한 용어로 표현되었는가에 대해서는 좀 더 천착할 필요가 있다. 서로 다른 두 성질이 하나의 용어로 표현되기 위해서는 그 용어가 가지는 범주에 대한 엄밀한 논증이 전제되어야 하기 때문이다.

이러한 문제의식을 바탕으로, 전장의 범주를 규명하기 위해 필자는 전장 관련 용례를 분석해 보았다. 고려시대 전장은 田廬, 田舍, 田園, 別業, 農莊, 別墅 등과 같이 다양한 이름으로 사료에 나타나고 있다. 다양한 용례들이 하나의 용어로 사용될 수 있다는 사실은, 이들 용례들이 함의하는 바가 같기 때문일 것이다. 다른 한편 개별 명칭의 차이에서 확인할 수 있듯이, 이들 용례는 나름의 특수성도 가지고 있었다. 별서는 가옥, 토지에 부속된 가옥이라는 의미를 가지고 있었으며, 田園은 채마밭 혹은 토지를 지칭하고 있었다. 서로 다른 의미로 사용되고 있던 이들 용례가 전장으로 파악될 수 있었던 것은 전장이 가옥, 토지, 채마밭 등을 포괄하고 있을 경우에만 가능하다. 즉 고려시대 전장은 경작지, 채마밭, 초채지, 물, 莊舍 등으로 구성된 특정의 공간이었던 것이다.

전장을 이렇게 정의한다면, 전장을 단순한 대사유지로 규정하거나, '수조지 집적형 농장' 혹은 '가산화된 수조지로서의 농장'으로 파악하는 견해는 재고되어야 한다. 물론, 수조권의 문란을 고려후기 토지문제의 핵심으로 이해할 수도 있다. 그러나 그 현상을 농장문제로 파악해서는 곤란하다.

한편 조선전기의 경우 노비노동을 기초로 형성된 대사유지를 농장으로 파악하는 견해도 있다. 그러나 경작지, 채마밭, 초채지, 물, 莊舍 등으로 구성된 특정의 공간인 전장의 경작민은 노비뿐만 아니라, 양인 예속민도 존재하였다.

요컨대 고려시대 전장은 경작지, 채마밭, 초채지, 물, 莊舍 등으로 구성된 특정의 공간을 의미하며 예속민의 노동을 기반으로 하고 있었다.

제3장

전장의 형성과 발전

고려시대 전장은 田廬, 田舍, 田園, 別業, 農莊, 別墅등으로 불리웠으며, 경작지, 莊舍, 초채지 등이 결합된 대사유지였다. 이러한 결론을 바탕으로 본 장에서는 대사유지인 전장의 형성과정을 살펴보고 전장이 當代 토지소유에서 차지하는 위상을 고찰하여 고려시대 토지소유관계의 양상을 규명하려 한다. 이를 위해 선행연구를 바탕으로 통일신라기 전장이 어떻게 형성 확대되었는지를 살펴보고, 고려가 건국한 후 이들 전장의 위상이 어떠하였으며 당시 토지소유제에서 전장이 차지하는 위상을 검토할 것이다.

1. 전장의 형성과정

田莊의 존재는 신라시대부터 이미 사료에서 확인된다. 『三國史記』에 의하면 신라 助賁尼師今 대에 骨伐國의 阿音夫가 내투하자, 그에게 전장과 노비를 지급하고 있다.[1] 하지만 『삼국사기』의 4세기 이전 기사에 대해서는 논란이 있고, 아직 고대적 질서가 유지되고 있던 당시에 고려시대와 같은 성격을 지닌 전장이 존재하였다고 볼 수 없다.

전장은 7세기로 접어들면서부터 사료에 본격적으로 나타나기 시작한다. 신라 중대 대표적인 승려였던 慈藏은 "일찍이 부모를 여의었으며, 덧없는

---

1) 骨伐國王阿音夫, 率衆來降, 賜第宅田莊 安地. 以其地爲郡.
　　『삼국사기』 권2, 신라본기, 助賁尼師今 7년 2월.

세상의 시끄러움을 싫어하여 처자식을 버리고 田園을 기쁘게 시납하여 元
寧寺를 지었다."[2]고 한다. 자장은 선덕왕 5년(636)에 당나라로 유학하였으
므로 자장이 원녕사를 지은 시기는 대략 7세기 초반으로 추정된다.

한편 '문무왕은 통일전쟁의 공을 치하하기 위하여 김유신과 김인문에
게 전장 등을 하사'하였으며,[3] '김유신의 아들 원술이 당나라와의 전투
에서 패배한 수치를 이기지 못해 아버지의 田園으로 숨었다'는 기록은[4]
7세기 후반으로 접어들면서 전장 관련 용례가 보다 풍부해지고 있음을
알려 준다.

7세기 들어 전장이 사료에 나타나기 시작한 이유는 무엇일까? 일반적
으로 중세적 대토지지배는 예속민의 노동력에 기초한 소농경영과[5] 경제

---

2) 早喪二親, 轉厭塵譁, 損妻息捨田園爲元寧寺.
   『삼국유사』 권4, 의해 慈藏定律.
3) 論功, 中分本彼宮財貨·田莊·奴僕, 以賜庚信·仁問.
   『삼국사기』 권6, 신라본기 문무왕 2년 2월.
4) 『삼국사기』 권43, 열전3, 김유신
5) 여기서 소농경영은 가족단위로 농업경영을 행하는 것을 의미한다. 즉 자신의 토
   지를 소유하든 타인의 토지를 빌리든, 기본적으로 자신과 그 가족의 노동력만으
   로 농업경영을 행하는 생산형태이다. 따라서 소농경영은 토지소유관계와 무관한
   농업경영형태에 의거한 개념이다. 그런데 소농경영의 개념에 대해서는 연구자들
   간에 이견이 있어 보인다. 미야지마 히로시[宮島博士]는 동아시아의 특수성에 대
   한 연구를 시도하면서 동아시아에서 소농사회가 17세기에 이르러 형성됨을 지적
   하였다. 그는 병작제가 보편화되는 시기인 17세기를 소농경영이 지배하는 사회로
   규정하고 이를 '소농사회'라 하였다. 한편 김태영은 자작농의 농업경영을 '소농민
   경영'이라 하였다. 그러나 봉건사회의 본질적 성격이 '소농경영과 경제외적 강제'
   라는 점을 고려한다면, 소농경영을 병작제 혹은 私有 문제와 연결시켜 고찰하는
   것은 소농경영의 범주를 제한하게 된다. '생존수단을 생산하는 데 필요한 생산수
   단의 점유자'들, 즉 소농의 존재와 경제외적 강제를 통한 잉여의 탈취는 노예제,
   자본주의와 구별되는 중세의 특징이자 중세적 계급관계의 기본 성격중 하나이다.
   칼 마르크스 지음, 프리드리히 엥겔스 엮음, 강신준 옮김, 1990,『자본』3, 이론과
   실천, 985~990쪽 ; 미야지마 히로시[宮島博士], 1994,「東アジア小農社會の形
   成」『長期社會變動』, 東京大學出版會 ; 山岡亮一 편, 김석민 옮김, 1987,『봉건사
   회의 기본법칙』, 아침 ; 김태영, 1983,『조선전기 토지제도사연구』, 지식산업사,

외적 강제에 입각한 수취를 통해 실현된다. 때문에 중세적 소유관계의 형성과정은 곧 중세사회의 적대적인 두 계급인 예속농민과 地主의 형성 과정과 일치한다. 따라서 중세적 토지소유관계를 잘 드러내 주는 것으로 이해되는 전장의 형성은 소농경영의 등장과 발전 그리고 지배계급의 성장과 밀접하게 연결되어 있다.

이와 관련하여 4~6세기 농업생산력의 발전[6]과 새로운 사회세력의 성장[7]에 대한 연구가 주목된다. 4~6세기 철제농기구의 보급, 우경의 시작은 노동생산성의 향상과 생산력의 발전을 가져와, 소농경영이 발생할 수 있는 조건을 제공하였고 호민층 성장의 중요 배경이 되었다. 종래 읍락의 수장층인 '干'적 존재들이 村主로 편제된 반면, 새롭게 성장한 호민층은 外位를 받아 국가에 일정의 직역을 부담하는 존재로 성장하였다. 나아가 이러한 호민층은 6세기 중반 이후에는 자연촌의 지배자로서 성장하게 되었는데, 당대 호민층들은 간단한 무장을 하고 있었으며 유사시에는 읍락의 방어를 주도하고 평상시에는 농업생산력의 발달에 기여하는 존재였다.

그런데 통일신라의 자연촌락에는 '烟受有田畓'이라는 이름의 소유지를 가진 자립소농(자작농)이 존재하며 이들에 대한 수조권적 지배가 이루지고 있었음을 강조하는 견해가 있다.[8] 이러한 견해는 4~6세기 농업생산력의 발전이 소농경영을 촉진시켰을 뿐 아니라, 농민의 私有까지 발전시켰으며, 자립소농의 창출을 바탕으로 중세적인 수조권적 토지지배가 형성된 것으로 파악한다. 뿐만 아니라 이러한 소농의 광범위한 존재는 고려시대 백정층의 토지소유로 이어지며, 고려 지배층은 이러한 소유

145~157쪽.

6) 전덕재, 1990, 「4~6세기 농업생산력의 발전과 사회변동」『역사와 현실』 4.

7) 김재홍, 2001, 『신라중고기 촌제의 성립과 지방사회구조』, 서울대학교 박사학위논문.

8) 노명호, 1992, 「나말려초 호족세력의 경제적 기반과 전시과체제」『진단학보』 74, 4쪽 ; 이인재, 1993, 「신라통일기 烟戶의 토지소유」『동방학지』 77·78·79합집.

구조를 바탕으로 수조권분급제인 전시과체제를 실시한 것으로 이해하고
있다.[9]

그러나 이러한 주장은 6세기 이후 성장하던 호민층의 존재와 배치된
다. 앞서 살펴보았듯이 4~6세기 농업생산력 발전의 결과, 자연촌에 기
초한 유력자로서 호민층이 성장하였으며, 이들은 일정의 경제기반을 가
지고 있어 자립소농(자작농)과는 구별되는 존재였다. 뿐만 아니라 촌락
문서에 나오는 촌락들은 왕실 직할촌이며, 이들 촌락에 대한 지배는 수
조권이 아니라 노동력에 기초한 수취였다는 견해가 제시되어,[10] 4~6세
기 농업생산력의 발전과 자립소농을 직선적으로 연결시켜 파악하는 것
은 더욱 곤란해지고 있다.

따라서 4~6세기 농업생산력의 발전은, 한편으로 소농경영을 발전시
켰지만[11] 다른 한편으로는 대토지지배를 결과한 것으로 보는 것이 타당
하다. 즉 농업생산력의 발전과 잉여의 증대는 자립소농의 창출이 아니
라, 몇몇 유력자에게 잉여가 專有되어 나타난 田莊의 형성으로 이어졌
다고 보아야 한다.

하지만 7세기 처음 형성된 전장은 당대 사회에서 보편적 존재이기보
다는 제한적이었다. 4~6세기에 보급된 철제 농기구는 일반 농민이 소유
할 만큼 확산되지 않아, 거수층이나 유력층만이 소유할 수 있었다. 특히

---

9) 김기섭, 1987, 「고려전기 농민의 토지소유와 전시과체제의 특징」『한국사론』17,
  서울대학교 국사학과 ; 노명호, 1990, 「전시과체제하 백정농민층의 토지소유」『한
  국사론』23, 서울대학교 국사학과.
10) 윤선태, 2000, 『신라통일기 왕실의 촌락지배』, 서울대학교 국사학과 박사학위 논문.
11) 7세기 이후 소농경영이 어느 정도 발달하고 있었다는 사실은 '촌락문서'에 나타
  나는 '孔烟'의 존재를 통해서 확인 할 수 있다. '공연'은 일반적으로 編戶로 이해
  되고 있다. 따라서 자연 가족을 단위로 한 소농과는 다소 거리가 있을 수 있으나
  공연의 하부 단위는 자연호이므로 자연호들이 수취의 세포로서 작용하고 있다는
  사실을 부인할 수 없다. 이는 읍락이나 '部'가 수취의 단위로 된 것과는 분명한
  차별성을 가진다.

보습은 양적으로 많지 않아 당대 우경이 보편적으로 시행되었는지에 대한 의문이 제기된다.[12] 또한 '촌락문서'에 나오는 '孔烟'이 자립적으로 재생산되지 못하였다는 사실에서[13] 확인되듯이 당시 '호'들의 자립도는 매우 낮았으며 지배층의 잉여수취도 노동력에 입각해 있어,[14] 토지를 중심으로 잉여를 수취하던 중세적 잉여수취와는[15] 일정한 거리를 가지고 있다. 고려전기 잉여수취는 '호' 단위로 하면서 '호'의 노동력과 '토지'가 결합되어 수취되는 형태를 취하고 있었다.[16] 따라서 통일신라시대 잉여수취가 노동력에 기초하고 있었다는 사실은 소농경영을 전제로 한 전장의 존재와 모순된다.

이런 이유로, 7세기 대에는 대규모 토지를 소유하고, 牛나 철제농기구 같은 우수한 노동도구를 갖추고 있었던 왕실, 중앙귀족들, 사찰 등만이 부분적으로 전장을 소유하고 있었던 것으로 보인다.

2. 사원 전장의 확대

전장이 비약적으로 확대된 시기는 나말려초였다. 나말려초에는 농업생산력이 발전하였고[17] 농업에 힘써 성장하는 계층들이 생겨나기 시작하였다.[18] 이러한 변화는 소농경영에 기초한 전장경영이 발전할 수 있

---

12) 김재홍, 앞의 글, 40~46쪽.
13) 윤선태, 앞의 글, 158~160쪽.
14) 윤선태, 앞의 글.
15) 강진철, 1989, 앞의 책 ; 김기흥, 1991, 『삼국 및 통일신라 세제의 연구』, 역사비평사.
16) 고려전기 '丁'을 기초로 한 잉여수취에 대해서는 '윤한택, 1989, 「고려전시과체제 하의 농민신분」, 『태동고전연구』 5 ; 신은제, 2002, 「고려시대 전조수취율과 그 이해방향」, 『역사연구』 11호, 도서출판 선인' 참조.
17) 위은숙, 1985, 「나말려초 농업생산력 발전과 그 주도세력」, 『부대사학』 9집.

는 가능성을 더욱 넓힌 것이었다. 실제로 이전까지 비교적 우월한 노동도구나 우마를 소유하고 있던 유력귀족, 사원, 왕실뿐만 아니라,[19] 신라하대로 접어들면서 새롭게 성장한 세력들도 전장을 소유하였다.[20] 특히 신라하대 지방에서 새롭게 중창된 사찰들은 광범위하게 전장을 소유하고 있었다.

신라 哀莊王 3년(802) 창건된 海印寺는 창건 당시 哀莊王이 2,500결에 달하는 막대한 전지를 시납하여[21] 이미 방대한 규모의 토지를 소유하고 있었다. 더욱이 해인사가 전장을 매득하였다는 기록이[22] 남아 있어 당대 해인사가 전장을 광범위하게 소유하고 있었음은 분명하다. 이처럼 방대한 전장을 소유하고 있었기 때문에, 9세기경 해인사는 신라말 草賊들의 공격대상이 되기도 하였다.[23]

泰安寺 역시 전장의 소유자였다. 태안사는 선종 9산문의 하나인 桐裏山門의 중심 사찰로 景文王 8년(868) 寂忍禪師의 비문을 조성할 당시 田畓이 모두 490결, 柴地가 143결에 달하는 방대한 규모의 토지를 소유하고 있었다.[24]

한편 황폐화된 사원을 재건하면서 신라하대에 새롭게 전장을 확보해나간 사찰도 있었다. 운문사는 원래 嘉栖岬이라는 사찰로[25] 圓光이 머

---

18) 채웅석, 2000, 『고려시대 국가와 지방사회』, 서울대학교출판부.

19) 귀족과 왕실의 전장에 대해서는 '이인재, 1997, 「신라통일기 전장의 형성과 경영」 『김용섭교수 정년기념사학논총』, 지식산업사.'를 참조.

20) 김창석, 1991, 「통일신라기 전장에 관한 연구」 『한국사론』 25, 서울대학교 국사학과.

21) 1992, 『해인사지』, 가산문고, 60쪽.

22) 曺偉, 『梅溪集』 권4, 書海印寺田券後.(『한국문집총간』 16, 민족문화추진회, 1988)

23) 하일식, 1997, 「해인사전권과 묘길상탑비」 『역사와 현실』 24, 역사비평사.

24) 이지관 엮음, 1993, 「谷城 大安寺 寂忍禪師 照輪淸淨塔碑文」 『역주교감역대고승비문』 신라편.

25) 圓光이 嘉栖岬에 있을 때 占察寶를 두어 이로서 恒規로 삼았다. 그 당시에 檀越尼가 있어 占察寶에 田을 바쳤는데 지금 東平郡의 田 100결이 그것이고 古籍이 아직도 있다. 『三國遺事』 권4, 義解, 圓光西學.

무른 곳으로 유명하다. 진평왕 22년(600)년 수나라에서 귀국한 원광은 가서갑에서 머물다 진평왕 35년(613)에 황룡사로 옮겼다. 원광이 가서갑에 있을 때, 단월니는 100결에 달하는 토지를 시납하여, 당시 가서갑의 경제 기반은 크게 확대되었다. 그러나 가서갑은 이후 쇠락하여 예전의 위용을 찾아 볼 수 없게 되었다. 쇠락한 사찰을 다시 중건한 것은 寶壤이었다. 보양은 중국으로부터 귀국한 뒤, 옛 터에 다시 사찰을 짓고 雀岬寺라 하였으며 이후 고려 태조로부터 토지 500결을 시주받고[26] 雲門寺라 사액 받았다.[27] 운문사의 개창과 관련하여 주목되는 것은 보양이라는 인물이다. 이 보양은 수리시설을 보급하는 등 당시 농업생산력의 발전을 주도한 인물로 이해된다.[28] 신라하대 선종 승려들은 당대 농업의 중심지였던 강남지방으로부터 선진농법을 수용하여 생산력의 발전에 보다 적극적이었다.[29]

고려가 건국된 후, 사원의 수는 크게 증가하였고[30] 그 경제 기반도 크게 확장되었다. 고려는 건국이후 法王寺와 王輪寺를 비롯한 10개의 사찰을 개성에 창건하거나 중창하였으며 開京과 西京의 塔廟 등을 수리하게 하였다.[31] 이러한 사원의 정비는 사원 경제기반의 확대를 동반하

---

26) 최근 운문사가 태조로부터 사급받은 500결을 수조지로 파악하는 견해가 제출되었으나, 여전히 이 토지는 운문사의 사유지로 파악하는 견해가 우세하다. 특히 김윤곤의 연구는 이 500결이 신라시대부터 유래한 것임을 잘 밝혀놓고 있다. 이경복, 2003, 「신라말 고려초 대안사의 전장과 그 경영」, 『이화사학연구』 30 ; 이상선, 1998, 『고려시대 사원의 사회경제연구』, 성신여자대학교 출판부 ; 김윤곤, 1882, 「여대의 사원전과 그 경작농민」 『민족문화논총』 2·3, 영남대학교민족문화연구소.

27) 『삼국유사』 권4, 의해, 寶壤梨木.

28) 김윤곤, 1982, 앞의 글.

29) 위은숙, 1985, 앞의 글, 29~31쪽.

30) 비록 고려시대부터 조선전기에 걸쳐 창건된 사찰에 한정된 것이지만, 고려가 건국된 이후 사원의 수는 2,000개로 급증하였다. 이러한 사원의 확대는 전장의 확대를 결과하였을 것이다. 한기문, 1998, 『고려시대 사원의 구조와 기능』, 민족사, 455~456쪽.

31) 『고려사』 권1, 세가, 태조 2년 3월.

였다. 고려 太祖가 西京에 행차하였을 때 서경의 호족이었던 金行波는 자신의 딸로 태조를 모시게 하였는데, 뒤에 태조가 다시 행차하지 아니하자 두 딸 모두 出家하여 승려가 되었다. 이에 太祖는 그녀들을 불쌍히 여겨, 서경 안에 大·小西院 두 절을 짓고 田民을 내려 주었다.[32] 그들이 하사받은 전민은 대토지와 예속민이었다. 서경의 대·소서원 창건이 이러하였다면, 다른 사원의 창건 역시 이와 크게 다르지 않았을 것이다.

태조대부터 시작된 사원 건립은 광종대의 奉恩寺 창건을 비롯하여 이후 지속적으로 이루어졌다. 사원의 창건 중 그 경제기반의 확보를 확인할 수 있는 사례로 興王寺가 주목된다. 고려전기 대표적인 화엄사찰이었던 흥왕사는 문종 10년에 착공하여 21년에 낙성되었다. 12년의 역사를 통해 완공된 흥왕사는 2,800칸이라는 어마어마한 규모를 자랑하였다. 문종은 흥왕사를 건립하기 위해 德水縣의 治所를 陽川으로 옮겼고 건립에 소요되는 철을 과도하게 징수하기도 하였다. 뿐만 아니라 문종 24년 2월 三層大殿인 慈氏殿(미륵전)을 새로 짓게 하고 6월에는 절 주위에 성벽을 쌓게 하였다. 문종 31년에는 金字華嚴經을 안치하였으며 이듬해에 금 144근, 은 427근으로 금탑을 조성하였다. 이러한 애정과 관심에는 토지의 시납도 포함되어 있었는데 景昌院 소속 田柴의 시납은 그 구체적 사례이다.[33] 한편 불교에 대한 문종의 열정은 흥왕사 창건에만 머무르지 않았다. 문종은 大雲寺에도 비옥한 토지 100경을 하사하는[34] 등 사원 창건에 각별한 애정을 보였다. 흥왕사와 대운사의 사례는 사원의 창건과 토지 시납이 매우 밀접한 연관을 가지고 있음을 말해준다.

물론 문종이 두 사원에 시납한 토지를 경작지, 시지, 채마밭 등으로 구성되어 있는 전장의 형태였다고 볼 구체적 전거는 없다. 하지만 고려

---

32) … 命於西京城中, 作大小西院兩寺, 置田民, 令各居之.『고려사』권88, 열전1, 후비 태조.
33)『고려사』권8, 세가, 문종 12년 7월.
34)『고려사』권8, 세가, 문종 18년 4월.

초 사원 전장의 존재는 최승로 상소문에서 손쉽게 확인할 수 있다. 사원의 息利 행위를 단속할 것을 주장하면서, 최승로는 각 사원의 寶를 그 사원이 지배하던 전장으로 옮겨 두도록 건의하였는데,[35] 이러한 최승로의 건의는 당시 대다수의 사원이 전장을 보유하고 있었음을 확인시켜 준다. 고려시대 사원의 전장지배는 장유사의 사례에서도 확인 가능하다. 300결에 달하는 방대한 토지를 가진 장유사는 인근 왕후사를 자신의 장사로 삼을 정도였다.[36]

이상의 사례를 고려하면, 새롭게 창건된 사원이 시납 받은 토지는 예속민과 결합된 전장의 형태였을 것이다. 흥왕사와 대운사에게 지급된 토지는 전장의 형태로 존재하였을 것이며 고려시대 다른 사원들도 이와 크게 다르지 않았을 것이다.

3. 사대부와 향리층의 전장지배

전장의 형성을 보다 가속화시키며 질적인 변화를 가져온 이들은 신라 하대 새롭게 성장한 '호부층'이었다. 호부층들은 자위조직의 수장, 권농의 책임자,[37] 정치적 행동의 결정자로서 실질적인 향촌의 영역지배자가 되었으며,[38] 성주, 장군의 호칭[39] 이외에도 신라의 官階를 도용하여 자

---

35) 凡佛寶錢穀, 諸寺僧人, 各於州郡, 差人勾當, 逐年息利, 勞擾百姓, 請皆禁之. 以其錢穀, 移置寺院田莊, 若其主典有田丁者, 幷取之, 以屬于寺院莊所, 則民弊稍減矣. 『고려사』권93, 열전6, 제신 최승로.

36) 以元嘉二十九年壬辰, 於元君與皇后合婚之地創寺, 額曰王后寺, 遣使審量近側平田十結, 以爲供億三寶之費. 自有是寺五百歲後, 置長遊寺, 所納田柴幷三百結. 於是右寺三綱, 以王后寺在寺柴地之東南標內. 罷寺爲莊, 作秋收冬藏之場, 秣馬養牛之廐. 『삼국유사』권2, 紀異, 駕洛國記.

37) 견훤의 아버지 阿慈个는 농업생산력의 발전을 주도하면서 성장한 대표적인 인물이었다. 『삼국사기』권50, 열전 10, 견훤.

신의 지위를 과시하고 있었다.

'호부층'의 기원은 신라중고기 '村制'의 시행과 함께 형성된 촌주층과 새롭게 성장한 '호민층'이었다.[40] 앞서 언급하였듯이 신라의 촌주층들은 원래 '읍락'의 수장들로 신라중고기 이후 '촌제'의 시행과 함께 형성되었고, 이들과 더불어 새롭게 성장한 '豪民'들은 각각 外位를 받아 職役을 담당하고 있었다. 신라하대 촌주층은 몇몇 자연촌락을 통제하는 지역촌의 실질적인 지배자였으나[41] 촌락들에 대한 지배는 한 명의 강력한 촌주와 여러 명의 유력자들에 의해 실현되었다. 이들 유력자들은 모두 자연촌을 바탕으로 성장한 자들로[42] 고려가 건국된 이후 자신이 지배하던 지역촌을 본관으로 삼아 賜姓받았다.[43] 때문에 호부층들과 그들의 후예인 향리들은 자신의 본관지에 상당한 정도의 기반을 가지고 있었다. 문제는 그러한 기반이 구체적으로 어떤 형태로 존재하였는가인데, 이와 관련하여 주목되는 것이 아래의 사료이다.

　　가. 갑오일. 해당관청에서 다음과 같이 아뢰었다. "거란인[蕃人]에게 잡혀
　　　간 廉可偁은 軍器丞 廉位의 아들로 三韓功臣 司徒 廉邢明의 손자입
　　　니다. 庚戌年에 왕궁을 지키는[環衛] 公子의 군역에 충당되었다가 마

---

38) 채웅석, 2000, 앞의 책, 21~43쪽.

39) 이순근, 1989, 「여말선초 지방세력의 구성형태에 관한 일연구」『한국사연구』 67.

40) 김광수, 1979, 「나말여초 호족과 관반」『한국사연구』 23.

41) 이우성, 1991, 「고려시대의 촌락과 백성」『한국중세사회연구』, 일조각, 42~45쪽.

42) 김재홍, 앞의 글. 김재홍은 중고기 성장한 호민층이 자연촌을 기반으로 삼고 있었
　　음을 지적하였다. 자연촌을 기반으로 성장한 호민층들은 촌제에서 외직을 가지고
　　있었다. 이들이 나말려초의 시기에 호족으로 성장하였으며 이후에는 향직의 소유
　　자들이 되었다.

43) 채웅석, 앞의 책, 136~140쪽. 촌성에 대하여 채웅석은 지역촌 단위였음을 지적하
　　였지만 지역촌의 내부구조에 대해서는 자세하게 언급하고 있지 않다. 한편 박종
　　기는 고려시대 촌락의 구조를 언급하면서 하나의 자연촌락에서 성장한 재지세력
　　이 주변촌락을 포함한 일정한 단위영역을 지배하게 될 때 촌성이 사성되는 것으
　　로 이해하였다.
　　박종기, 2002, 『고려의 지방사회』, 푸른역사, 321~326쪽.

침 거란병사가 京城에 난입하였으므로 놀라서 兩親을 모시고 고향인 峯城縣으로 피난가던 길에 賊을 만나 잡혀갔다가 靑寧 元年 正月 아들 하나를 데리고 도망쳐 왔습니다. 바라건데 廉可俛에게 父祖의 永業田舍를 모두 돌려주도록 하옵소서." 이에 왕은 "廉可俛은 공신의 후예로 丁年에 포로가 되어 오랑캐의 땅에 妻子를 두고 한 아들만 데리고 백발이 되어 돌아오니 참으로 애처로운 일이다. 舊業의 田廬를 돌려주도록 하라."고 지시했다.[44]

염가칭은 峰城 廉氏로 그의 조부는 염형명이다. 峰城 廉氏의 시조 염형명은 고려초 삼한공신으로 책봉된 유력자였다. 하지만 염형명 이후 봉성 염씨는 중앙 정계에서 두각을 보이지 못한 채 봉성지역의 재지세력으로 남아 있었고, 손자[45] 염가칭은 上京하여 군역에 복무하고 있었다. 이때 거란이 침입하였고 염가칭은 자신의 부모를 모시고 봉성지역으로 피난가던 중 거란의 포로가 되었다. 거란에 억류되었던 염가칭은 문종대에 이르러 아들만 데리고 간신히 귀국하였고, 마침내 '永業田舍' 즉 '舊業田廬'를 돌려받게 되었다. '田舍'와 '田廬'는 田莊의 異稱이므로, 거란의 포로가 되기 전 염가칭은 전장을 지배하고 있었음을 알 수 있다.

그러면 염가칭의 전장은 어디에 위치하고 있었을까? 이와 관련하여 염가칭이 봉성으로 피난하였다는 사실이 주목된다. 염가칭은 자신의 본관지인 봉성으로 피난 가던 중 거란의 포로가 되었다. 전란의 시기에 염가칭이 봉성으로 도주한 이유는 무엇일까? 그가 봉성으로 피난한 이유는 무엇보다 그의 '영업전사', 즉 전장이 봉성에 있었기 때문일 것이다. 염가칭이 봉성 전장을 소유하였음은 세 가지 사실을 통해 확인할 수 있다.

첫째, 염형명 이후 중앙정계에서 두각을 보이지 못한 봉성 염씨가 여타의 지역에 전장을 두었을 가능성은 매우 낮다. 일반적으로 고려와 조선전기 향리 혹은 사대부들이 자신의 세거지가 아닌 곳에서 토지를 획득

---

44) 『고려사』 권7, 세가 문종 10년 2월.
45) 『만성대동보』 속, 파주 염씨(명문당 영인).

하는 방식은, 다른 성관과의 혼인에 의한 확대, 지방관으로 부임한 곳에서의 토지 확대, 왕으로부터의 사급, 개간, 매득 등으로 요약할 수 있다. 이는 본관지를 벗어난 지역에서 전장을 확대하기 위해서는 관료로서의 지위가 중요한 역할을 하였음을 의미한다. 따라서 염형명 이후 관직에 나가지 못한 봉성 염씨가 봉성 이외의 지역에 전장을 두었을 가능성은 희박하다.

둘째, 전란이 발생하였을 때 전장은 피난처로 이용되고 있었다. 홍건적의 침입을 예상한 太古 普愚는 자신의 迷原莊으로 피난하였으며,[46] 몽고가 침입하자 이승휴는 어머니의 전장이 있는 삼척으로 퇴거하였다.[47] 보우와 이승휴의 사례는 전란이 발생할 때 전장이 피난처로 기능하였음을 확인시켜 준다. 따라서 거란이 침입하였을 때 염가칭도 자신의 전장을 피난처로 여겼을 것이다.

셋째, 비록 후대의 기록이지만 명종대 평장사를 지낸 염가칭의 증손인 廉信若의 토지가 봉성지역에 있었다는 사실은[48] 봉성 전장의 존재를 분명하게 확인시켜 준다.

이상의 세 가지 사실을 고려한다면, 염가칭이 거란에서 탈출하여 되돌려 받은 '영업전사'는 봉성에 있던 자신의 전장이었을 것이다. 이처럼 염가칭이 봉성지역에 전장을 두고 있었다는 사실은, 고려초 호부층들이 자신의 본관지에서 전장을 지배하고 있었음을 보여주는 좋은 예로 이해된다.

고려초 호부층들의 본관지 전장지배는 삼한공신인 죽산 박씨 朴奇悟 가문을 통해서도 확인된다. 박기오는 삼한공신으로 책봉될 만큼 죽산지

---

46) 『태고화상어록』. 行狀(『한국불교전서』 6권, 동국대학교 출판부, 1994).
47) 유경아, 1986, 「이승휴의 생애와 역사인식」 『고려사의 제문제』, 삼영사, 549쪽.
48) 염신약의 토지가 峯城에 있었는데 鄭仲夫가 이를 빼앗았다가 후에 되돌려 주었다. 염신약이 종을 보내어 가을에 수확하는데 정중부의 종도 와서 빼앗으려고 서로 격투하였다. 정중부가 염신약의 종을 잡아 街衢獄에 가두어 죽이고 重房을 시켜 염신약을 탄핵하니 임금이 부득이 염신약을 파면하였다. 『고려사』 권99, 열전 12, 제신 염신약.

역의 유력자였고 때문에 이 지역을 본관지로 삼았다. 박기오의 손자 朴忠淑은 현종대 門下侍郞平章事를 지냈으나, 박충숙 아들 朴溫裕대에 이르러 죽산 박씨의 행적은 더 이상 사료에서 확인되지 않는다. 다만『죽산박씨세보』에 의하면, 박온유는 軍器監을, 아들 朴衡은 將作監을 역임하였고 박형의 아들 朴永侯는 벼슬이 戶部尙書에 이르렀다. 박영후는 朴挺蕤와 朴挺奕 두 명의 아들을 두었는데, 朴挺蕤는 예종대 과거에 합격하여 인종대 관직이 樞密院副使에 이르렀으나 朴挺奕은 사료에서 확인되지 않아 그다지 높은 관직에 이르지 못하였던 것으로 보인다. 이후 박정유와 박정혁 두 가계는 다소 상이한 길을 걷게 된다. 박정유의 가계는 무인 집권기에 현달하였으나 원간섭기가 되면서 쇠퇴하였다. 이에 반해 박정혁의 가계는 원간섭기가 되어서야 세족으로 성장하였다. 박정유의 증손인 朴犀가 대몽전쟁기간 몽고군을 물리치는 데 큰 공을 세워 평장사가 되었기 때문에, 박정유의 가계는 원간섭기에 이렇다한 관료를 배출하지 못하였던 것이다.[49] 아무튼 고려시대 죽산 박씨 가문은 고려전기부터 고려말에 이르기까지 그 가세를 유지하고 있었음을 확인할 수 있다.

봉성 염씨의 경우를 상기한다면, 삼한공신 박기오대부터 죽산 박씨의 전장지배를 추측할 수는 있으나 그 구체적인 증거는 현재까지 확인되지 않는다. 다만 박정유는 장인의 小室이 소유하고 있던 田廬와 노비를 빼앗은 적이 있으므로[50] 박정유가 전장을 확대하고 있었음을 알 수 있다. 현재로서는 박정유의 장인이 누구인지 확인되지 않아 장인의 小室이 소유하였던 전장이 어디에 위치하고 있었는지는 알 수 없다. 다만 문벌화되지 않은 가문들은 같은 본관지의 吏族들과 자주 혼인관계를 맺었으므로,[51] 그의 장인이 소유한 전장이 죽산 지역에 있었을 가능성도 배제할

---

49) 김광철, 1991,『고려후기 세족층 연구』, 동아대학교 출판부, 64~65쪽.
50) 그 장인 小室의 田廬와 노비를 빼앗아 그 母子를 추위에 떨며 굶어 죽게 하였으므로 時議가 그것을 천박하게 여기었다.『고려사』권98, 열전11, 제신 朴挺蕤.
51) 고려시대 향리 이하의 계층들은 지역내혼이 일반적이었고 동성동본혼을 하는 경

수 없다.

죽산 박씨 가문이 죽산지역에 전장을 두고 있었음은 박정유의 손자 박인석대에 와서 명확해진다. 박인석은 金甫當의 난이 일어나자 원주로 낙향하였으나 결국 난에 연루되어 죽산으로 安置되었다.[52] 안치는 유배보다 가벼운 형벌로 경범자들에게 적용되었으며 이미 유배된 자들에게는 일종의 사면이기도 하였다.

그런데 여기서 주목할 점은 박인석이 왜 죽산으로 안치되었는가이다. 조선초기 안치가 주로 자신의 전장이 위치한 곳을 대상으로 이루어지고 있었음을 고려한다면[53] 박인석이 죽산에 안치된 것은 그의 전장이 그곳에 있었기 때문이었을 것이다. 박인석이 죽산에 전장을 두고 있었다는 사실은 그가 죽산으로 안치된 후의 모습을 서술한 묘지명의 표현을 통해서도 확인할 수 있다. 죽산으로 안치된 후 박인석은 농사에 힘써 집안을 일으켰는데, 묘지명에서는 박인석이 농사에 힘쓰는 모습을 '논밭을 개간하고, 채마밭을 가꾸며, 산에서 땔감을 마련하고 가축을 사육하는 일에 힘써 衣食을 넉넉히 하였다'라고[54] 표현하고 있다. 경작지, 柴地, 샘물 등으로

우도 많았다.
채웅석, 2000, 앞의 책, 275쪽.

52) 박인석의 장인은 강릉 김씨 金闡이었는데, 김천의 아우 金閱은 김보당의 누이에게 장가들었고 김천의 사위 해주 최씨 崔寬은 김보당의 동생 金至當의 처남이었다. 따라서 박인석의 처가였던 강릉 김씨 집안과 광양 김씨 김보당의 집안은 혼인관계로 묶여 있었고, 이러한 관계 때문에 박인석이 김보당의 난에 연좌되었던 것으로 보인다.
김용선 편저, 2001, 「최윤의묘지명」; 「김영부묘지명」, 『고려묘지명집성』, 한림대 아시아문화연구소; 류창규, 1989, 「고려 무인정권 시대의 문인 박인석」 『동아연구』 17, 서강대학교 동아연구소.

53) 방간의 田莊 안치(『정종실록』 권3, 정종 2년 2월 己亥); 李居易, 李佇 부자의 田莊 안치(『정종실록』 권4, 정종 2년 6월 甲午); 金昈, 宋興 등의 田莊 안치(『정종실록』 권4, 정종 2년 6월 癸丑), 淸城郡 鄭擢의 해풍 전장 안치(『태종실록』 권5, 태종 3년 5월 丁酉)

54) 於是 懇田疇 里園圃 采樵于山 鋤禾于畝 至飼牛秣馬 必以身先之.

구성된 특정의 공간인 전장의 모습을 고려한다면, 묘지명의 표현은 박인석이 죽산에서 전장의 경영에 힘쓰고 있었음을 의미할 것이다.

한편 죽산 박씨의 죽산 전장의 존재는 조선 태조대 同知中樞院事를 지낸 朴永忠의 예를 통해서도 확인된다. 조선 태조 2년 5월 竹山監務 朴敷라는 자는 죽산에 있던 박영충의 田莊에 숨겨둔 양인을 징발하였는데 여기에 앙심을 품은 박영충이 고소하여 유배되었다.[55] 박영충은 박정혁의 후손이며 증조는 贊成事를 지낸 朴全之이고 조부는 政堂文學 朴遠으로, 박인석과는 다른 가계이다. 하지만, 박인석과 박영충의 예는 문벌 가문들이 본관지에 전장을 널리 두고 있었음을 확인시켜 준다.

그러면 봉성 염씨와 죽산 박씨 이외의 호부층들은 어떠하였을까? 사료의 제약으로 앞서 살펴 본 두 가문처럼 추적할 수는 없으나, 여타의 호부층들도 이들 가문과 크게 다르지 않았을 것이다. 호부층의 후예인 향리들이 전장을 소유하였다는 사실은 본관지 전장의 존재를 확인시켜 준다.

　　나. 李資諒이 院館을 營建하고 吏民의 田園을 침탈하였다.[56]

예종, 인종대의 문벌이었던 경원 이씨 이자겸의 동생 이자량이 향리들의 전원을 침탈하였다는 기록은 당대 향리들이 보편적으로 田莊을 지배하고 있었음을 방증하는 것이다. 고려시대 향리들의 전장지배는 兪千遇의 사례를 통해서도 확인할 수 있다. 원종대 金方慶은 '삼별초의 근거지 珍島를 정벌하기 위하여 全羅道에서 군졸을 뽑을 때, 兪千遇의 田莊이 長沙縣(지금의 전북 고창군 무장면)에 있었으므로 각별히 주의하였다.'고 한다.[57] 이는 당대 권세가였던 유천우와의 관계를 고려한 조치였을 것이다.

김용선 편저, 2001, 「박인석 묘지명」『고려묘지명집성』, 한림대 아시아문화연구소.
55) 『태조실록』 권3, 태조 2년 5월 辛亥.
56) 李資諒營院館, 侵奪吏民田園. 『고려사』 권98, 열전11, 崔奇遇.
57) 『고려사』 권104, 열전17, 제신 김방경.

장사현은 유천우의 본관지이다. 고종대에 급제하여 정방에 참여하였고 최
이의 문객이 되었으며 충렬왕때 判版圖司事를 역임한58) 유천우는 원래
향리가문 출신이었으나 무인정권기 최씨 정권에 의해 발탁되어 재상의 반
열에 이르렀다.59) 장사현에 있던 유천우의 전장이 유천우가 入仕한 뒤 만
들어진 것이라 볼 수도 있으나 고위 관료들이 주로 경기도나 황해도 지역
에 자신의 전장을 두고 있었던 점을 고려한다면,60) 장사현에 있던 유천우
의 전장은 그의 가문이 대대로 지배해 온 전장일 가능성이 매우 높다. 또
비록 조선 세종대의 예이지만, 아산 지역의 戶長 全謹이 農莊을 두어 물
의를 일으킨 사건61) 역시 향리들의 본관지 전장지배를 확인시켜 준다.

한편 향리와 사대부의 전장은 기본적으로 자손에게 상속되었다. 앞서
살펴보았던 봉성 염씨와 죽산 박씨의 본관지 전장지배에서 전장의 상속
을 확인할 수 있다.

주지하듯이 고려시대 상속은 남녀 균분상속이었다.62) 남녀 균분상속
하에서, 토지상속은 전장을 단위로 이루어지고 있었던 것으로 보인다.
이규보는 자신의 아버지로부터 '西郊別業'을 물려받았고63), 辛旽에 의
해 관직에서 쫓겨난 李存吾는 자식에게 石灘別業을 물려주었다.64) 또

---

58) 『고려사』 권105, 열전18, 제신 유천우.
59) 나각순, 1994, 「신분제의 동요」 『한국사』 20, 국사편찬위원회, 41~42쪽.
60) 고려시대 관료들이 경기와 황해에 주로 전장을 두고 있었다는 사실은 이규보의
    西郊 별업(『동국이상국전집』 권2), 임춘의 장단 초당(『서하집』 권2), 이색의 전장
    이 주로 경기에 위치하고 있었다는 사실(안병우, 1997, 「고려시기 민전의 경영」
    『김용섭교수정년기념사학논총』, 지식산업사.) 등과 조선초기 달관이 경기에 두루
    전장을 두고 있었다는 기록(『태종실록』 권28, 태종 14년 8월 甲辰 盧嵩卒記)을
    통해 확인 할 수 있다.
61) 형조에서 계하였다. "牙山戶長 全謹이 토지를 널리 점령하여 農莊을 두고…, 『세
    종실록』 권23, 세종 6년 3월 丁亥.
62) 노명호, 1990, 앞의 글.
63) 『동국이상국전집』 권23, 기 四可齋記.
64) 『新增東國輿地勝覽』 권18, 충청도 부여현, 산천 石灘亭記.

광산 김씨 金台鉉은 아들 金光轍에게, 김광철은 아들 金懷祖에게 별업을 물려주었다.[65] 특히 김태현은 金光軾, 김광철, 金光載, 金光輅 네 아들과 두 딸을 두었음에도 불구하고 경원에 있던 별업은 김광철에게 물려주었다. 이는 고려시대 전장의 상속이 전장단위로 이루어지고 있었음을 확인시켜 주는 좋은 사례로 이해된다.

향리들의 전장에서도 전장단위의 상속이 이루어졌을 가능성이 높다. 향리 전장의 상속을 직접적으로 알려주는 사료는 없지만 고려전기 戶長을 비롯한 상층 향리직은 세습되고 있었다.[66] 향리직의 세습은 본관제에 기초한 정치, 경제, 군사 등의 총체적인 지배의[67] 계승을 의미하고, 그 세습 가운데에는 전장의 상속도 포함되었을 것이다.

4. 궁원의 전장지배

고려가 건국된 후 새롭게 등장한 왕실도[68] 전장을 확대해 갔다. 고려시대 작호를 받은 후비와 諸王은 궁원을 가지며, 그 궁원에 소속된 방대한 토지를 소유하고 있었음은 주지의 사실이다.[69]

---

65) 『양촌집』 권3, 치당시.

66) 윤경진, 2000, 『고려군현제의 구조와 운영』, 서울대학교 국사학과 박사학위 논문, 2·182~183쪽.

67) 총체적인 지배란 정치, 군사, 경제, 문화적으로 해당 군현의 백성들을 지배하는 것을 말한다. 이러한 지배가 고려전기에 본관지에서 이루어지고 있었다는 사실은 이미 선행연구에서 지적된 바 있다. 채웅석, 앞의 책.

68) 고려시대 왕족의 범위를 일률적으로 정하는 것은 현실적으로 대단히 어려운 문제이다. 따라서 선행 연구들은 왕실을 주로 封爵의 대상이 된 왕자, 妃父, 부마, 후비 등으로 제한하였다. 본고 역시 이러한 기준에 따라 봉작의 대상이 된 이들을 왕실로 파악한다.

안병우, 2002, 『고려전기의 재정구조』, 서울대학교출판부, 201~202쪽.

69) 고려시대 궁원의 경제에 대해서는 '안병우, 앞의 책'을 참조.

다. 孝隱太子는 기록에 그 이름이 빠졌는데 혹은 東陽君이라 하였다. …
몰래 반역의 뜻을 품자 光宗이 처형하였다. 아들은 王琳과 王禎이다.
효은이 처형될 때 왕림과 왕정은 모두 어렸기 때문에, 죽음을 모면하
였으며 民家로 도망쳐 숨어 살았다. 康兆가 권력을 잡자 현종에게 아
뢰어 왕림과 왕정에게 작호를 주고 藏獲과 田莊을 지급하여 종실에
적을 올리게 하였다.[70]

효은태자는 유검필의 딸, 동양원부인의 아들로 서경세력과 연대하였
다가 광종에게 제거되었다. 효은태자가 처형된 뒤, 그의 아들 왕림과 왕
정은 민가에 숨어 지내다 서경세력이었던 康兆가 권력을 잡자 다시 왕
실로 복권되었고 더불어 노비와 전장도 하사받았다.

왕실로 복권된 왕림과 왕정에게 전장과 노비가 지급되었다는 사실은,
왕실의 지위와 전장의 소유가 불가분의 관계를 맺고 있었음을 의미한다.
왕족에 대한 전장의 지급은 현종의 아버지인 安宗 王郁이 景宗의 妃 皇
甫氏와 사통하여,[71] 성종 11년(992)년 7월 지금의 경남 사천으로 유배되
고 난 뒤[72] 사천에 궁장을 설치하였다는 사실에서도 확인할 수 있다.[73]

이러한 궁원의 전장은 왕림과 왕정, 왕욱의 예처럼, 기본적으로 국가
가 하사한 것이었다. 그러나 일단 하사된 전장은 특별한 결격사유가 없
는 한 자손에게 상속되었던 것으로 보인다. 문종이 景昌院 소속의 田柴
를 홍왕사에 시납하였을 때, 中書門下省이 '궁원의 田民은 자손대대로
전해 주는 것'이라 하며 반대하였는데,[74] 궁원 전장은 기본적으로 왕족

---

70) 『고려사』 권90, 열전3, 종실 太祖.
71) 安宗 王郁은 집이 王輪寺의 남쪽에 있어, 景宗의 妃 皇甫氏의 私第와 가까웠다.
    景宗이 죽자 妃가 私第에 나가 살았는데 王郁이 범하여 임신하였다. 일이 발각되
    자 成宗은 왕욱을 泗水縣에 유배시키고, "叔父가 大義를 범하였으므로 유배시키
    니 삼가하여 焦心하지 말라."고 하였다.
    『고려사』 권90, 열전3, 종실 태조.
72) 『고려사』 권3, 세가, 성종 11년 7월 壬辰.
73) 『고려사』 권78, 식화1, 경리 현종 13년.
74) 中書門下省奏, "伏准制旨, '以景昌院所屬田柴, 移屬興王寺, 其魚梁·舟楫·奴婢,

에게 상속되었기 때문에 이러한 건의가 나올 수 있었을 것이다.

전장의 상속은 원간섭기 齊國大長公主의 식읍에서도 확인할 수 있다. 제국대장공주의 湯沐邑, 즉 식읍이었던 경산부는[75] 제국대장공주가 죽은 뒤 충선왕의 식읍이 되었다.[76] 물론 식읍의 상속을 전장의 상속과 동일한 것으로 파악하기에는 무리가 있다. 선행연구는 식읍을 고대적 지배관계의 유제로 사유지와 그 경작민에 대하여 三稅를 수취하는 체계로 파악하기도 하고,[77] 가령지적 지배의 일환으로 파악하기도 한다.[78] 식읍을 가령지적 지배로 이해할 경우, 경산부 식읍 상속은 전장의 상속으로 보아도 무방하다. 그러나 식읍을 사유지 경작민에 대한 삼세수취로 파악한다면 이를 전장의 상속으로 볼 수 없다. 현재로서 이 두 견해 중 어느 것이 타당한가를 확증할 수는 없지만, 많은 연구자들이 식읍을 가령지적인 성격을 가진 것으로 간주하는 데 주저하고 있다.

그러나 이러한 이견에도 불구하고, 본고의 논지와 관련하여 경산부 식읍의 상속이 던지는 의미는 적지 않다. 궁원 전장이 궁원 경제의 한 축을 담당하고 있었다는 점은 재론의 여지가 없는 사실이다. 식읍과 전장이 별개의 것이라 하더라도 식읍이 상속되고 있다는 사실을 통해, 전

悉令還官.' 夫宮院, 先王所以優賜田民, 貽厥子孫, 傳於萬世, 無有匱乏者也. 今宗枝彌繁, 若欲各賜宮院, 猶恐不足, 況收一宮田柴, 屬于佛寺, 歸重三寶, 雖云美矣, 有國有家之本. 不可忘也, 請田民·魚梁·舟楫, 仍舊還賜." 制曰, "田柴已納三寶, 難可追還. 宜以公田, 依元數給之, 餘從所奏."
『고려사』 권8, 세가 문종 12년 7월 己卯.

75) 이듬해 正月에 元成公主로 책봉하자 百官이 모두 축하하였다. 宮을 敬成이라 하고 殿을 元成이라 하였다. 府를 膺善이라 하고 官屬을 두었으며 安東 京山府로 湯沐邑을 삼았다.
『고려사』 권89, 열전, 후비 제국대장공주.

76) 왕이 鷄林, 福州, 京山府를 食邑으로 삼고 郎將 仇權을 보내 賦稅를 독촉하였다.
『고려사』 권34, 세가, 충선왕 3년 8월 庚午.

77) 이경식, 1988, 「고대·중세의 식읍제의 구조와 전개」 『손보기박사 정년기념 한국사학논총』, 지식산업사.

78) 윤한택, 1992, 「고려전기 경원이씨가의 과전지배」 『역사연구』 창간호.

장이 상속되고 있었을 가능성은 충분히 유추할 수 있다.

궁원의 재산이 자식에게 상속되는 예는 明福宮의 예에서 보다 분명해
진다. 숙종의 비인 明懿太后 柳氏는 명복궁이라는 궁원을 가지고 있었
다. 예종 7년(1112) 유씨가 죽자 명복궁의 토지와 노비는 모두 그의 아들
이었던 왕효에게 하사되었다.[79) 이때 하사된 토지와 노비는 명복궁이
하고 있던 전장과 그 경작민을 의미할 것이다.

전장의 상속에서 주목되는 바는 궁원을 상속받은 자들이 모두 그의
부모에 상응하는 높은 작위를 가지고 있었다는 점이다. 제국대장공주의
아들인 충선왕은 말할 필요도 없으며, 왕효 역시 예종의 아우로 작위가
大原公에 이르렀다. 이는 諸王이라는 지위가 전장의 소유와 밀접한 연
관을 가지고 있었기 때문일 것이다. 즉 제왕이 되면 전장과 토지를 지급
받았고 제왕의 지위를 상실하면 전장 역시 불가능하였음을 의미한다.

제왕의 지위는 봉작의 대상이 될 수 있는가의 문제이므로, 왕족들이
제왕의 지위를 가지기 위해서는 봉작 받을 수 있는 조건을 갖추는 것이
필요하였다. 고려시대에 아들에게는 작위가 세습되었지만 손자까지는
작위가 세습되지 못하였으므로, 제왕의 지위를 지속하기 위해서는 특단
의 조치가 필요하였다. 고려시대 왕족들이 제왕의 지위를 유지하는 방편
으로 이용한 것이 바로 족내혼이었다. 제왕의 지위를 유지할 수 없게 되
면 공주와 혼인하거나 자신의 딸을 왕에게 바침으로써 다시 봉작의 대상
이 되어 자신의 지위를 유지할 수 있었던 것이다.[80)

이상에서 나말려초 이후 사원, 궁원, 호부층이 전장을 확대하고 있음
을 살펴보았다. 그런데 나말려초 호부층의 경제기반 중 수취권이 중요한
역할을 하였다고 하는 견해도 있다.[81) 이러한 견해는 중세적 토지 방식

---

79) 김용선 편저, 2001, 「왕효묘지명」『고려묘지명집성』, 한림대학교 아시아문화연구소.
80) 김기덕, 1998, 『고려시대 봉작제 연구』, 청년사.

중 수조권적 토지에 주목하여, 암묵적으로 고려전기에 대토지소유제와 소토지소유제 가운데 후자가 보다 중요한 위상을 점하였음을 강조하고 있다. 따라서 나말려초를 거치면서 확대되고 있던 전장이 당시에 어느 정도의 위치를 점하고 있었는가는 고려시대 전장 문제뿐 아니라 고려시대 토지소유관계를 파악하는 데 있어서도 매우 중요하다.[82]

5. 전장의 위상

앞서 고려 건국 후 전장이 확대되었음을 살펴보았다. 하지만 이러한 논거는 고려시대 전장의 존재를[83] 논증하는 근거는 되지만, 당대 전장이 전체 사유지 중 어느 정도의 위치를 점하고 있었는지에 대한 논거로는 불충분하다.

직접적으로는 필자의 한계에 기인한 것이지만, 현재 사료로는 고려 전장이 전체 사유지에서 점하는 비중을 수치로 제시할 수 없다. 따라서 이러한 문제를 해결하기 위해서는 논리적 추론에 의지할 수밖에 없다.

고려시대 사원, 궁원, 사대부들은 예속민으로부터 잉여를 수취하여 자신의 지위를 유지하였다. 선행연구에 의하면 이들의 잉여수취는 '소유권에 입각한 지대적 잉여수취'와 '수조권에 입각한 지세적 잉여수취'로

---

81) 노명호, 1992, 앞의 글.

82) 특히 고려전기 토지소유론을 국유론으로 볼 것인가 사유론으로 볼 것인가에 대한 이견이 여전히 남아 있고, 사유론을 주장한다 하더라도, 전장과 같은 대사유와 소농의 사유 중 어느 쪽이 보편적이었는지에 대하여 논란이 있다. 따라서 전체 사유지에서 고려 전장이 차지하는 위치, 즉 당대 전장이 얼마나 보편적으로 존재하였는가는 고려전기 사회구조를 이해하는데 매우 중요한 문제이다.

83) 몇몇 연구들도 고려전기 전장의 존재를 강조하고 있다. 김용섭, 2000, 「토지제도의 사적추이」『한국중세농업사연구』, 지식산업사 ; 이경식, 1986, 앞의 책.

구분할 수 있다. 특히 후자의 잉여수취는 자신의 대사유지에 대한 면조
권으로 이해되기도 하지만, 대개 자립소농(자영농)에 대한 收稅를 구체
적인 내용으로 한다.[84] 따라서 사원, 궁원, 사대부들의 경제기반 중 무엇
이 핵심적인 위치를 차지하지를 확인하는 작업은 고려시대 대토지의 중
심이 어디에 있었는가를 파악하는 것이며, 고려시대 토지소유제에서 전
장이 차지하는 위상을 파악하는 것이기도 하다.

일반적으로 寺院田은 그 방식에 따라 사유지, 수조지로 구분한다.[85]
형태상으로 분류하자면 사유지도 한 곳에 대토지가 집중되어 있는 형태
와 소규모의 토지가 여기 저기 흩어져 있는 형태를 상정할 수 있을 것이
다. 이렇게 다양하게 존재하는 사원의 경제기반 중 어느 것이 사원 경제
에 있어 보다 중요한 위치를 점하고 있었을까? 현존하는 사료는 이러한
물음에 속 시원한 해답을 제시하지 못하지만 몇몇 사료를 통해 그 대략
은 확인할 수 있다.

최승로는 불교의 식리행위를 엄단할 것을 상소하면서, 불보의 전곡을
사원의 전장으로 옮겨 두도록 요청하였다.[86] 이는 사원들의 식리행위의
폐단을 방지하기 위한 조치였지만, 여기서 주목되는 바는 사원이 소유한

---

84) 중세사회의 잉여수취에서 수조권적 토지지배와 지대적 토지지배는 명확하게 구분
되기 어렵다. 이는 마치 사전이 사유지인지 수조지인지를 명확하게 구분하기 어
려운 것과 마찬가지다. 세와 지대의 구분은 근대적 소유론에 입각한 구분이지, 경
제외적 강제를 통해 잉여를 수취하는 중세에도 적용된 것으로 볼 수 없다. 따라서
수조권과 지대를 구분해서 잉여수취양상을 파악하고 소유관계를 규정하는 연구
경향은 재검토의 여지가 있다. 다만 논지 전개의 효율성과 기존 관행을 고려해
본문도 그러한 구분을 따른다. 구분과 분류가 가진 시대성에 대해서는 푸코의 견
해를 참조하라.
  미셸 푸코 지음, 이정우 옮김, 2000, 『지식의 고고학』, 민음사.
85) 이상선, 1998, 『고려시대 사원의 사회경제연구』, 성신여자대학 출판부.
86) 凡佛寶錢穀, 諸寺僧人, 各於州郡, 差人勾當, 逐年息利, 勞擾百姓. 請皆禁之. 以其
錢穀, 移置寺院田莊, 若其主典有田丁者, 并取之, 以屬于寺院莊所, 則民弊稍減矣.
『고려사』 권93, 열전6, 諸臣 崔承老.

전곡을 田莊으로 옮겨 두도록 한 건의이다. 사료를 음미해 보면, 최승로의 건의 이면에서 우리는 전장이 사원 경제의 근간을 이루고 있었다는 사실을 추론할 수 있다. 우선 최승로는 主典의 田丁을 전장으로 옮겨 둘 것을 요청하고 있는데, 이 대목은 전장이 사원의 경제에서 거점 기능을 하였을 가능성을 시사한다. 더욱이 전장의 예속민을 대상으로 하던 사원의 식리 행위가[87] 전장을 넘어 일반민들에게 미치지 못하도록 한 건의는 전장만으로 사원의 운영이 가능하였음을 의미하는 것으로 이해될 수 있다.

'海印寺 田券'에 대한 梅溪 曺偉의 표현에서도 사원 전장의 중요성을 확인할 수 있다. 조위는 조선 성종 19년(1488)에 함양군수로 재직하고 있었는데, 이때는 해인사가 크게 중창되던 시기였다. 성종 21년 毘盧殿에 대한 대대적인 중수과정에서 조위는 전권을 발견하였다. 현존하지 않지만, 憲康王 4년(878)에서 眞聖女王 8년(894)에 걸쳐 작성된 해인사의 전권은 梅溪 曺偉에 의해 '本寺買田庄券也'라고 표현되었다.[88] '전권'의 존재를 통해 당시 해인사가 田莊을 매입하였음을 확인할 수 있다. '전권'은 신라하대 전장은 매매의 대상이었으며 해인사가 전장을 확대하고 있었음을 보여준다.

비록 고려말의 사례이지만, 陽山寺의 중창과정에서도 고려시대 사원전에서 전장이 차지하는 위상을 가늠할 수 있다.

> 라. 임신년 봄(공민왕 12년) 홍건적이 패해 물러갔다. 그해 가을에 왕이 淸州에 있으면서 관리를 보내었으므로 스승(보우)은 陽山寺에 머무르게 되었다. 스승은 대중을 거느리고 아침저녁으로 애써 옛것은 다 털어내고 새로 중수하여, 田莊이 복구되고 魚鼓가 울리게 되었다.[89]

---

87) 한기문, 1998,「사원의 보운영」『고려사원의 구조와 기능』, 민족사, 419쪽.

88)「西海印寺田券後」『梅溪集』(『한국문집총간』16, 민족문화추진회, 1988) ; 하일식, 앞의 글.

89) 壬寅春, 賊敗. 是年秋, 行在在淸州, 遣使下錫陽山. 師苂衆, 蚤夜吃吃, 皆輒舊而重新, 田莊復舊 魚鼓鳴焉.

홍건적의 침입으로 안동으로 피난하였다가 홍건적이 패하자 환도하는 길에 잠시 청주에 머물렀던 공민왕의 요청에 따라, 太古 普愚는 陽山寺를 중창하였다. 보우가 양산사를 중창하기 위해 한 일 가운데에서 田莊의 복구는 핵심적 의미를 지녔던 것으로 보인다. 양산사에 '전장이 복구되고 魚鼓가 울리게 되었다'는 기술을 통해 볼 때, 전장의 복구는 양산사의 중창에서 매우 중요한 지위를 차지하였을 것이다. 양산사의 중창에서 전장의 복구가 중요하였다는 사실은 양산사의 경제 기반에서 전장이 대단히 중요한 비중을 차지하였기 때문이었을 것이다.

사원의 경제기반에서 전장이 중요한 위치를 점하고 있었다는 사실은 박문비의 水岩寺 창건 사례에서도 확인된다. 박문비는 固城의 지방관으로 재직할 때 수암사를 창건하였는데, 그곳 수암사는 "앞으로 맑은 시내가 흐르고 뒤로 산을 등져 수목이 우거졌으므로, 땔나무와 물이 풍족하여 승려들이 살기에 적합한 곳"이었다. 때문에 박문비는 이곳에 넓은 전지를 개간하고 사노비도 10여명을 보내었다. 그런데 우거진 수목, 시냇물, 넓은 전지 등은 전장의 구성요소들이었으므로, 수암사에 대한 이러한 기술은 곧 수암사 전장을 묘사한 것임을 알 수 있다.[90]

여기서 주목되는 사실은 수암사가 풍요로운 전장을 소유하고 있었기 때문에, 그곳을 화엄결사의 장소로 삼기 적절하다는 의견이다. 수암사에

『태고화상어록』, 행장(『한국불교전서』 6, 동국대학교 출판부, 1994).

90) 우연히 듣기에, "樞密相國 朴文備가 일찍이 固城의 수령으로 나갔을 때 창건한 水岩寺는, 그 고을의 동북쪽에 있어 앞으로는 맑은 시내가 흐르고 뒤로는 높은 산을 등져 수림이 우거졌으므로, 땔나무와 물이 풍족하여 승려들이 살기에 알맞은 곳이라 합니다. 또 상국이 넓은 공한지로 토지로 삼을 수 있는 땅을 그 절에 시납하고, 거듭하여 私奴婢 10여 명과 약간의 곡식을 시납하여 子母의 법이 영영 지속될 것을 기대하였다고 합니다." 우리들이 모일 곳은 이만한 땅이면 족합니다(適聞, "樞密相國朴公文備, 甞出守固城, 時所創水岩寺者, 在州之艮隅. 前臨澄溪, 後負秀嶺, 林藪幽邃, 薪水瞻足, 宜釋子栖眞之地. 相國迺以空曠陂澤, 可以爲田者 納于寺, 申納私臧獲十爻, 納穀若干, 期爲子母之法, 永永不絶." 吾等所集, 莫過斯地.).

『동국이상국후집』 권12, 잡저, 水岩寺華嚴結社文.

서 화엄결사를 하려던 이들에게 중요한 것은 자신들의 화엄결사를 유지
해 줄 수 있는 경제 기반이었기에 그런 조건에 부합하는 수암사를 최적
지로 꼽았다. 특히 화엄결사에 참여한 승려들은 수암사의 경제력으로 수
암사 전장의 모습을 서술하였다. 이러한 표현은 수암사의 경제력에서 전
장이 핵심적 비중을 차지하고 있기 때문이었을 것이다.

사원 창건과 전장과의 관계는 이승휴의 看藏庵 사례에서도 확인된다.
이승휴는 그가 소유하였던 별서를 기초로 간장암을 열었는데,[91] 이는
사원을 창건하는데 전장이 그 중심에 있었음을 의미한다.

사원과 마찬가지로 궁원 역시 다양한 경제기반을 가지고 있었다.[92]
따라서 전체 궁원의 경제기반에서 전장이 어느 정도의 위치를 차지하는
가를 살펴볼 필요가 있다. 역시 구체적이고 정확한 수치를 제시할 수는
없지만, 종실의 지위를 회복할 때 작호와 전장을 지급하였다는 사실은
작호와 전장이 궁원의 형성에 근간이 되었음을 증명하는 것으로 이해된
다. 더욱이 궁원의 전장이라 할 수 있는 '莊'이 궁원 재정에서 중요한
위치를 점하고 있었다는 연구는[93] 궁원에서 전장의 중요성을 확인시켜
준다.

이상에서 고려 시대 궁원과 사원의 토지에서 전장이 보다 핵심적인
위치를 차지하고 있음을 확인할 수 있었다. 다음으로 사대부와 향리들의
전장을 살펴보자.

이와 관련하여 노명호의 연구가 주목된다. 노명호는 나말려초의 시기

---

91) 『動安居士集』 雜著 1부, 看藏庵重修記.
　　 『고려명현집』 1, 성균관대학교 대동문화연구소.
92) 궁원의 경제기반이 사유지와 수조지를 포함하고 있었다는 것은 강진철에 의해 지
　　 적된 바 있다. 특히 강진철은 궁원의 경제 기반 중 하나인 藏·處田을 수조지로
　　 파악하였다. 한편 이에 반해 안병우는 궁원의 경제 기반이 수조지와 사유지로 나
　　 누어지지만 장·처전은 궁원의 사유지임을 지적하였다.
　　 강진철, 1980, 『고려토지제도사연구』, 일조각 ; 안병우2002, 앞의 책.
93) 안병우, 2002, 앞의 책, 234~262쪽.

에 공유지가 감소하고 사유지가 확대되어 갔으나, 사유지의 확대가 대사유지 확대로 이어지는 데 일정한 한계가 있었다고 하였다. '호족' 연립이라는 정치적 상황과 상대적으로 열악한 생산력 수준이 대사유지의 확대를 억제하는 조건이었다. 낮은 생산력 수준 하에서는 병작반수와 같은 농업경영이 불가능하였으며, 농민에 대한 과도한 수취는 도리어 농민에 대한 호족의 지배력을 붕괴시킬 수 있는 요인이 되었다고 노명호는 강조하였다. 때문에 나말려초와 고려전기에는 자립소농과 그들의 사유지가 보편화되어 있었고, '호족'들의 경제기반도 이들 자립소농과 그들의 사유지, 즉 '民戶와 민의 사유지에 대한 수취권'이었다고 하였다. 여기서 수취권은 수조권의 前身으로 이해된다.[94] 요컨대, 고려전기 대사유지로서 전장의 보편적 존재보다는 농민의 소사유지의 존재에 보다 무게 중심을 두고 있는 것이다.[95]

그러나 앞서 살펴본 것처럼, 신라하대 성장한 호부층들은 정치, 군사, 문화 모든 분야에서 자신의 농민에 대한 지배를 실현하고 있었다. 그들은 자신이 지배하고 있던 지역을 본관지로 삼아 고려 중앙권력으로부터 그 지배을 추인 받았으며 본관지에 전장을 두고 있었다. 따라서 전장은 나말려초의 호부층과 그들의 후예인 고려시대의 관료들에게 매우 중요한 위치를 점하고 있었을 가능성이 높다. 특히 아래의 사료를 통해 고려전기 관료들의 경제 기반 중 전장이 보다 중요하였음을 추론할 수 있다.

---

94) 노명호, 1992, 앞의 글.
95) 자립소농에 대한 강조는 통일신라기 경제사 연구와 잇닿아 있다. 통일신라기 경제사 연구는 '촌락문서'를 중심으로 진행되었는데, '촌락문서'에 나오는 '烟受有田畓'은 소농민의 사유지로 널리 이해되었다. 그러나 '촌락문서'가 왕실 직속촌이며 '연수유전답'도 농민의 사유지로 볼 수 없다는 최근의 연구(윤선태, 앞의 글)가 제시된 만큼 통일신라시대 자립소농의 보편화는 재검토되어야 한다. 특히 4~6세기 농업생산력의 발전은 자립소농의 창출이 아니라 초보적인 소농경영의 형성과정으로 보는 것이 타당하다.

마. 禮賓省郎中에 임명하고 이어 저택 1채와 아울러 노비와 田莊을 하사
　　하였다.(결략) 그 필수품들은 모두 관에서 지급하게 하였다.[96]

광종 21년 蔡仁範이라는 자가 고려로 귀화하자, 광종은 그를 예빈성
낭중에 임명하고 전장 등을 하사하였다. 여기서 주목되는 점은 광종이
채인범을 등용하면서 저택, 전장, 노비를 하사하였다는 사실이다.

광종대에는 아직 田柴科가 수립되지 않았고 예빈성 낭중의 官階도 알
수 없으므로, 채인범이 하사받은 전시의 양이 어느 정도인지는 확인할
수 없다. 다만 考功司의 예에 따르면 낭중은 정 5품직이고, 목종 원년의
전시과 분급규정에 의하면 田 60결·柴 33결을 지급받을 수 있었다. 문
제는 채인범이 다수의 전시를 보유하고 있었음에도 불구하고 전장을 하
사받았다는 점이다. 만약 고려전기 관료들이 수조지를 핵심적인 경제기
반으로 삼았다면, 채인범에게 굳이 전장을 지급할 필요가 있었을까?

물론 위 사료를 채인범에 대한 광종의 특별한 예우로 이해할 수도 있
다. 하지만 채인범에게 수조지가 아니라 전장을 지급한 것은, 비록 관직
과 수조지를 가지고 있었다 하더라도, 그가 관료로서의 생활을 영위하기
위해서는 반드시 전장이 필요하였기 때문으로 해석할 수도 있다. 특히
광종 치세동안 호족세력이 입은 피해는 무시할 수 없을 정도였고 왕권의
강화도 어느 정도 이루어졌으므로[97] 광종이 굳이 채인범에게 전장을 하
사할 필요는 없었다. 광종이 채인범에게 전장을 하사한 이유는, 채인범
이 다른 관료들처럼 대대로 소유해 온 전장이 없는 귀화인이었기 때문으
로 이해된다.

귀화인에 대한 전장 지급은 현종대에도 확인된다. 현종 4년(1012) 송
나라에서 戴翼이라는 자가 내투하자 현종은 그에게 儒林郎 守宮令을 제

---

96) 拜爲禮賓省郎中, 仍賜第宅一區, 幷臟獲田莊. (결략) 諸物等凡其所湏並令官給.
　　김용선 편저, 2001, 「채인범묘지명」『고려묘지명집성』, 한림대아시아문화연구소.
97) 김두진, 1979, 「고려 광종대의 전제왕권과 호족」『한국학보』15, 일지사.

수하였으며 전장을 하사하였다.[98] 유림랑은 성종 14년 이전부터 사용된 문산계에서는 정9품에 해당하며,[99] 수궁령은 문종 30년 전시과 규정에 의하면, 田 30결·柴 5결을 지급받는 직책이었다. 현종 역시 적지 않은 전시田柴를 지급받을 수 있는 직책에 있었음에도 불구하고 대익에게 별도로 전장을 하사하였다. 이 역시 대익이 관료로서 삶을 영위하기 위해서는 전장이 필요하였기 때문일 것이다.

이상에서 고려시대 전체 사유지에서 전장의 위상을 살펴보았다. 비록 산술적인 수취로는 제시할 수 없었지만, 전장은 사원, 궁원, 사대부의 경제 기반에서 대단히 중요한 존재였으며, 전체 사유지에서 전장이 다수를 차지하였음을 시사하는 것으로 간주해도 무방할 것이다.

이제까지 田莊은 전시과체제의 해체이후 형성·발전된 것으로 알려져 왔었다. 그러나 그 소유주체에 따라 다소 상이한 형성경로를 거쳐 왔다 하더라도, 전장은 고려전기부터 광범위하게 존재하고 있었다.

사원 전장의 경우는 통일신라기부터 지속된 전장이 존재하기도 하였지만, 많은 경우는 고려가 건국된 후 국왕이나 유력자들로부터의 시납을 통해 형성되었다. 궁원 전장은 기본적으로 국가로부터의 사급을 통해 형성되었다. 한편 사대부와 향리들은 자신의 본관지에서 전장을 소유하고 있었다. 그들의 본관지 전장 소유는 파주 염씨, 죽산 박씨, 유천우의 예를 통해 확인할 수 있다.

그러나 전장이 형성·발전하였다는 사실만으로 고려전기부터 전장이 일반적 경제제도로 존재하였다고 할 수 없으므로, 본고에서는 다소 우회적인 접근을 시도하였다. 당대 사원, 궁원, 사대부의 물적 기반 중 전장

---

98) 宋閩人戴翼來投, 授儒林郎守宮令, 賜衣物田莊. 『고려사』 권4, 세가, 현종 4년 1 월, 庚戌.

99) 박용운, 1997, 「고려시대의 문산계」 『고려시대 관계·관직연구』, 고려대학교 출판부.

이 어느 정도의 위치를 점하고 있었는가를 우회적으로 확인해 보았다.

다소 미흡하기는 하지만, 몇몇 사료와 연구를 통해 당대 사원, 궁원, 사대부의 물적 기반 중 전장이 중요한 위치를 점하고 있음을 확인할 수 있었다. 특히 수조지를 보유한 귀화인 관료에게 전장이 지급된 사례는 관료로서 지위를 유지하는 데 전장이 필수적 요소였음을 의미하는 것으로 이해되며, 이는 곧 관료의 물적 기반에서 전장이 중요한 위치를 점하는 것을 확인시켜 주는 것이다.

제4장

전장의 규모와 공간구조

고려시대 대사유의 존재양상은 초채지, 경작지, 장사 등이 결합된 형태, 즉 전장으로 존재할 수도, 소규모의 토지가 여러 곳에 산재할 수도 있다. 전장이 이렇게 존재하였다면, 전장의 구체적 존재양상은 어떠하였을까? 전장은 어느 정도의 규모로, 어떤 구성으로 존재하고 있었을까? 고려시대 전장의 모습을 구체적으로 그려내는 데 있어 이러한 물음은 대단히 중요할 것이다. 따라서 본장에서는 고려시대 전장의 규모와 그 구성을 살펴보려 한다.

전장의 공간구조는 전장의 경영과 관련하여 부분적으로 언급[1]되어 왔다. 전장의 경영방식에 따라 직영지, 농민보유지, 초채지, 채마밭 등으로 구성된다는 것이 선행연구의 결론이다. 이는 전장의 구성이 어떠하였는지를 밝힌 귀중한 성과임이 틀림없다.

개별 전장의 공간구조와 경영에 대한 연구와 더불어 전체 대토지지배 혹은 사유지의 규모에 대한 연구가 진행되기도 했다. 김창석은 통일신라시대 전장을 분석하면서 전장 1구를 60결로 추정한 바 있다. 그러나, '결'이라는 토지단위가 가지는 가변성, 즉 통일신라시대의 결과 고려시대의 결의 차별성 등의 문제 때문에 그것을 고려시대에 그대로 적용하기는 어렵다. 또 전장의 토지면적 만큼이나 중요한 경작 농민수 등을 규명하지는 못했다.[2] 한편 배상현은 통도사의 사령지 규

---

 1) 송병기, 1969, 「고려시대의 농장」『한국사연구』; 김기섭, 1993,『고려전기 전정제 연구』, 부산대학교 박사학위 논문 ; 김창석, 1991, 「통일신라기 전장에 관한 연구」『한국사론』25, 서울대학교 국사학과 ; 김건태, 2004,『조선시대 양반가의 농업경영』, 역사비평사 ; 신은제, 2004, 「고려시대 전장의 용례와 범주」『지역과 역사』15.

모를 6,100여결로 추정한 바[3] 있다. 그는 통도사의 장생표 등의 자료를 바탕으로 전체 통도사의 사령지 규모를 산출해 내었다. 그러나 배상현은 대사유지가 어떻게 존재하고 있었는지, 전장이 전체 대사유제에서 어떻게 편제되어 있었는지에 대한 검토까지 연구를 진척시키지 못했다.

따라서, 고려시대 대사유제의 실상은 아직 완연하게 자신의 모습을 드러내지 못했다. 대사유제의 실상을 파악하기 위해서는 개별 전장의 규모와 구성, 그리고 전체 대사유제가 어떻게 편제되어 있었는지가 검토되어야 할 것이다. 이에 개별전장의 규모와 구성을 검토한 후, 다수의 전장으로 구성된 대사유지의 편제를 검토할 것이다.

1. 전장의 규모와 구성

1) 전장의 규모

전장의 구체적인 모습을 파악하기 위해서는 우선 田畓, 채마밭, 초채지, 莊舍 등의 결합체였던 전장의 규모가 규명되어야 한다. 그런데 고려시대 전장의 규모를 직접적으로 보여주는 자료는 아직까지 존재하지 않아 우회적인 접근만이 허용된다.

고려시대 전장은 자연촌락에 입지하고 있었다. 朴祿之의 의춘 田舍[4]는 이를 잘 확인시켜 준다.

---

2) 김창석, 위의 논문.
3) 배상현, 1998, 『고려후기 사원전연구』, 국학자료원, 64~74쪽.
4) 고려시대 전장은 田廬, 田舍, 田園, 別業, 別墅, 農莊, 農舍로 사료에 등장한다. 구체적인 명칭은 다르지만 각각의 용례들은 서로 같은 의미로 통용되고 있었다. 스도우 요시유끼, 앞의 글 ; 신은제, 2004, 앞의 논문.

가. 문경공 許珙, 판추밀원사 李尊庇가 함께 東征하는 일로 경상도에 갔다
  가 그들의 同年인 朴祿之의 宜春 田舍를 방문하고 각각 시 한 편을
  남기다(許文敬珙李判樞尊庇俱以東征事出慶尙道共訪其同年朴秀才祿
  之宜春田舍各留詩一篇)

띠와 대나무 우거진 해변 마을(黃茅苦竹海村邊)
몇 이랑 전원에 오막살이 집 한 채(數畝田園屋兩椽)
무슨 일로 고금에 명망 높은 처지로(何事古今聲價重)
두 분이 함께 동년 한 분을 찾게 됐나(二公同訪一同年)
　　　　　　　　　　　　　　　(『益齋亂藁』 권 4, 시)

'가'는 허공과 이존비가 일본을 정벌하는 일로 경상도에 갔다가 그들
의 同年인 박녹지의 전사를 방문하고 남긴 시이다.[5] 의춘에 있던 박녹
지의 전사를 문학적으로 표현한 시이지만, 이 시를 통해 당대 전장의 편
린을 확인할 수 있다. 시에서 박녹지의 전사는 의춘 즉 지금의 경상도
양산의 '海村'에 위치하고 있었고, 그곳에는 경작지와 채마밭 그리고 아
담한 가옥 한 채가 있었다. 그런데 '해촌'이라는 표현을 고려한다면, 시
에는 표현되어 있지 않았지만 이곳에는 박녹지의 전사 외에도 촌민들의
가옥도 존재하였을 터이다. 당시 박녹지의 전사, 즉 전장은 '해촌'의 촌
민들과 함께 위치하고 있었던 것이다.

그런데 일견 위의 시는 그저 허공 등이 박녹지의 집을 방문한 것으로
표현한 것으로 이해될 수도 있다. 그러나 시 내용 가운데 '몇 이랑 전원
에 오막살이 집 한 채'라는 표현에서 박녹지의 田舍가 토지와 결합되어
있다는 것을 확인할 수 있다. 또 거란의 침공으로 거란에 잡혀갔다 도망
쳐 온 廉可偁에게 永業田舍[6] 혹은 永業田[7]를 돌려주었다는 사실을 통

---

5) 박녹지가 거처하는 곳에는 藏春塢라는 현판이 걸려 있었다 한다.『동문선』 권20,
  칠언절구, 與同年李密直尊庇訪同年宜春朴祿之扁其所居曰藏春塢.
6) 『고려사절요』 권4, 문종 10년 2월.
7) 『고려사』 권7, 문종 10년 2월.

해 전사가 단순한 집이 아니라 토지가 딸린 전장임을 알 수 있다. 따라서 박녹지의 전사는 그저 박녹지의 가옥이 아니라 박녹지의 전장을 지칭하는 것으로 이해된다.

촌락에 입지한 전장 사례는 이규보의 근곡촌 전장에서도 확인할 수 있다.[8] 그런데 이규보의 근곡촌 전장에서 주목되는 바는, 이규보가 근곡촌에 도착했을 때, 촌락민들의 반응이다. 촌락민들은 고개까지 넘어 이규보를 마중 나왔으며, 이규보가 지나갈 때 원숭이처럼 늘어서 넙죽 절하였다. 촌락민 모두는 이규보의 入村을 환영하고 그에게 예를 표하였다. 이러한 촌락민들의 태도에 대해 이병희는 근곡촌이 이규보의 수조지라고 추정한 바 있다. 그는 이규보가 근곡촌으로 가는 길을 잘 찾지 못했다는 사실과 '田家主人'의 존재를 기초로, 근곡촌에 이규보의 수조지가 있었을 것으로 추정하였다.[9]

그러나 근곡촌의 토지를 이규보의 수조지로 보기에는 무리가 있다. 우선 수조지로 보기에 이규보에 대한 근곡촌 주민들의 태도는 지나치게 예속적이다. 주민들은 마을 입구까지 나와 이규보를 맞이하였고, 이규보가 지나가면 엎드려 절도 하였다. 전가주인의 집에 도착한 후, 수염난 노복이 샘물을 길어오고 허리 굽히며 삼가는 모습이 자못 눈길을 끈다. 이규보에 대한 근곡촌민들의 이러한 태도는 그들이 이규보에 대해 대단히 강하게 예속되고 있었음을 보여주는 것으로 이해된다.

더욱이 이규보는 1196년 최충헌의 쿠데타로 그의 매형이 황려현으로 유배되자 그해 5월 자신의 누이를 데리고 그곳으로 갔다가 6월 모친이 있는 상주로 떠나면서 이 시를 지었다. 이때는 이규보가 관직에 나아가지 않았을 때[10]이므로 이규보가 자신의 수조지를 분급받았다고 보기는

8) 『동국이상국전집』 권6, 고율시, 六月十一日發黃驪將向尙州出宿根谷村(予田所在).
9) 이병희, 1992, 『고려후기 사원경제의 연구』, 서울대학교 박사학위논문, 49~51쪽.
10) 박종기, 2000, 「'동국이상국집'에 나타난 고려시대상과 이규보」 『동국이상국집』, 일조각.

어렵다.

이규보가 근곡촌 전장의 소유주였다면, 전가주인은 어떤 사람일까? 우선 '주인'이라는 표현에 주목할 필요가 있다. '주인'과 관련하여 주목되는 점은 주인이 통상 관리자를 지칭하였다는 사실이다. 조선후기의 사례이지만 '주인권'은 점유권 내지 사용권을 보장하는 권리로 통일신라시대에 그 기원을 두고 있었다.[11] 요컨대 이규보에 대한 근곡촌민들의 태도, 관직에 나아가지 못했던 이규보의 처지, 주인권의 의미 등을 고려해 보면, '전가주인'은 이규보가 소유하고 있던 근곡촌 전장의 관리인으로 보는 것이 타당하다.

한편, 박녹지의 의춘전사와 이규보의 근곡촌 사례를 통해 전장이 촌락에 위치하였다는 사실뿐 아니라 전장주가 촌락전체에 강력한 영향력을 행사하고 있었음을 확인할 수 있다. 전장주가 촌락전체를 지배하고 있었다면[12], 촌락의 규모와 전장의 규모는 일정의 상관성을 가질 수밖에 없다. 촌락의 규모와 관련하여 고려 인종대 송나라의 사신으로 온 徐兢의 언급이 주목된다. 서긍은 고려의 도읍으로 들어오면서 개성 주변의 촌락의 모습을 "十數家가 한 취락이 되었다"라고 서술하였다.[13] 서긍의 관찰과 고려시대 비교적 대촌大村이 20여가였다는 연구를 고려한다면,[14] 고려시대 일반적인 촌락의 규모는 대략 10~20호戶 정도로 보아도 큰 무리는 없을 것이다.

서긍은 배로 예성강 하구의 碧瀾渡까지 와서 육로를 이용해 개성으로 들어왔으며 개성에 도착한 후에는 주로 개성 인근의 사찰들을 방문하였

---

11) 유승렬, 1996, 『한말 일제초기 상업변동과 객주』, 서울대학교, 11~14쪽.
12) 전장이 자연촌락 단위로 존재하였음은 이인재에 의해서도 언급된 바 있다.
    이인재, 1996, 「고려 중·후기 농장의 전민확보와 경영」『국사관논총』 71, 219~220쪽.
13) 民居十數家 其一聚落.
    『고려도경』 권3, 城邑 國城.
14) 박종기, 2002, 『고려의 지방사회』, 푸른역사, 327쪽.

으므로, 그의 시야는 개성 주변의 촌락에 국한되었을 것이다. 따라서 주로 개성 인근 촌락들이 10~20호 정도로 이루어졌을 것이다.

한편, 서긍의 개성인근 촌락에 대한 언급과 함께, 고려시대 관료들이 개성 주변에 두루 전장을 두고 있었다는 사실이 주목된다. 이규보는 西郊와 東郊에 각각 별업을 두고 있었고,[15] 林椿은 長湍湖 주변에 자신의 별서를 가지고 있었을[16] 뿐 아니라 개성 郊外에 있던 吳선생의 별서도 방문한 적이 있다.[17] 李混의 福山莊도 개성 남쪽에 있었으며,[18] 李仁任도 왕궁에서 하루 떨어진 곳에 별서를 두고 있었다.[19] 이외에도 李穡의 장단 別墅 등 고려시대 많은 관료들의 전장은 개성 주변에 산재해 있었다.[20] 특히 개성의 전장 중에는 서긍이 고려를 방문하였을 때인 仁宗 원년 禮部侍郎이었던[21] 김부식의 別業도 포함되어 있었을 것이다.[22]

고려시대 개경 주변의 촌락들이 10~20戶정도의 규모였고 당시 개경 주변에 관료들의 전장이 많이 분포했다는 사실은, 고려시대 전장이 10~20호의 규모였음을 유추할 수 있게 해 준다. 이러한 유추는 조선전기 전장이 10여 호의 奴家를 하고 있었던 사실과 거의 일치된다. 경상도 禮安의 眞城 李氏 卞氏 부인이 선조 13년(1580)에 작성한 분재기를 분석해 보면, 조선전기 양반가의 전장은 主家를 중심으로 노비 19가구가

---

15) 『동국이상국전집』 권2, 古律詩, 遊家君別業西郊草堂 ; 권23, 記, 草堂理小園記.
16) 『西河集』 권2, 고율시, 長湍湖上 將成草堂 作詩示願師.
17) 『西河集』 권3, 고율시, 部崔司業永濡 訪吳先生別墅 二首.
18) 『고려사』 권108, 열전21, 이혼.
19) 禑가 李仁任의 처 朴氏와 이임의 別墅에 행차하여 즐기고 밤에 함께 돌아왔다.
   『고려사』 권135, 열전48, 우왕 10년 8월.
20) 비록 후대의 기록이지만 조선 태조 6년 당시 경기에는 達官의 別業이 많았다.
   "… 정축년에 京畿左道 都觀察使가 되었는데, 畿內의 땅에는 達官의 別業이 많았으나 노숭이 그 差役을 고르게 하고 請托을 하지 않았다."
   『태종실록』 권28, 태종 14년 8월 甲辰, 盧崇卒記.
21) 『고려도경』 권8, 인물.
22) 『동문선』 권19, 七言絶句, 東郊別業.

있었다고 한다.[23]

고려시대 전장의 규모가 10~20호 정도였다면 그곳에 소속된 토지의 규모는 어떠하였을까? 경작지, 채마밭 등을 포괄하고 있는 전장의 전체 면적은 확인할 수 없지만, 개별 농가의 표준경작면적 정도를 파악한다면 최소한 경작지 면적의 대략은 확인할 수 있을 것이다.

고려시대 소농의 표준 경작면적은 사료의 부족으로 확인이 불가능하다. 다만 조선전기에 소농의 최대 자경 면적은 40두락 정도였으므로,[24] 15호를 지배하는 전장을 가정한다면, 전장의 경작지는 최대 600두락으로 이해할 수 있다. 조선전기 전장의 규모가 이러하였다면 고려시대 전장의 규모는 어떠하였을까?

고려시대 5인 소가족이 재생산되기 위해서는 1년간 16.8석의 미곡이 필요하였다고 한다.[25] 이러한 분석과 두락당 생산량을 결합시킨다면 고려시대 1호의 자경면적을 추정할 수 있을 것이고, 이를 바탕으로 10~20호 정도로 구성된 전장의 토지규모의 대략도 파악할 수 있을 것이다.[26] 아래 사료는 고려시대 두락당 생산량의 대략을 알려준다.

---

23) 김건태, 『조선시대 양반가의 농업경영』, 45쪽.

24) 김건태, 위의 책, 66~75쪽.

25) 위은숙, 1998, 『고려후기농업경제연구』, 혜안, 88~90쪽.

26) 현전하는 고려시대 사료 가운데 두락을 토지면적으로 기재한 사례는 아직까지 확인되지 않는다. 따라서 두락이라는 토지면적의 단위를 고려시대에 적용하는 데는 다소 조심스러운 접근이 필요하다. 그러나 두락이라는 토지의 단위가 '1두를 파종할 수 있는 면적'이고 주로 국가가 아니라 민간에서 사용되었다는 사실을 고려한다면, 고려시대 역시 두락이라는 토지면적 단위가 사용되었을 가능성이 매우 높다. 조선시대의 경우, 지역 간의 수확량의 차이가 컸기 때문에 국가는 두락보다는 결을 양전의 단위로 이용하였고 민간의 상속과 매매에서는 두락이라는 단위를 주로 사용하였다. 고려시대 사료가운데 민간의 토지관련 문서가 거의 현전하지 않는 사실을 고려한다면 고려시대 민간에서 두락이 토지단위로 사용되지 않았다고 장담할 수도 없다. 이인재 역시 고려시대 두락이라는 단위의 사용을 추정한 바 있다.

이인재, 2002, 「신라 통일기의 결부제」 『동방학지』 101.

　　나. 농장을 여러 곳에 설치해 가신인 文成柱에게 전라도의 농장을, 池濬에
　　　게는 충청도의 농장을 관리하게 했는데, 두 사람은 서로 질세라 聚斂
　　　를 일삼아 백성들에게 종자볍씨 1斗를 주고 1석을 수취했다.(列置農
　　　莊, 以家臣文成柱, 管全羅, 池濬管忠淸, 二人事事聚斂, 給民稻種一斗,
　　　例收米一碩.)27)

　　위의 사료는 고려 무인정권기 金俊이 문성주와 지준에게 자신의 전장
을 관리하게 하자, 문성주와 지준은 서로 질세라 취렴을 일삼아 백성들에
게 1두의 종자곡식을 주고 1석을 취렴하였음을 전해준다. 이는 당시 농민
들이 1두를 파종하여 1석을 지주에게 납부하였음을 알려주는 의미 있는
사료이다. 이 때 중요한 것이 경영방식이다. 만약 병작반수제가 시행되었
다면 당시 1두를 파종한 땅에서 총 생산량은 2석이 될 것이고, 작개제나
직영제를 활용하였다면 1두를 파종한 땅에서 총 생산량은 1석이 될 것이
다. 뒤에 언급하겠지만 조선전기의 생산력 수준과 비교할 때, 1두를 파종
한 땅에서 1석의 수취는 병작반수제로 볼 수 없다.28) 따라서 1두를 파종
한 땅에 대한 1석의 수취는 생산량 전체를 대상으로 하였을 것이다. 이처
럼 고려시대 1두를 파종한 땅 즉 1두락지에서는 1석을 생산할 수 있었으
므로, 생존하기 위해서 넌간 16.8석을 소비해야 하는 5인으로 구성된 고
려시대 소농은 대략 17두락 정도의 농지를 경작해야만 한다.

　　그런데 조선전기에 파주지역에서는 두락당 생산량이 10두 정도였다
고 한다.29) 이를 적극적으로 고려한다면, 김준의 1두락당 1석의 수취는
다소 과장된 표현으로 이해된다. 표현의 과장을 고려하여 두락당 10석
정도의 소출을 가정하면, 고려시대 소농이 생존하기 위해서는 대략 25두

───────────────

27) 『고려사』 권130, 열전43, 반역 金俊.
28) 강진철은 이 사료에서 1두락당 1석을 수취하는 것은 조선시대에 비교하여 지나치
　　게 가혹한 것이므로 이는 병작반수제가 아닌 생산량 전부를 수취한 것이라고 추
　　정했다. 필자 역시 강진철의 분석이 타당하다고 생각한다.
　　강진철, 1989, 『한국중세토지소유연구』, 일조각, 200쪽.
29) 김건태, 위의 책, 75~79쪽.

락 내외의 농지가 필요하다. 논의의 대상이 되는 이들은 전장 예속민이
므로, 15호 정도로 구성된 전장에서 예속민들이 생존을 위해 필요한 전
체 경작지는 375두락 정도가 된다.[30]

전장에 예속민의 토지만 존재할 수는 없다. 전장에는 전장주 몫의 토
지도 존재한다. 전장주가 지배하는 토지는 크게 곡물 등이 수확되는 전
답과 채소와 과일 등을 생산하기 위한 '園'으로 구분된다. 이중 전답은
전장의 경영방식에 따라 그 존재양태가 다소 상이할 수 있다.[31] 전장의
경영방식을 작개와 병작반수로 가정한다면, 예속농민의 경작지와 지주
의 경작지는 비슷한 수준이었을 것으로 추정할 수 있다.

그런데 전장에는 과일, 채소 등이 생산되었던 園과 땔나무를 구하던
초채지도 있었다. 채마밭과 초채지의 경작 역시 전장 예속민들의 몫이었

---

30) 필자는 당시 흔히 사용되던 結을 단위로 고려시대 전장의 규모를 파악할 수 없었
다. 고려시대 소농에게 필요한 년 간 곡물의 수는 16.8석이었다는 결과를 바탕으
로 하여 결당 생산량과 연결시키면, 당시 전장의 결당 생산량도 파악 가능해 보이
기도 한다. 그러나 문제는 간단하지 않다. 고려시대 결은 가변적이고 복잡한 단위
였다. 우선 500년이라는 짧지 않은 기간 동안 고려시대 농업생산력은 증대하였고
결당 생산량 역시 변화하였다. 더욱이 고려시대 토지는 비옥도에 따라 田品이 정
해져 있었고, 각각의 전품에 따라 소출량도 달랐다. 水田과 旱田의 생산량 차이는
문제를 더욱 복잡하게 만든다. 따라서 고려시대 전장의 토지 결수는 전장이 존재
한 시기, 전장이 위치한 곳의 토지 비옥도에 따라 상이할 수밖에 없다. 예를 들어
고려시대 토지 등급을 9등으로 파악하는 김용섭의 견해에 의하면, 고려전기 중등
지역 중등한전에서 결당 소출량은 7석이다. 따라서 농민이 자립하기 위해서는 중
등지역 중등한전 2.5결정도를 경작해야 한다. 병작농일 것으로 추정하면 대략 중
등한전 5결 정도를 경작하였을 것이다. 1호당 5결을 다시 15호로 환산하면 75결
에 해당된다. 그러나 이것은 지극히 단면적인 접근이다. 왜냐하면 전장 내에는 수
전과 한전이 혼재해 있었을 것이며 그 비옥도 또한 차이가 있었을 것이다. 물론
두락 역시 비옥도에 따라 그 절대면적이 상이하지만 결보다는 가변적 요소가 적
어 두락으로 전장의 토지결수를 산출하였다.
김용섭, 1981, 「고려전기의 전품제」『한우근박사정년기념사학논총』, 지식산업사.
31) 전장의 경영방식은 현재 직영제, 작개제, 병작제의 방식 가운데 하나를 택하였을
것으로 이해하고 있다. 경영방식에 대해서는 신은제, 2005, 위의 논문을 참조.

다. 때문에 채마밭과 과수원을 경작하던 예속민들은 오로지 곡물만 경작
하는 농민들 보다 적은 양의 토지를 보유하면서 적은 양의 곡물 혹은
경작노동력을 지대로 바쳤을 것이다.

　요컨대 고려시대 전장은 莊舍를 중심으로 약 15호 정도의 규모를 갖
춘 촌락이 형성되어 있었다. 촌락 주변으로 과일과 채소를 생산할 수 있
는 園, 최대 750여 두락의 전답이 산재해 있었고 땔나무를 구할 수 있는
임야 혹은 초채지가 촌락의 배후지를 형성하였다.

2) 전장의 구성요소

　촌락에 위치하고 있던 전장은 전장주가 거주하고 있는 莊舍, 경작지,
초채지 등으로 구성된다. 莊舍는 瓦家 혹은 草家의[32] 형태로 존재하였
으며 여기에는 수확된 곡식을 저장할 수 있는 창고와 가축을 사육할 수
있는 우리가 있었다. '駕洛國記'에는 고려 문종대 長遊寺가 약 300결에
달하는 방대한 토지를 관리하기 위해 莊舍를 어떻게 활용하였는지 기술
되어 있다.

> 다. 원가 29년(452) 임진년에 시조와 허황후가 혼인한 곳에 절을 짓고 왕
> 후사라 하였으며 관리를 보내 왕후사 근방의 토지 10결을 측량하여
> 삼보를 공양하는 비용으로 삼았다. 이로부터 오백년 뒤 장유사를 두었
> 는데 절에 시납한 전시가 300결이었다. 이에 장유사의 三綱은 왕후사
> 가 장유사의 柴地 동남표내에 있었기 때문에 왕후사를 파하여 장사로
> 삼고 창고와 마굿간을 지었다.[33]

---

32) 莊舍이 草家의 형태로 존재하기도 하였다는 점은 앞서 언급한 박록지의 의춘전
　사, 통도사의 조일방 사례를 통해서 확인할 수 있다.

33) 以元嘉二十九年壬辰, 於元君與皇后合婚之地創寺, 額曰王后寺, 遣使審量近側平田
　十結, 以爲供億三寶之費. 自有是寺五百歲後, 置長遊寺, 所納田柴幷三百結. 於是右
　寺三綱, 以王后寺在寺柴地之東南標內. 罷寺爲莊, 作秋收冬藏之場, 秣馬養牛之廐.
　『삼국유사』권2, 紀異, 駕洛國記.

수로왕과 허황후가 만나 혼인한 곳에 지은 왕후사는 고려초에 장유사의 장사가 되었다. 주목되는 사실은 장사가 秋收冬藏, 즉 가을에 거두어 겨울에 저장하는 공간을 가지고 있었으며 소와 말을 기르는 마굿간도 갖추고 있었다는 점이다. 이는 장사가 전장주 혹은 전장 관리자의 거주지뿐 아니라 수확한 곡식을 저장할 수 있는 창고, 소와 말을 가둘 수 있는 마굿간과 외양간을 가지고 있었음을 의미한다.

뿐만 아니라 장사에는 비록 소수이기는 하지만, 전장주와 관리자를 봉양하는 노비들의 숙박지도 있었다. 이규보가 자신의 전장이 있던 근곡촌에 갔을 때, '수염난 노복은 동이를 지고 달려가 샘물을 길어 오는' 등 이규보를 모시기 위해 동분서주하고 있었다. 이 노복은 이규보의 근곡촌 장사에 머무르면서 이규보나 혹은 전장관리자를 모셨을 것이다. 한편 전장주들은 유흥을 즐기기 위해 莊舍에 연못이나 정자를 지어 술을 마시는 연회장으로 사용하기도 하였다.34)

전장에는 경작지와 초채지도 있었다. 경작지는 몇 가지 기준에 따라 세분될 수 있는데, 우선 작물의 종류에 따라 주식인 곡물을 주로 심는 토지와 채소나 과실수가 있는 채마밭으로 나누어진다. 곡물을 심는 토지는 水田과 旱田으로 나누어지며 고려시대에는 수전과 한전 중 한전이 보다 우세하였다.35)

또 다른 경작지인 채마밭에는 오이,36) 창포37) 등을 심었으며 과수원에는 살구, 배, 복숭아 등 여러 가지 과일과38) 뽕나무를 심었다. 특히 비단을 생산하는 데 필요하였던 뽕나무는 채마밭에서 재배되었던 대표

---

34) 『동국이상국후집』 권1, 고율시, 過故奇相國林泉.
35) 고려시대 수한전 비율에 대해서는 본서 보론을 참조.
36) 『동국이상국전집』 권10, 고율시, 城東草堂理瓜架.
37) 『동국이상국전집』 권2, 고율시, 遊家君別業西郊草堂二首.
38) 『동국이상국전집』 권2, 고율시, 遊家君別業西郊草堂二首 ; 『동국이상국후집』, 권7, 謝李侍郎送酸梨碧桃.

적 작물이었다. 이규보는 자신의 서교 별업에 뽕나무가 많이 매우 너너
한 전장임을 강조하고 있었으며,[39] 정호, 백정들도 뽕나무를 심었던 사
례는[40] 뽕나무 재배의 중요성을 확인시켜 준다.

柴地 즉 초채지는 경작지나 촌락주변에 위치하고 있었으며 땔나무의
공급처이자 가축의 방목지로 활용되었다. 통상 고려시대 지배층들이 사
육하였던 가축의 종류로는 소, 말, 돼지, 닭, 개 등이었다. 이들 가축들은
모두 식용으로도 사용되었지만 그 종류에 따라 구체적인 쓰임새는 달랐
다. 소는 주로 쟁기질과 같은 농사일과 수송을 위해, 말은 이동과 수송을
위해, 닭은 시각을 알리고 개는 집을 지키는 목적으로 사육되었으며,[41]
돼지와 양 등은 식용이나 제수용으로 사용되었다고 이해하면 무리가 없
을 것이다.

이들 가축의 사육과 관련하여 '신라촌락문서'가 주목된다. 신라촌락
문서에는 4개의 촌락에 각각 말과 소의 수가 기재되어 있다. 沙害漸村에
는 말 25·소 22두, 薩下知村에는 말 18·소12두, C촌에는 말 8·소 10두,
椒子村에는 말 10·소 8두가 각각 있었다.

이들 네 개의 촌락에서 사육되고 있던 말과 소는 주로 공한지에서 사
육되었던 것으로 보인다.[42] 공한지는 주로 초채지나 휴한지로 이해되며,
특히 가축은 휴한지에서 주로 사육되었을 것이다.

한편 12~13세기 농업생산력의 발전에 따라 상경농법이 보편화되면

---

39) 『동국이상국전집』 권23, 기, 四可齋記.
40) 判今諸道州縣, 每年桑苗, 丁戸二十根, 白丁十五根, 田頭種植, 以供蠶事.
　　『고려사』 권79, 지33, 식화 농상, 현종 19년 정월.
41) 말은 수고를 대신하여 사람이나 짐을 싣고 달리며, 소는 무거운 짐을 끌거나 밭을
　　갈며, 닭은 울어서 새벽을 알리며, 개는 짖어서 문을 지키는 등 모두 맡은 바 직
　　책으로 주인집을 돕고 있다.
　　『동국이상국집』 권20, 잡저, 呪鼠文.
42) 初國朝擇閑地, 牧廐馬及軍士之馬, 閑地少, 多害民穀田.
　　『태종실록』 권11, 태종 6년 4월 丁卯.

서 이들 휴한지는 점차 사라지게 되었다. 휴한지의 소멸은 가축을 사육할 수 있는 곳의 소멸을 의미하는 것이고 일반 촌락에서 대규모의 가축 사육이 용이하지 않게 되었음을 뜻한다. 따라서 고려후기부터는 주로 목장에서만 대규모 가축의 사육이 이루어지고 일반 촌락에서는 소수의 말과 소만이 사육되었을 것이다.

한편 고려시대 民家에서는 소와 말뿐만 아니라 돼지, 양, 닭, 오리 등을 기르기도 하였다.[43] 주로 식용으로 사육된 이들 가축들 중 닭, 오리 등은 사육이 비교적 간편하였고 사료의 부담이 크지 않았으므로 전장 내에서 자유롭게 사육되었던 것으로 보이며, 그 고기 또한 다른 고기에 비해 전장주들이 비교적 손쉽게 섭취할 수 있었을 것이다.[44]

닭과 더불어 고려시대 식용이나 제사용으로 사용된 가축은 돼지와 양이었다. 일본 원정을 위해 파견된 군대가 민가의 돼지, 닭, 거위, 오리 등을 잡아먹지 못하게 한 사실은[45] 당시 민가에서 돼지 등을 사육하고 있었음을 확인시켜 준다.

하지만 인종때 사신으로 고려에 온 徐兢은 '고려 사람들 중에서 王公이나 貴人들만이 양과 돼지고기를 먹었다[46]'고 하였으므로 생산자 농민은 돼지나 양을 가까이 할 수 없었고 일부 층만이 먹을 수 있었을 것이다. 뿐만 아니라 고려시대 지배층들도 돼지나 양보다는 소나 말을 즐겨

---

43) 不畜雞豚, 宰殺牛馬, 甚爲不仁. 自今, 畜養雞豚鵝鴨, 以備賓祭之用, 宰殺牛馬者, 科罪.
   『고려사』 권85, 형법, 금령 충숙왕 12년 2월.
44) 이규보가 근곡촌을 방문하였을 때 제공된 음식이 닭과 기장밥이라는 사실을 통해서 이러한 사실을 확인할 수 있다.
45) 元行中書省, 移牒征東軍事, 牒曰 … 及不得於百姓之家, 取酒食, 宰殺猪鷄鵝鴨, 刀奪百姓一切諸物.
   『고려사』 권29, 세가, 충렬왕 6년 10월 戊戌.
46) 國俗有羊豕, 非王公貴人 不食.
   『고려도경』 권23, 雜俗, 漁.

먹었으므로[47] 고려시대 돼지나 양의 사육이 활성화되시는 못하였던 것
으로 보인다.

이는 徐兢의 지적처럼 불교의 영향으로 고려 사람들이 육식을 즐겨하
지 않았기[48] 때문이기도 하지만, 보다 근본적으로는 오로지 식용으로만
사용되는 돼지를 기르는 데 소요되는 飼料의 부담이 컸기 때문으로 판
단된다. 고려시대 돼지 사육에 소요되는 사료부담이 어느 정도였는지를
구체적으로 확인할 수는 없다. 그렇지만 가축의 사료가 시대에 따라 크
게 변할 수 없으므로 조선후기 농서를 통해 고려시대 돼지의 사육방식을
추정할 수 있을 것이다. 돼지는 봄, 여름에는 방목하며 겨울과 초봄에는
겨와 같은 것을 먹었다.[49] 즉 풀이 자라는 계절에는 방목하여 사료에 대
한 부담이 없지만 풀이 없는 겨울이 되면 별도의 사료를 주어 돼지를
길러야 하는 부담이 있었다.[50] 문제는 돼지에게 지급된 사료였는데, 그
부담이 만만치 않았던 것으로 보인다. 조선 세종대 경기도 백성들은 禮
賓寺와 典廐署 소속의 양과 돼지의 사육에 소요되는 생곡초와 땔나무에
대한 요역을 부담해야 했으며[51] 예빈시와 전구서의 양과 돼지 사료를
전담하기 위해 고양현에 농장을 설치하기도 하였다.[52] 이러한 사례는

---

47) 『목은집』 권9, 農桑輯要後序 (『고려명현집』 3 성균관대학교 대동문화연구소,
    1973, 841~2쪽) ; 『고려사』 권85, 형법, 禁令 충숙왕 원년.
48) 夷政甚仁, 好佛戒殺, 故非國王相臣, 不食羊豕. 『고려도경』 권23, 雜俗, 屠宰.
49) 『색경』 하권, 豬 (『농서』 1, 아시아문화사영인, 1978)
50) 중세 유럽에서 돼지의 사료를 해결할 수 없어 겨울이 되기 전에 많은 돼지를 도축
    하였던 사실을 참고하면 고려에서도 돼지 사료는 부족하였을 것이다.
51) 병조 판서 조말생 등 9인이 진언하였다. "경기도 백성의 요역이 번거로움은 신
    등이 이루 다 알지 못하오나, 아직까지 들은 바를 말씀 드리면, … 예빈시와 전구
    서에는 양과 돼지를 먹일 生穀草와 땔나무로 장작을 바쳐야 합니다. …
    『세종실록』 권28, 세종 7년 6월 辛酉.
52) 호조에서 아뢰기를, "전구서와 예빈시에서 양과 돼지 사료 때문에 高陽縣에 農場
    을 설치하였습니다. …"
    『세종실록』 권29, 세종 7년 8월 戊子.

당시 돼지의 사료부담이 만만치 않았음을 증명하는 것이기도 하다.

물론 소와 말의 사료에 대한 부담은 이보다 훨씬 컸다. 하지만 소와 말은 별도의 용도 즉 농경, 수송 등의 쓰임새가 있었던 반면, 돼지는 오로지 식용이나 제사를 위해 사육해야만 했다. 이러한 사정은 양도 비슷하였던 것으로 보인다. 오로지 제사나 식용으로 사용되는 돼지를 비싼 사료를 들여 사육하는 것은 여러모로 경제적이지 못하였을 것이다. 때문에 국가 차원의 제사나 사신을 접대하기 위해서 예빈시와 전구서에서 별도로 농장을 두어 돼지나 양을 길렀을 뿐, 사대부들의 전장에서 널리 사육되었다고 보기는 어렵다.

전장의 구성요소와 관련하여 마지막으로 주목되는 것은 물이다. 이규보는 전장이 입지하기 적합한 조건으로 풍부한 수량을 강조하였다.[53] 풍부한 수량은 우선 생활용수나 농업용수로 활용되었으며, 조경을 위한 연못을 만들거나, 식용으로 사용할 물고기를 공급받는 데도 중요한 요소였다.[54] 때문에 전장주들은 항상 풍부한 수량, 즉 넓은 개울이 있던 곳에 전장을 세우려하였고, 이규보는 晉秀才의 別業을 평하면서 물이 풍부하지 못한 것을 아쉬워하였던 것이다.[55] 이상에서 전장은 莊舍, 다양한 유형의 경작지, 초채지등으로 구성되었음을 확인할 수 있었다.[56]

---

53) 『동국이상국전집』 권23, 四可齋記.
54) 조선전기 대유학자 李滉의 5대조 李繼陽은 奉化 溫溪에 전장을 두면서 온계에 피라미가 많음을 지적하고 있다. 수량이 풍부한 곳에서는 연못을 두고 잉어를 기르기도 하였을 것이다.
『退溪先生續集』 권8, 先朝考兵曹參判諱繼陽事蹟條, 溪水淸甘多鰷魚 可引而漑田灌圃 ; 『삼림경제』 권2, 養魚.
55) 『동국이상국전집』 권1, 고율시, 題晉秀才別墅.
56) 전장이 莊舍, 경작지, 가축을 기를 수 있는 곳, 초채지, 연못을 포함하고 있다는 사실은 여주에 있었던 任春의 전장에서도 확인할 수 있다. " … 西河 임선생의 別墅가 있다. 선생이 일찍이 한 堂을 짓고 四友라고 扁額하였는데 耕, 牧, 漁, 樵에서 취한 것이다."
『신증동국여지승람』 권7, 경기도 여주목, 고적 사우당.

2. 전장의 편제

고려시대 전장주들은 전장을 지속적으로 확대하려 했다. 많은 전장주들은 하나 이상, 수개의 전장을 소유하고 있었다. 신라말 고려초 谷城泰安寺는 여러 지역에서 전장을 소유하고 있었다. 고려 태조 때에는 진주, 영광, 나주, 보성에 전장을 두고 약 490여결의 전답과 140여결의 시지를 소유하고 있었다.[57] 광대한 전장의 소유는 비단 태안사만의 현상은 아니었다. 지금의 양산 전역과 밀양지역에 전장을 두고 있었던 통도사,[58] 300여결의 토지를 소유하고 있었던 長遊寺[59] 등 많은 사찰들이 광대한 전장을 소유하고 있었다.

사대부들도 다수의 전장을 소유하고 있었다. 고려후기 이색은 개성 부근, 德水, 沔州, 長湍, 廣州 등지에 전장을 두고 있었으며[60] 이규보 역시 개성의 東郊와 西郊, 根谷村 등지에 전장을 두고 있었다. 충렬왕대 권신이었던 金方慶은 전국에 田園을 두고 있었으며,[61] 文克謙도 노비를 보내 많은 田園을 지배하였다.[62]

고려시대 지배층들이 다수의 전장을 소유하고 있었다면, 그들의 전장 지배는 어떠한 모습이었을까? 통도사의 寺領地지배는 그 구체적 실상을 확인시켜 주는 좋은 사례이다. 통도사의 사령지의 구조는 『通度寺寺蹟記』에 기재되어 있는 '寺之四方山川裨補'(이하 비보)에서 확인할 수 있

---

57) 1977, 『태안사지』, 잡록, 서울: 아시아문화사 영인.
58) 1979, 『통도사지』, 서울: 아시아문화사영인 ; 이인재, 1992, 「'통도사지' 사지사방 산천비보편의 분석」『역사와 현실』 8.
59) 『삼국유사』 권2, 기이, 가락국기.
60) 안병우, 1997, 「고려시기 민전의 경영」.
61) 『고려사』 권104, 열전12, 김방경.
62) 『고려사』 권99, 열전12, 문극겸.

다. 현전하는 『통도사사적기』는 17세기에 제작된 것이지만 충숙왕 15년 (1328)에 기술된 것이며, 그 내용은 통일신라에서 충숙왕대에 이르는 통도사의 토지 보유 현황을 잘 보여주고 있다.63)

> 라. 그 땅은 사방의 둘레가 47,000보 가량이다. 장생표를 세웠는데 모두 12개이다. 동쪽에는 흑석봉이 있으며 돌무더기 장생표 1개를 두었다. 남쪽에는 사천·포천봉이 있으며 석비장생표 1개를 두었다. 북쪽에는 동을산이 있으며 돌무더기 장생표 1개를 두었다. 가운데 성잉천과 궤천에는 각각 석비장생표 2개를 두었다. 위의 사방 장생표 내에 동에는 조일방, 서에는 자장방·월명방, 남에는 적운방·호응방, 북에는 백운방과 곡성방이 있는데 모두 통도사의 속원이다. … 비보장생표는 12개이다. 문전 동구에 흑목방 장생표 2개, 동쪽 흑석동 돌무더기 장생표 2개, 가운데 성잉천 궤천에 석비장생표 각 2개, 남쪽 사천·포천봉에 돌무더기 장생표 2개, 서쪽대령현에 석비장생표 1개, 남쪽 대천에 석비장생표 1개를 두었다. …64)

'비보'의 내용 중 통도사의 장생표와 屬院의 위치를 확인시켜 주는 부분을 인용해 보았다. '비보'에서 앞부분과 뒷부분의 장생표 위치가 일치하지 않은 것은 통도사의 창건시기부터 충숙왕 15년까지의 사실들을 함께 수록하는 과정에서 나타난 현상으로 이해된다. 시간의 변동에 의해 소유지가 확대되거나 감소함에 따라 장생표는 새로 건립되기도 하고 폐기되기도 하였을 것이다.65) 이러한 정황을 고려하여, 장생

---

63) 이인재, 위의 논문.
64) 基地四方周四萬七千步許, 各塔長生標 合十二. 東有黑石峯 置石磧長生標一. 南有沙川·布川峯 塔排石碑長生標一. 北有冬乙山 置石磧長生標一. 中有省仍川·机川 各排石碑長生標二. 右四方長生標內 東有祖日房, 西有慈藏房·月明房, 南有赤雲房·呼應房, 北有白雲房·穀成房, 皆通度寺之屬院也. … 禆補長生標十二者. 門前洞口, 立黑木榜長生標二, 東黑石峯 置石磧長生標二, 中省仍川·机川 各立石碑長生標二, 南沙川·布川峯 置石磧長生標二, 西大嶺峴 立石碑長生標一, 南大川 立石碑長生標一.
1979, 『통도사지』, 아시아문화사 영인본, 24~30쪽.

표와 속원의 위치를 보다 효과적으로 파악하기 위해 표를 만들어 보
았다.

〈표〉 통도사 장생표와 속원의 위치

방위	장생표 위치/갯수	방	촌	현재지명66)
중	통도사 門前 洞口 / 2개			
	省仍川, 机川/ 각 2개(4개)			지금의 양산군 하북면 백록리 일원(성잉천) 지금의 울산시 삼남면 상천리 일원(궤천)
동	黑石峯 / 2개	祖日房(조일암)		지금의 울산시 삼동면 조일리
서	大嶺峴 / 1개	慈藏房, 月明房		밀양군 무안면 무안리
남	沙川布川峯 / 2개 大川 / 1개	赤雲房, 呼應房		지금의 천성산 일원
북	동을산 / 1개	白雲房, 穀成房	冬乙山 茶村	?

47,000보에 달하는 방대한 토지를 지배하기 위하여 통도사는 7개의
屬院(房)을67) 두었는데 동쪽에 조일방, 서쪽에 자장방·월명방, 남쪽에
적운방·호응방, 북쪽에 백운방·곡성방이 그것이었다. 여기서 주목되는
점은 장생표와 방의 관계이다. 장생표는 모두 13개로68) 7개의 방에 7개,
중앙에 6개가 배치되어 있다.

---

65) 이인제, 위의 논문.
66) 지명고증은 이인제의 연구와 배상현의 연구를 바탕으로 필자가 재구성한 것이다.
67) 조일방은 조일암으로 불리웠으므로 '방'은 암자와 같은 역할을 하였다. "자장의
화향제자인 조일은 화향하는 도중 시간을 내어 직접 동쪽 봉우리에 가서 산천을
관람하였으며 초옥을 짓고 기거하면서 아울러 장생표를 세우고 죽었다. 뒤에 그
이름을 따서 조일암이라 하였다(藏師之火香弟子祖日, 火香暇日, 直往東峰, 監山
川, 結茅栖止, 兼置長生標, 而終焉. 厥後仍名曰祖日庵.)."
68) '비보'에는 통도사에 장생표가 12개라고 하고 있으나 서두에 나와 있는 북쪽 동을
산의 장생표를 포함시키면 모두 13개이다.

위 표에 의하면, 통도사의 門前과 중앙에는 별도의 방이 존재하지 않는 반면 동서남북 네 곳에는 각각 방과 장생표가 두어져 있다. 이러한 배치는 방과 장생표 사이의 연관성을 보여준다. 사령지의 중심에는 통도사가 있기 때문에 방이 두어지지 않고 장생표만 세워졌던 반면, 본 찰의 영향력이 미칠 수 없는 곳에는 별도의 방과 장생표를 한데 묶어서 설치하였을 가능성이 높다. 예컨대 서쪽에 있었다는 대현령의 장생표는 지금의 경상남도 밀양시 무안면에서 발견되었다. 즉 통도사에서 멀리 떨어진 무안면과 같은 지역은 직접 지배할 수 없었기 때문에 방을 두고 장생표를 세웠을 것이다.

물론 사방에 세워진 장생표와 방의 관계가 일정한 규칙을 가진다고 확언할 수는 없다. 동쪽에는 속원이 조일방 하나인데 장생표는 두 개이고, 북쪽 동을산에는 백운방과 곡성방 두 방이 있는데도 장생표는 하나밖에 없다. 하지만 '자장의 제자 조일이 동쪽 봉우리로 가서 조일이 초옥을 짓고 살면서 장생표를 세우고 죽었다'[69]는 기록은 장생표와 속원이 밀접하게 연관되어 있었음을 잘 보여준다.

방에 장생표가 설치되었다면, 방은 통도사의 사령지 지배에서 어떤 의미를 지니는 것일까? 장생표는 사원의 사유지를 국가에서 추인해주는 표식으로 알려져 있다.[70] 즉 통도사의 속원이 위치한 곳에 장생표를 세움으로서 그곳이 통도사의 사유지임을 공시하려는 것이 장생표의 기능이다. 따라서 장생표가 위치한 곳은 통도사의 사유지였고, 그곳에 방이 세워졌다.

주지하듯이, 고려시대 사원들은 각지에 산재해 있는 전장을 관리하기 위해 장사를 두고 관리자를 파견하였다. 사유지와 장사의 설치는 주로 三

---

69) 又藏師之火香弟子, 祖日火香暇日, 直往東峰, 覩監山川, 結茅栖止, 兼置長生標而
終焉.
70) 김윤곤, 2001, 「여대의 사원전과 그 경작농민」『한국중세영남불교의 이해』, 영남
대학교 출판부 ; 이인재, 위의 논문.

綱조직을 이용하였으며 승려들이 파견되었다. 當代 전장의 관리가 이러하였다면 통도사의 전장관리 역시 이와 크게 다르지 않았을 것이고, 속원(방)은 莊舍로 기능하였을 것이다. 조일암에 장생표를 세웠다는 사실은 속원이 부속 암자이면서 장사의 기능도 가졌음을 보여준다.

요컨대 통도사는 방대한 사령지를 관리하기 위하여 통도사 인근을 제외한 동서남북 네 곳에 속원 즉 장사를 두고 자신의 사령지를 관리하였다. 또 각각의 장사에는 장생표를 세워져 그곳이 통도사의 사령지 곧 전장이 있었음을 공시하였다.

통도사의 속원이 장사의 기능을 가졌다면 통도사에는 본찰을 포함하여 모두 8개의 장사가 존재하는 것으로 된다. 한 개 전장의 규모는 15호 정도로 구성된 촌락이며 대략 750두락 내외의 경작지를 포함하고 있었으므로, 통도사는 모두 8개의 촌락과 120호의 예속농민을 지배하는 것이 된다.

하지만 이러한 결론은 사료에 나타난 통도사의 경제규모와 현격한 차이를 보인다. 천성산과 신불산 사이로 흐르는 양산천을 따라, 지금의 양산시 상북면에서 울산시 삼남면에 달하는 방대한 지역에 사유지를 두고 있었던 통도사가 겨우 8개의 전장을 소유하였다고 볼 수 없다.[71]

8개 莊舍의 존재와 방대한 통도사의 사령지의 모순을 어떻게 해명하여야 할까? 역시 '비보'에서 해답의 실마리를 찾아야 할 것이다. 이 문제와 관련하여 주목을 끄는 것이 '비보'에 기술된 '洞'의 존재이다. '비보'에 의하면 통도사 장생표 내에는 '삼천대덕의 洞과 房이 나뉘어져 있으

---

71) 배상현은 통도사의 사령지 규모를 6,136결로 추론한 바 있다(배상현 위의 책, 70~74쪽). 앞서 언급한 것처럼, 개별 전장이 대략 몇 결이었는지는 파악하기 어려운 측면이 있으나, 신라말 지증대사의 사례에 의하면 40결정도로 추정할 수 있다(김창석, 위의 논문). 만약 40결로 추산하면, 모두 8개의 장사가 존재한 통도사는 320결의 토지만을 소유하게 된다. 개별 전장의 토지 결수를 100결 가량으로 추산한다 하더라도 전체 통도사의 결수는 800결에 불과하게 된다.

며, 이중 남쪽에는 포천산동이 있으니 곧 일천대덕이 거주하는 방'이라고 하였다.[72] 포천산동은 일천대덕이 거주하는 房, 즉 莊舍라는 것이다. 따라서 洞의 성격을 면밀히 분석해 보면 앞 절에서 봉착한 문제를 해결하는 실마리를 찾을 수도 있을 것이다.

일반적으로 동은 촌락의 단위가 아니라 해당지역에 대한 雅稱으로 사용되어 왔다. 때문에 里가 동으로 불리기도 하였으며 촌이 동으로 불리기도 하였다.[73] 즉 고려시대 洞은 자연촌락을 지칭하면서 때로 지역촌을 의미하기도 하였던 것이다.[74] 자연촌락이면서도 지역촌을 의미하는 洞의 존재를 어떻게 받아들여야 할까? 해답은 가까운 곳에 있었다.

> 라. 사방장생표의 직간들의 위전답은 동남동 안의 북다촌 들판에 나뉘어져 있고 이는 거화군의 접경지이다(四方長生標 直干之位田畓 分伏於東南洞內北茶村坪郊 居火郡之境也).

위 기사에 대해 선행연구들은 밑줄 친 부분을, '직간의 위전답이 동남쪽의 洞內와 북쪽 茶村의 들판에 있다.'라고 해석하거나[75] '동남동과 북쪽 다촌의 들'로 파악한[76] 반면, 필자는 이를 동남동 내의 북다촌으로 이해하였다.

이는 '라'에 대한 기존의 해석이 어색하기 때문이다. '동남쪽 마을 안과 북쪽 다촌의 들'로 해석할 경우, 마을 내에 있는 토지가 거화군과의

---

72) 사방 장생표의 땅에는 三千大德房洞이 나뉘어져 있다. 남쪽에는 布川山洞이 있는데 一千大德이 살고 있는 房이다(四方長生基地, 分有三千大德房洞. 南有布川山洞, 乃一千大德之所住房也.).

  『통도사지』, 1979, 寺之四方山川神補, 아시아문화사 영인.

73) 박종기, 위의 책, 319~321쪽.

74) 里는 지역촌의 구체적인 단위로 이해된다.

  박종기, 위의 책, 330~337쪽.

75) 최길성, 1962, 「1328년 통도사의 농장경영형태」『역사과학』, 4호, 25쪽.

76) 이인재, 위의 논문.

경계가 된다는 것은 어색하다. 또 '동남동'과 '북다촌'의 들판으로 해석할 경우 '동남동' 뒤에 오는 '內'가 해석되지 않는다. 따라서 해석상으로는 '동남동 안의 북다촌 들판'이 가장 자연스럽다.[77]

동남동 내에 북다촌이 있다는 이 표현을 어떻게 이해해야 할까? 스스로는 자연촌이지만 때로 북다촌과 같은 인근의 자연촌을 포함하고 있는 동남동의 모습은, 인근의 촌락에 대한 지배의 중심지 였던 지역촌과 별 차이가 없어 보인다.

고려시대 지방지배가 지역촌을 중심으로 인근의 자연촌을 지배하게 된 원인은 촌락 사이의 우열에 있었다. 12세기말 大村은 20호 정도의 규모를 가졌으나 이에 반해 규모가 작은 촌락은 3호에 지나지 않았을 정도였다. 이러한 우열을 반영하면서 보다 효과적으로 조세를 수취하고 역역을 징발하기 위해 행정적으로 편제한 것이 지역촌제였다.[78] 즉 효과적인 수취를 위해 이러한 지역촌제가 시행되게 되었다는 것이다.

이러한 사실은 고대 國의 구조에서 국의 기초 단위라 할 수 있는 聚落 중 우세한 취락이 존재하며 이 취락을 중심으로 邑落이 형성되었다는 연구,[79] 신라 촌락문서에서 村主位畓이 沙害漸村에만 존재할 뿐 아니라, 인구나 토지가 많다는 사실에서도 그 타당성을 확인할 수 있다. 즉 비교적 우세한 자연촌을 바탕으로 인근의 자연촌을 지배하는 형태가 고려시대 지방지배의 기본 구조였다.

물론 지역촌을 중심으로 한 수취는 국가가 향촌사회를 통제하고 수취하기 위한 것으로, 그러한 체계를 사원의 전장지배에 곧바로 적용시킬 수 있을 지는 심사숙고해야 할 문제이다. 그러나 국가든, 사원이든 지배를 위해 지역을 편제하였고, 지배는 잉여수취를 목적으로 한다. 따라서

---

77) 배상현 역시 이 사료를 동남동 내의 북다촌이라 해석하였다. 배상현 위의 책, 269~270쪽.
78) 박종기, 위의 책, 327쪽.
79) 권오영, 1996, 『삼한의 '국'에 대한 연구』, 서울대학교 박사학위논문.

주체는 다르지만, 대민지배와 수취에 있어서 그 본질적 내용은 크게 다를 수 없다. 더욱이 국가와 통도사 모두 촌락단위로 지배를 실현하고 있었다면, 그 지배의 유형은 서로 유사하였을 가능성이 높다.

따라서 방대한 사령지에 비해 莊舍의 수가 상대적으로 적었다는 문제는 洞이 가진 이중성에서 그 해답을 찾을 수 있다. 전장이 위치한 촌락 주변에는 비교적 규모가 작은 촌락들 예를 들어 5호 내외의 작은 촌락들이 산재해 있었을 것이고, 이 경우 이들 촌락을 지배하고 촌락으로부터 수취하기 위해 통도사는 중심 촌락을 지역촌으로 삼고 그곳에 장사를 두었을 것이다. 통도사 동남동의 북다촌 지배는 이를 확인시켜 주는 좋은 사례로 판단된다.

그러나 통도사의 사례만으로 이를 일반화시키기에는 다소 무리가 있다. 또 다른 사례는 없을까? 이와 관련하여 주목되는 것이 고려 공민왕 대 국사를 지낸 太古 普愚의 迷原莊이다. 태고 보우는 속성이 洪氏이며 본관은 洪州였다. 그의 부친은 洪延으로 楊根에 살았으며[80] 어머니도 양근 사람이었다.[81] 보우는 13살 때 檜岩寺 廣智禪師에게 출가한 이후, 고려에서 수학하다 충목왕 2년 46살의 나이로 원나라로 유학갔다. 충목왕 4년 귀국한 보우는 重興寺에 머무르다가 미원장을 지나게 되었는데, 이때 미원장의 善大라는 향리가 보우에게 미원장에 머무를 것을 간청하였고 마침내 보우는 인근 龍門山 북쪽 기슭에 암자를 짓고 용문산을 小雪山이라 하였다.[82]

여기서 주목되는 사실은 선대라는 향리의 존재이다. 일반적으로 향리는 지방행정의 말단 책임자로 수세를 비롯한 지방의 여러가지 사무를 담당하던 자들이었다. 이들 향리들은 주로 지역촌에 거주하면서 인근의 자

---

80) 『태고화상어록』, 行狀 (1994, 『한국불교전서』 6권, 동국대학교 출판부.)
81) 『고려사』 권56, 지리지, 양광도 광주목 양근군.
82) 『태고화상어록』, 行狀 (1994, 『한국불교전서』 6권, 동국대학교 출판부.)

연촌을 통치하였다.[83] 그러므로 향리가 미원장에 존재하였다는 사실은, 미원장에서도 특정촌락을 중심으로 인근의 촌락을 지배하는 형태를 취하였음을 의미한다. 따라서 이 경우 미원장의 성격은 대단히 중요한 의미를 가지게 된다.

미원장은 『신증동국여지승람』 권 7, 驪州牧 登神莊[84]조에 나오는 '장·처'로 알려져 있다. 등신장조에 의하면 고려시대에는 장·처가[85] 있었는데 이는 부곡제 지역으로[86] 궁원과 사원의 경제 기반이었으며 향리들이 배치되어 있었고 왕실에서 특별히 관리를 파견하여 관리하기도 하였다.[87]

그런데 보우가 미원장에 도착한 후 선대의 안내로 미원장에 있던 龍門山 기슭에 암자를 짓고 小雪山庵이라 하였다는 사실[88]은, 보우가 도착하기 전까지 미원장에는 사찰이 없었음을 의미한다. 사찰이 없었다면, 미원장은 사원의 '장'이 아니라 궁원 혹은 왕실의 '장'이었을 것이다.

---

83) 박종기, 위의 책, 335~337쪽.
84) 登神莊 : 천녕현 동쪽 20리에 있다. … 또 處로 칭하는 것이 있었고, 또 莊으로 칭하는 것도 있어, 각 宮殿·寺院 및 內莊宅에 분속되어 그 세를 바쳤다. 위 여러 곳에는 다 土姓의 아전과 백성이 있었다.
85) 일반적으로 장과 처는 부곡제 지역으로 이해되지만, 그 발생 시기에 차이가 있으므로 본고에서는 '장'에 대한 문제로 논점을 좁혀 서술하고자 한다. 장과 처의 차이에 대해서는 '안병우, 2002, 『고려전기의 재정구조』, 서울대학교 출판부.'를 참조.
86) 박종기, 1990, 『고려시대 부곡제연구』, 서울대학교 출판부.
87) 김용선 편저, 2001, 「金須妻高氏墓誌銘」『고려묘지명집성』, 한림대 아시아문화연구소.
88) … 선사(태고보우)께서는 일찍이 龍門山에 들어가 十二大願을 발원하였는데, 이때부터 수도가 날로 진취되었습니다. 도를 깨달은 다음 중국으로 가 潮洲에서 石屋淸珙을 만났는데, 말 한 마디에 서로 뜻이 맞아 그는 信具를 주기까지 하였으니, 석옥은 곧 臨濟의 직계 정통파였습니다. 선사께서 우리나라에 돌아와 미원현을 지날 적에, 한 늙은 아전이 울면서 머물기를 간청하고는 곧 용문산 북쪽 산기슭에 암자를 지었으니, 이것이 곧 小雪山庵입니다. 여기에서 몸소 밭을 갈며 기거하신 지 여러 해가 되었으니, 이는 선사께서 시발하신 곳입니다. … 『양촌집』 권37, 비명, 迷源縣 小雪山菴 圓證國師舍利塔銘.

바로 이 지점에서 보우와 공민왕의 관계가 주목된다. 공민왕은 원에 숙위할 당시 永寧寺 법회에서 보우를 만나 '자신이 왕이 되면 보우를 스승으로 모시겠다'고[89] 할 정도로 보우를 극진히 대우하였다. 충목왕 4년 귀국한 보우는 중흥사에서 한 해를 보낸 뒤, 충정왕 원년 미원장으로 향하였다. 이때 보우를 붙잡은 이가 바로 선대였다. 왜 선대는 보우를 붙잡았을까? 말단 향리가 자신이 관리하던 미원장을 마음대로 보우에게 시납하였을 가능성은 낮아 보인다. 보우라는 고승을 붙잡기에는 선대의 지위는 너무 낮아 보이며, 보우에게 널리 전원을 두게 할 만큼 많은 토지를 시납할 재력을 가진 것 같지도 않다.[90] 선대가 보우를 미원장에 머무르게 한 것은 공민왕의 지시 때문이었을 가능성이 크다.

공민왕은 즉위한 후 보우를 받든 미원장의 향리를 치하하였다.[91] 공민왕의 치하는 선대가 자신의 지시를 잘 따랐기 때문일 것이다. 즉 공민왕은 자신이 지배하던 미원장을 보우에게 시주하면서, 그곳의 관리자인 향리 선대에게 이를 지시하였고 선대는 이를 충실하게 따랐던 것이다. 아마도 공민왕이 미원장을 하사한 것은, 그곳이 보우의 고향이었고 이미 전장을 소유하고 있어[92] 보다 효율적으로 '장'을 관리할 수 있었기 때문으로 이해된다.

미원장이 본래 공민왕의 궁원이라면 그 지배의 구체적인 성격은 어떠하였을까? '장'은 민의 사유지에 대하여 왕실과 사원이 수조권을 행사하는 특별행정구역으로 파악되기도 하였으나,[93] 최근에는 왕실과 사원의 전장으로[94] 파악되고 있다.

---

89) 『태고화상어록』, 행장.
90) 『고려사』 권38, 공민왕 1년 5월 기축일.
91) 『태고화상어록』, 행장.
92) 미원장이 있던 양근에는 이미 보우 부모들의 전장이 존재하고 있었다. "三月, 還楊根草堂, 侍親也." 행장.
93) 강진철, 『고려토지제도사연구』, 188~191쪽 ; 하타다 타카시[旗田巍], 1960, 「高麗時代の王室の莊園-莊·處」 『歷史學研究』 246 ; 박종기, 1990, 위의 책.

『신증동국여지승람』에 나오는 '~장'이라는 표현은 일반적으로 사대
부의 전장에서도 두루 사용되고 있었다. 李混의 福山莊,[95] 張訥齊가 기
거하였던 野雲莊,[96] 이색이 방문하였던 靑嚴莊의 존재는[97] 그 구체적인
예이다. 뿐만 아니라 공민왕대 활약한 柳淑의 예는 '~장'이 전장을 지칭
함을 잘 보여준다. 유숙은 공민왕이 즉위한 후 趙日新과 不和하여 관직
에서 물러난 적이 있는데 이를『고려사』에서는 '爲趙日新所構罷 屛居田
莊'이라 하였고, '유숙의 묘지명'에서는 '趙日新忌公 公乞解職 屛居德水
莊'이라 하였다. 유숙이 물러난 전장을 묘지명에서는 덕수장이라 하였다
는 사실은 전장이 '~장'으로 지칭되었음을 보여준다. 그러므로 미원장
은 공민왕이 소유하다 보우에게 사여한 전장으로 파악하는 것이 자연스
럽다.[98] 미원장이 전장이었고 그곳에 향리가 있었다면 그 향리는 당시
다른 지역의 향리들과 마찬가지로, 자신이 거주하는 지역촌을 중심으로
인근의 촌락을 관리하고 있었을 것이다. 지역촌과 같은 성격을 가진 촌
락을 근거로 하여 인근의 촌락을 지배하는 형태는 앞서 살펴본 통도사의
그것과 크게 다르지 않다.

결국 통도사와 미원장의 사례는, 고려시대 지방지배가 그러하였듯이,
장사가 위치한 하나의 촌락을 중심으로 인근의 촌락들을 지배하는 형태
를 취하고 있었음을 보여준다. 즉 장사가 위치한 전장이 중심이 되어 인
근의 촌락과 소규모로 분산되어 있던 토지에 대한 수취를 수행하고 있었

---

94) 안병우, 앞의 책.
95)『고려사』권108, 열전21, 제신 이혼.
96)『稼亭集』권18, 次韻題野雲莊張訥齊所居.
97)『牧隱藁』권5, 詩藁, 過金二相靑嚴莊二首.
98) 미원장을 전장으로 규정할 경우 전장과 장·처와의 관계를 어떻게 설정할 것인가
   의 문제가 있다. 물론 모든 전장이 장·처와 같은 특별행정구역으로 편제되지는
   않았을 것이다. 기본적으로 장·처는 사원과 궁원이 지배하는 토지였으므로 왕실
   의 비보사원이나 궁원이 지배하는 토지가 장·처로 관리 되었을 것이다. 국가가
   이들 토지를 장·처로 분류한 것은 부세와 연관되었을 것으로 추정되나, 이는 보
   다 면밀한 검토를 거친 후에 결론 내려져야 할 것이다.

던 것이다. 이러한 방식은 원거리에 위치하면서 소수 가호만이 거주하는
촌락이라든지, 다수의 소유자들의 토지가 산재해 있는 촌락에 거주하는
예속민과 자신의 사유지를 관리하는데 효과적이었을 것이다.

　통도사와 미원장의 전장지배가 이러하였다면, 통도사처럼 다수의 전
장을 소유하고 있던 사원, 궁원, 문벌들의 전장 역시 별 차이가 없었을
것이다. 고려시대 태안사는 田畓, 柴地, 鹽田 등 수백결의 토지를 소유하
고 있었으며,[99] 장유사 역시 300결의 토지를 소유하고 있었다. 경원 이
씨가문의 가령지 지배와[100] 김방경의 田園이 주군에 산재해 있었다는
사실에서[101] 당대 문벌들의 대토지지배를 확인할 수 있으며, 그들의 전
장지배는 통도사와 크게 다르지 않았을 것이다.[102]

3. 촌락간의 분업관계

　통도사와 같은 다수의 전장을 소유한 사찰들은 필요한 물자를 공급받
기 위해 때로 개별촌락에게 일정의 분업을 강요하였다. 통도사의 동을산
에 있던 茶村은 그 대표적인 예라 할 수 있다. 다촌은 차를 공납하던 자연
촌락으로 '茶所村'으로도 불리웠다. 통도사 다소촌은 고려의 특수행정구
역인 '소'의 일종으로 파악되거나[103] 所를 특수행정구역이 아닌 장소를

---

99) 고려 광종대 廣慈大師 당시 태안사의 전답은 약 5백결에 달하였으며 시지도 143
　　결이나 되었다. 『태안사지』, 잡부, 同時田畓柴.
100) 윤한택, 1992, 「고려전기 경원이씨가의 가전지배」 『역사연구』 창간호.
101) 『고려사』 권104, 열전17, 제신 金方慶.
102) 다만 일반 사대부들과 궁원·사원의 대토지지배의 가장 큰 차이는 국가에 대한
　　수세의 부담이었을 것이다. 비록 賜牌 등의 방식으로 면세되기는 하였지만, 원
　　칙적으로 사대부들의 전장이 수세의 대상이었던 반면 궁원과 사원의 전장은 면
　　세였다.
103) 武田幸男, 1966, 「高麗時代における通度寺の寺領支配」 『東洋史研究』 25-1,

지칭하는 보통명사로 이해해 차가 생산되는 촌락으로 이해[104]되어 왔다.

현재로서는 통도사 다소촌이 어떤 촌락이었는지를 확증할 수 없지만, 통일신라기와 고려말 조선초의 수공업에 대한 연구를 참조한다면, 통도사의 다소촌은 전문수공업 촌락이었을 가능성이 높다. 통일신라기 왕실이 지배하던 촌락은 수공업 물품을 바치던 촌락과 곡물을 바치던 촌락으로 구분되어 있었으며[105] 비록 '소'가 해체된 고려말·조선초의 상황이긴 하지만 당시 민간에서도 소를 지배관리하고 있었다.[106] 통일신라기 수공업품을 바치던 촌락이 존재하고 있었고, 고려말에도 민간에서 '소'를 지배하고 있었다면, 소가 존재한 고려전기 역시 민간이나 사원에서 '소'를 지배하였을 가능성이 높다.

그렇다면 다소촌은 고려시대 수공업생산지로 알려진 '所', 즉 '茶所'였을 것이다. '다소'는 하나의 자연촌락으로[107] 차를 생산하는 특수한 역을 담당하였던 곳이었다. 이러한 사원의 다소지배는 통도사뿐만 아니라 화엄사 등지에서도 그 가능성이 확인된다.[108]

이처럼 사원들이 필요 물자를 획득하기 위하여 특정의 역을 촌락민들에게 부과하였다면, 그 대상은 차에 국한되지 않을 것이다. 이 문제와 관련하여 주목되는 것이 아래의 사료이다.

83~84쪽 ; 이정신, 1999, 「고려시대 茶생산과 다소」『한국중세사연구』 6.
104) 김윤곤, 위의 논문, 183~184쪽 ; 배상현, 위의 책, 276~278쪽.
105) 윤선태, 2000, 『신라통일기 왕실의 촌락지배』, 서울대학교 박사학위논문, 134쪽.
106) 김세광, 1998, 「려말·선초 품상자기소의 경영형태와 기술진보」『한국경상논총』 16-2 ; 서성호, 1999, 「고려 수공업소의 몇 가지 문제에 대한 검토」『한국사론』 41·42, 서울대학교 국사학과.
107) 소는 자연촌락이었던 것으로 이해되어 왔으나 최근 소에 所吏가 존재하며, 몇 개의 지역촌을 아우르는 규모로도 존재한다는 견해가 제출되었다. 따라서 최근 소는 규모가 작은 자연촌락에서 지역촌에 이르기까지 다양하게 존재하였던 것으로 이해된다. 박종기, 1990, 위의 책, 151~166쪽 ; 서성호, 위의 논문 ; 윤경진, 2002, 「고려시기 소의 존재양태에 대한 시론」『한국중세사연구』 13.
108) 이정신, 1999, 「고려시대 茶생산과 다소」, 『한국중세사연구』 6, 169쪽.

마. 中書門下省이 아뢰기를, "엎드려 制旨를 헤아리니, '景昌院에 소속된 田柴를 興王寺에 옮기고 그 魚梁·舟楫·奴婢는 모두 官으로 되돌려주라' 하였사오나, 대개 선왕께서 田民을 넉넉하게 내려 준 까닭은 왕실의 자손들에게 주어 만세에 전하여 궁핍하지 않게 하려는 것이었습니다. 지금 왕실의 자손이 더욱 번성하여져, 전시를 궁원에 내려 주어도 오히려 부족할까 두렵사온데, 하물며 한 궁원의 田柴를 거두어 佛寺에 부치시니 三寶를 소중히 여기는 것은 비록 좋은 일이라고 하더라도 나라와 집안에 있어서의 근본을 잊어서는 안 될 것이옵니다. 바라건대 田民·魚梁·舟楫을 전과 같이 돌려주옵소서." 라고 하였다. 왕이 "田柴를 이미 三寶에 바쳤으니 도로 찾아 들이기는 어려운 것이다. 마땅히 公田으로 그 원래의 액수대로 줄 것이요 그 밖의 것은 아뢴 데로 쫓으리라." 라고 명하였다.[109]

홍왕사에 각별한 애정을 가지고 있던 문종이 경창원에 소속된 田柴를 홍왕사에 시납하고 노비, 어량, 주즙을 官으로 되돌려 줄 것을 명하자 중서문하성에서 이를 반대하고 나섰다. 여기서 주목되는 점은 경창원이 소유하고 있던 재산 내역이다. 당시 경창원은 전민, 어량, 주즙을 소유하고 있으며 이들은 각기 별도로 사찰에 시납하거나 관으로 되돌릴 수 있었다. 이러한 궁원의 재산항목은 "宮人 김씨가 왕자를 낳자, 欽이라는 이름을 내려주고 또 延慶院에 布帛, 田莊, 노비, 鹽盆, 魚梁을 하사하였다"[110]라는 기록에서도 확인된다.

궁원의 재산항목들 중 우선 주목되는 것은 田民이다. 전민은 경창원에 소속된 田柴와 예속민이다.[111] 한편 고려시대 궁원에 소속된 재산 중

---

109) 中書門下省奏, "伏准制旨, '以景昌院所屬田柴, 移屬興王寺, 其魚梁·舟楫·奴婢, 悉令還官.' 夫宮院, 先王所以優賜田民, 貽厥子孫, 傳於萬世, 無有匱乏者也. 今宗枝彌繁, 若欲各賜宮院, 猶恐不足, 況收一宮田柴, 屬于佛寺, 歸重三寶, 雖云美矣, 有國有家之本, 不可忘也. 請田民·魚梁·舟楫, 仍舊還賜." 制曰, "田柴已納三寶, 難可追還. 宜以公田, 依元數給之, 餘從所奏." 『고려사』 권8, 세가 문종 12년 7월 己卯.

110) 『고려사』 권4, 세가, 현종 7년 5월.

111) 일부 연구자들은 전민을 수조지와 그 경작민으로 해석하기도 하나, 고려시대 전

에는 魚梁도 있었다. 어량은 일종의 어장으로 물고기를 공납하는 곳으로 원래 대나무나 기타 재료를 이용하여 만든 발을 설치한 定置漁具로 고려시대에는 물고기를 잡는 모든 행위를 말하며,[112] 어량이 위치한 곳을 魚梁所라 불렀다.[113] 소는 자연촌락 단위로 존재하는 경우가 많았으므로 어량소는 어량이 설치되어 물고기를 잡아서 바치는 촌락이었을 것이다. 통도사의 茶村이 차를 공납하였다면 어량소는 물고기를 잡아 소속 궁원에 바쳤던 촌락으로 이해된다.

궁원의 어량소 지배에 대하여 원래 '所'는 국가적 수취를 목적으로 만들어진 곳이므로[114] 경창원과 연경원의 어량에 대한 지배를 어량에 대한 '수세권'으로 이해하는 견해가 있다.[115] 특히 '마'에서 어량에 대해 관으로 '還給'하라는 표현은, 관에서 이를 관리하고 있었으며 이는 수취권과 관련된 지배임을 드러내는 것이라 본 것이다.[116] 하지만 통도사 '茶所'처럼 고려시대 사원은 자신이 필요로 하는 물품을 공급받기 위해 특정의 촌락에 특정의 상품을 생산하도록 역을 부과하고 있어, 당대 궁원에게 지급된 어량소를 '수세권'의 지급이라 볼 수만은 없다. 특히 사원전과 궁원전은 모두 2과 공전에 대응하는 동질의 토지였으므로[117] 그들의 재산 내역 역시 유사한 성격을 가졌을 가능성이 높다. 뿐만 아니라

민의 용례를 검토해 보면 그것은 사유지와 그 예속민임을 확인할 수 있다. 전민에 대해서는 신은제, 2006, 「원종·충렬왕대 전민변정사업의 성격」『한국중세사연구』 21, 100~103쪽.

112) 이정신, 1998, 「고려시대의 어업실태와 어량소」『한국사학보』 4, 39쪽.

113) 어량이 위치한 곳을 어량소라 부르는 것은 아래의 사료에 의거해서 이다. "고려 때는 또 金所, 銀所, 銅所, 鐵所, 絲所, 紬所, 紙所, 瓦所, 炭所, 鹽所, 墨所, 藿所, 瓦器所, 魚梁所, 薑所 등으로 칭해져 그 물품을 바치었다." 『신증동국여지승람』 권7, 경기도 驪州牧 고적 登神莊.

114) 北村秀人, 1975, 「高麗時代の'所'制度について」『朝鮮學報』 50.

115) 이정신, 1998, 위의 논문.

116) 윤경진, 2002, 위의 논문, 53쪽.

117) 『고려사』 권80, 식화, 상평의창 현종 14년 윤 9월.

비록 조선전기의 예이지만, 세종이 잠저에 있을 때 머물던 궁원 소속의 어량을 평민들에게 나누어 준 사례는 궁원에서 어량을 소유하면서 그 이익을 취하고 있었음을 알려주고 있다.[118] 또 '所'는 국가만이 지배하고 관리할 수 있었던 것이 아니라 민간에서도 이를 지배 관리하고 있었으므로[119] 경창원과 연경원에 소속된 어량소를 수세권에 입각한 지배로 볼 수는 없다. 통도사의 茶所村처럼, 어량소는 이들 궁원에 예속된 촌락으로 생선을 잡아 공납하는 자연촌락이었을 것이다.

궁원이 어량을 소유하고 있었다면 전장의 소유자였던 사대부·향리들은 어떠하였을까? 비록 조선전기의 사례이기는 하지만, 권세가들은 널리 어량을 소유하고 있었으며[120] 또 그것을 탈점하기도 하였다.[121] 고려전기 사대부와 향리들의 어량지배는 확인할 수 없지만, 신라말 울산의 호

---

118) 호조에 傳旨하기를, "魚梁을 사사롭게 점령하는 것은 이미 禁令이 있다. 그러나 대소의 백성들이 그 이전처럼 사사롭게 점령하여 魚梁主人이라 일컫는다. 사람을 모아 함께 노력하여 어량을 만들어 놓고는 고기를 잡자 그 이익을 독점하여 고르게 나누어 주지 않으므로 폐단이 많다. 폐단을 바로잡는 조건을 마련해서 아뢰고, 또 전날 本宮에 속했던 각도의 어량은 평민에게 지급하는 것을 허락하라."고 하였다(傳旨戶曹, "私占魚梁, 已有禁令. 大小人民, 仍前私占稱爲梁主, 募人同力作梁, 及其得魚, 專取其利, 分與不均, 作弊多端. 救弊條件, 磨勘以啓, 且曾屬本宮各道魚梁 許給平民.").
『세종실록』 권30, 7년 11월 丁酉.
119) 김세광, 위의 논문; 서성호, 위의 논문.
120) 고려 때 鹽盆의 坐數와 魚梁·網所·藿田의 결부는 모두 『周官六翼』에 실려 있고, 王子가 開福한 날에는 반드시 염분이나 어량을 주었으며 共議寺社에도 곽전을 주기도 하였습니다. … 中期 이래로 외환이 자주 일어나고 內變이 여러번 생겨 궁궐이 타버리고 창고가 비게 되니, … 권세 있는 신하들이 이득을 독차지하고 나라의 경비는 생각지 않았던 것입니다.
『세종실록』 권117, 세종 29년 9월 壬子.
121) 鷄林府判官이 되었는데 … 豪族이 있어서 백성의 魚梁을 빼앗고 세력을 믿어 방자하여도 관에서 능히 금단하지 못하였는데, 趙庸이 와서는 將校와 吏屬을 풀어 잡아들여서 治罪하였다.
『세종실록』 권24, 세종 6년 6월 辛未.

족 박윤웅이 '藿所'를 지배하였다는 사례는[122] 고려전기에 사대부와 향
리들도 어량을 소유하고 있었음을 알려준다.

사원의 경우는 어떠하였을까? 일반적으로 肉食을 하지 않았던 사원은
어량 대신 '藿田' 즉 미역 채취장을 두었다. 고려 광종때 국사를 지낸
광자대사 때의 태안사 재산내역을 살펴보면, 어량소는 없고 藿田이 확인
된다. 태안사는 승평현(지금의 순천시) 부근의 섬에 곽전을 소유하고 있
었다.[123] 이는 당시 사원들이 곽소를 두고 여기서 미역을 수취하였음을
알려주는 것이다.

한편 연경원에게 鹽田이 지급되고 있어 고려시대 궁원들은 어량뿐만
아니라 鹽田까지 소유하고 있었음을 알 수 있다. 어량의 소유와 마찬가
지로 사원과 사대부·향리들도 염전을 소유하고 있었다. 충선왕 원년의
교서에 의하면, 고려에서는 여러 궁원과 사원, 권세가들이 염전을 두고
는 그 이익을 취하고 있었다.[124] 고려 광종대 태안사는 지금의 전남 고
흥군 荳原面에 염전을 두고 있었으며 송광사도 당대의 權臣이었던 崔怡
로부터 염전을 시납 받았다.[125]

이들이 지배하고 있던 鹽田에서 소금의 생산은 '鹽所'와 같은 소의
형태를 취하거나 일반 촌락에서 몇몇 가호들이 담당하는 두 가지 형태가
존재하였다.[126] 이는 마을 전체가 소금생산의 역을 부담하는가, 아니면
마을 중 일부 가호만이 그 역을 담당하는가의 차이였다.

한편 고려시대 전장주들은 많은 가축도 사육하였다. 가축은 한편에서
는 촌락 내에서 사육되었지만, 다른 한편에서는 별도의 목장에서 사육하

122) 구산우, 1992, 「나말여초의 울산지역과 박윤웅 -곽소의 기원과 관련하여-」『한
    국문화연구』 5, 부산대 한국문화연구소.
123)『태안사지』, 잡록, (1977, 아시아문화사 영인)
124)『고려사』 권79, 식화, 염법 충선왕 원년 2월.
125) 박종기, 2002, 「13세기 초엽 촌락과 부곡」, 위의 책.
126) 권영국, 1996, 「염업」『한국사』 19, 국사편찬위원회.

기도 하였다. 특히 넓은 공간과 많은 사료를 필요로 하는 말과 소를 대
규모로 사육할 경우 별도의 목장이 필요하였다. 이러한 가축사육의 형태
는 통일신라기부터 나타났다. 촌락문서처럼 촌락 내에서 가축이 사육되
기도 하였지만, 7세기경에 이미 신라의 귀족들은 별도의 목장을 소유하
고 있었다.[127)

고려 원종대 삼별초를 진압하기 위해 종실과 諸臣들에게 말을 바치게
하고 수척한 군마와 민간의 말을 바꾼 사례가 있고,[128) 조선 태종대 민
간인들이 소유한 외목장이[129) 존재하고 있었으므로, 고려시대에 지배층
은 목장을 소유하고 있었을 것이다. 다만 12~13세기 이후 상경농법이
일반화되면서 촌락 내 휴한지는 감소하여 갔을 터이고, 더 이상 촌락 내
에서 대규모로 말과 소의 사육이 곤란해지게 되었을 것이다. 따라서 목
장은 별도의 공한지에 두어졌을 것이다. 하지만 생산력의 발전은 공한지
에 설치한 목장 인근까지 경작지를 확대시켰으며, 때로 목장의 말과 소
들이 경작지로 들어와 피해를 끼치기도 하였다.[130)

목마들이 인근의 경작지에 폐가 된 사실은 보우의 미원장에서도 확인

---

127) 頒馬阹凡一百七十四所, 屬所內二十二, 官十, 賜庾信太大角干六, 仁問太角干五,
角干七人各三 伊湌五人各二, 蘇判四人各二, 波珍湌六人, 大阿湌十二人各一, 以
下七十四所, 隨宜賜之.
『삼국사기』권6, 신라본기, 문무왕 9년.

128) 令諸王宰樞四品以上, 各出馬一匹, 五六品二貝, 并出一匹. 或奪民馬, 以換軍士瘦馬.
『고려사』권82, 병지, 마정 원종 14년 2월.

129) 『태종실록』권31, 태종 16년 3월 丁巳.

130) 密直提學白文寶, 上箚子曰, 京師近地, 平廣膏腴, 可以耕稼者, 爲牧場, 而奪其利,
宜移牧於山谷島嶼, 以興地利.
『고려사』권78, 식화, 전제 경리 공민왕 11년.
門下府上言, 請罷公私牧場, 不允, 上疏曰, "古者度閑曠之地, 置牧馬之場. 今太
僕監之, 晝牧于場, 夜入于閑, 不使傷農, 令內乘牧馬之, 人侵漁附近之民, 一有不
順, 其懲者, 則驅所牧之馬, 納諸禾穀之田, 無告之民, 間不憤惋 ---." 上只令行臺
監察, 分道考察, 其公私牧場 不罷.
『정종실록』권2, 정종 원년 8월 丙辰.

된다. 보우는 미원장을 두고 이곳에서 말을 길렀는데, 이 말들이 인근의 경작지로 함부로 들어가 피해를 끼쳤다.[131] 이때 미원장 내에 별도의 목마장을 두었는지는 확인할 수 없으나, 상경화가 안착된 즈음에 촌락내 공한지가 대단히 협소하였다는 사실을 고려한다면, 미원장에도 별도의 목마장이 존재하였을 가능성이 높다.

하지만 개간이 이루어지면서 경작지는 점차 목장 주변까지 확대되었고 목장의 가축들이 농작물에 피해를 주는 등 여러가지 폐단이 발생하면서 목장은 주로 섬이나 고산지대에 주로 위치하였던 것으로 보인다.

고려시대 지배층 - 사원·사대부·궁원은 田莊을 소유하고 있었고 전장은 자연촌 단위로 존재하고 있었다. 따라서 자연촌락의 규모는 곧 전장의 규모를 의미한다. 고려시대 자연촌락의 규모는 일정하지 않았으나, 대개 10~20호 정도로 이해된다. 한편 고려시대 개별 농가의 自耕규모는 5인 가족을 기준으로 한 1호당 50두락 내외였으므로, 15호로 구성된 전장의 경작지 규모는 약 750여 두락 정도였다.

이러한 규모를 갖춘 전장은 瓦家 혹은 초가로 이루어진 莊舍와 경작지, 초채지, 기타시설로 구성되어 있었다. 莊舍에는 소유자 혹은 관리자와 이들을 모시는 노비의 주거지, 가축의 우리, 창고가 있었다. 경작지는 곡물을 심은 전답과 채소나 과실수를 심은 채마밭으로 나누어진다. 초채지는 기본적으로 땔나무를 채집하는 곳이었지만 때로는 방목지로 활용되기도 하였다. 또 풍부한 물은 전장의 중요한 구성요소 중의 하나였다. 풍부한 물은 식수 뿐 아니라 농업에 있어서도 중요한 역할을 하였으며 전장주의 풍류를 위해 연못을 만들거나 생선을 공급받는 데도 요긴하였다.

---

131) 寓廣州迷元莊, 聚親戚, 遂家焉. 虛白王, 陞迷元爲縣, 置監務. 虛主號令, 監務但
進退而已. 廣占田園, 牧馬滿野, 皆以內乘稱, 雖害禾穀, 人不敢逐.
『고려사』권38, 공민왕 원년 3월.

그런데 전장주들은 장사가 위치한 전장을 중심으로 하나의 촌락을 벗어나 인근의 촌락을 지배하거나, 여러 곳에 두루 전장을 두기도 하였다. 전장주은 다수의 전장을 어떻게 관리하고 편제하였는지는 통도사의 사령지 지배에서 확인할 수 있다. 통도사는 本刹인 통도사를 중심으로 동서남북에 屬院이라 불리는 7개의 부속 莊舍를 두고 있었다. 통도사의 장사들은 그 자체로 하나의 자연촌락에 위치하였지만 인근의 촌락들에 대하여 잉여를 수취하는 지배의 거점 역할도 하였다.

이처럼 장사가 위치한 전장을 중심으로 인근의 촌락을 지배하는 방식은 고려시대 지역촌을 중심으로 인근 자연촌을 관리하던 것과 같은 것이었다. 이러한 사실은 보우의 미원장에서도 확인된다. 미원장은 원래 공민왕의 '莊'이었으나, 공민왕이 보우에게 희사하였다. 주목되는 사실은 미원장에 善大라는 향리가 있었다는 점이다. 향리는 지역촌을 거점으로 인근의 자연촌락에 대한 수취를 담당했던 자들이다. 이러한 향리의 존재는 미원장이 향리가 있는 다른 행정구역과 유사한 방식으로 관리되었음을 알려주는 좋은 사례로 이해된다. 즉 선대는 다른 지역 향리들과 마찬가지로 자신이 거주하던 촌락을 지역촌으로 삼아 인근의 촌락에 대해 수취를 책임지고 있었을 것이다.

한편 다수의 촌락들에 대한 지배를 실현하고 있던 전장에서는 촌락들 간에는 일정한 분업구조를 가지고 있었는데, 차를 전문적으로 생산하는 촌락, 어패류를 전문적으로 생산하는 촌락 등의 존재는 그러한 사실을 잘 보여준다.

제5장
전장의 경영과 지배

전장의 경영은 당대 생산관계 혹은 계급관계를 직접적으로 드러내어 주기 때문에, 많은 연구자들의 주요한 관심분야가 되었고[1] 그 결과 고려시대 전장은 竝作制, 直營制, 作介制 세 가지 방식으로 경영되었음이 확인되었다.

그러나 이러한 연구 성과에도 불구하고, 고려시대 전장 경영에 대한 연구는 여전히 몇 가지 난제들을 안고 있다. 첫째, 병작제의 위상에 대한 견해차이다. 주지하듯이 고려 광종, 예종대의 陳田개간 규정은 고려시대 병작제의 중요한 논거로 이해되어 왔으며, 이를 바탕으로 병작제의 존재가 강조되어 왔다. 그러나 병작제가 존재한다 하더라도 그 비중이 어느 정도였는지 제대로 규명되지 않고 있다. 또한 16~17세기에 병작제가 보편화되었다는 연구들을 고려한다면, 고려시대 병작제의 위상에 대한 새로운 접근이 필요하다. 둘째, 고려시대 작개제의 시행에 대한 논증이 취약하다. 조선전기 '농장' 연구성과를 적극적으로 받아들여 고려시대에도 작개가 시행되었던 것으로 인정되고 있지만,[2] 1392년 작성된 태조의 상속문서 '太祖賜給芳雨土地文書'에 나타난 '작개'라는 용어 이외에, 고려시대 작개제의 존재를 사료를 통해 직접적으로 확인하지 못하고 있다.

---

1) 스도우 요시유끼[周藤吉之], 1934,「麗末鮮初に於ける農莊に就いて」『菁丘學叢』 17 ; 송병기, 1969,「고려시대의 농장」『한국사연구』3 ; 강진철, 1997,『고려토지 제도사연구』(개정판), 일조각 ; 1989,『한국중세토지소유연구』, 일조각 ; 위은숙, 1998,『고려후기 농업경제연구』, 혜안 ; 안병우, 1997,「고려민전의 경영」『김용섭 교수정년기념한국사학논총』, 지식산업사 ; 김석형, 1993,『조선봉건시대 농민의 계급구성』, 신서원.
2) 위은숙, 앞의 책.

그러므로 비록 제한적이더라도 고려시대 사료를 통해 작개의 사례를 확인하는 작업이 필요하다. 셋째, 고려시대에 병작, 작개, 직영의 경영방식이 운용되었다면 이들 방식이 어떻게 전장주에 의해 채택되고 활용되었는지를 확인할 필요가 있다. 단지 세 가지 경영방식의 병존을 확인하는 데 그치는 것이 아니라 각각의 경영방식이 실현되는 구체적 조건을 규명해야 할 것이다. 넷째, 고려시대 전장의 운영과 관리의 구체적인 실상에 대한 해명이 미흡하다. 부분적으로 전장의 운영과 관리가 언급되기는 하였지만[3] 전장 관리의 구체적 모습을 파악하는 데는 한계가 있었다.

본 장에서는 이상의 문제의식을 바탕으로, 고려시대 전장의 경영과 관리의 구체적인 양상을 살펴보려 한다.

1. 전장의 경영형태

1) 병작제론 재검토

고려 전장의 경영방식으로 가장 먼저 주목되는 것은 병작제이다. 스도우 요시유끼[周藤吉之](이하 스도우)가 전장의 경영방식으로 병작제를 지적한[4] 이래, 병작제는 외거노비에 대한 지주의 주된 잉여수취방식으로 이해되었다.[5] 나아가 병작제는 중세사회의 핵심적인 특징으로 간주되어 고려전·후기 대사유지의 보편적 경영방식으로 이해되거나[6] 고

---

3) 안병우, 1994, 「고려후기 농업생산력의 발달과 농장」『14세기 고려의 정치와 사회』, 민음사.

4) 스도우[周藤], 앞의 글, 62~64쪽.

5) 김석형, 앞의 책, 86~87쪽.

6) 김용섭, 2000, 「토지제도의 사적추이」『한국중세농업사연구』, 지식산업사 ; 노명호, 1979, 「나말려초 호적세력의 경제적 기반과 전시과체제의 성립」『진단학보』 74, 9쪽.

제5장 전장의 경영과 지배   119

려후기 농장의 지배적인 경영방식으로 주목받았다.[7]

그러나 이러한 연구 성과와는 대조적으로, 15~16세기 노비직영제가 보다 보편적으로 시행되었다는 연구가[8] 제출되었고 최근에는 15세기까지 병작제는 직영제와 작개제를 보조하는 역할을 하다가 16~17세기 들어서야 비로소 보편화되기 시작한 것으로[9] 이해되고 있다. 특히 이들 연구에서 지적된 '생산력의 증대와 집약적 농업의 발전'으로 인해 직영제가 쇠퇴하고 병작제가 발전하게 된다는 결론은 고려전기 혹은 후기에 병작제가 보편적으로 존재하였다는 연구와 충돌한다.

그럼에도 불구하고 고려시대 병작제의 보편화가 여전히 주장되는 것은 아래의 사료 때문이다.

> 가. 光宗 24년 12월에 判하기를 "陳田을 개간한 사람은 私田이면 첫 해의 수확을 모두 지급하고 2년에 비로소 田主와 半分하고, 公田이면 3년까지 전부 지급하고 4년에 비로소 법에 의하여 租를 거두라."고 하였다.[10]

위의 사료는 사전 가운데 진전을 개간한 자에게는 첫 해 생산량의 전부를 지급하고 그 이듬해부터 전주와 반분할 것을 명시하고 있어 광종대부터 이미 병작제가 시행되었다는 근거로 활용되고 있다.

여기서 주목해야 할 점은 개간지에 대한 혜택으로 병작제가 언급되고 있다는 사실이다. 진전의 개간은 경작자와 수취자 모두에게 새로운 부를 창출시킬 수 있다는 점에서 환영받는 일이었다. 그러나 진전의 개간을 위해서는 많은 노동시간과 고된 노동이 수반되어야만 했다. 때문에 비록

7) 강진철, 1989, 「고려후기 지대에 대하여」 『한국중세토지소유연구』, 일조각.
8) 이호철, 1986, 『조선전기농업경제사』, 한길사, 452~458쪽.
9) 김건태, 2004, 『조선시대 양반가의 농업경영』, 역사비평사.
10) 光宗二十四年十二月判, "陳田墾耕人, 私田則初年, 所收全給, 二年始與田主分半, 公田限三年全給, 四年始依法收租."
   『고려사』 권78, 식화 1, 조세.

조선후기의 예이지만, 진전을 개간하였을 경우 진전 개간자에게는 보다 완화된 잉여를 수취하였다. 국가는 세금이나 역역을 면제해 주기도 하였으며, 지주는 보다 낮은 지대를 수취하였다. 경작자 역시 개간된 토지에 대한 일정의 권리를 획득할 수 있었다.[11]

전근대 사회에서 진전 개간자에 대한 혜택은 크게 두 가지 형태로 나타났다. 하나는 국가의 면세조치였다. 고려뿐 아니라 조선에 이르기까지 중세 국가권력은 수세원을 확대하기 위하여 지속적으로 진전의 개간을 장려하였으며 그를 위해 개간지에 대하여 적극적인 면세조치를 행하였다.[12] 다른 하나는 예속농민에 대한 지주들의 우대였다. 노비나 예속농민이 지주의 진전을 개간하였을 경우, 지주들은 이들에게 일정의 혜택을 주었다. 조선후기의 경우, 개간자의 개간지에 대한 권리는 경감된 지대량뿐만 아니라 '정액지대권'과 '영대소작권'으로 대표되는 도지권으로[13] 요약된다.

이러한 사정을 유념하면서 '가'를 살펴보자. '가'에 의하면, 진전 개간자는 사전을 개간하였을 경우 첫 해 수취를 면제하고 이듬해부터 전주와 半分하도록 하였으며, 공전을 개간하였을 경우는 3년까지 수취를 면제하고 4년부터 법에 따라 수조하도록 하였다. '가'는 병작제의 주요한 논거로 활용되었으므로, 국가에 의한 면세조치가 아니라 지주와 예농 사이의 혜택으로 보는 것이 타당하다.[14] 고려시대 진전의 개간과 그에 따른

---

11) 진전의 개간의 문제는 '송찬섭, 1985. 2, 「17, 18세기 신전개간의 확대와 경영형태」『한국사론』 12, 서울대학교'를 참조.

12) 조선전기 개간지에 대한 면세조치는 '이경식, 1995, 「조선초기 농지개간과 대농경영」『한국사연구』 75 ; 1998, 『조선전기 토지제도연구』 2, 지식산업사.' 참조.

13) 허종호, 1965, 「도지법, 영대소작과 토지전대제의 발생과 발전」『조선봉건말기의 소작제연구』, 사회과학원출판사(한마당, 1989).

14) 이와 관련하여서는 조심스러운 접근이 필요하다. 조선에서는 신개간지에 대한 면세조치로 첫해에는 모두 면제하고 이듬해에는 반만 거둘 것이 명시되어 있어, 조선과 비교하면 '광종판문'이 국가에 의한 면세조처였을 가능성도 배제할 수 없다.

개간지에 대한 경작민의 권리는 사료의 제약으로 정확하게 파악할 수 없지만, 조선시대 진전 개간 농민들이 개간지에 대하여 상당한 정도의 혜택과 권리를 인정받았다면 고려시대도 다르지 않았을 것이다.

그런데 고려시대 竝作半收制를 보편적이었던 것으로 파악한다면, 광종 판문에 나온 진전 개간의 혜택은 조선시대에 비해 매우 저급한 수준이 된다. 竝作農이 공을 들여 진전을 개간하여도 고작 1년의 지대만이 면제된다면 그 누가 공들여 진전을 개간하겠는가? 임진왜란 이후 조선왕조에서 진전을 개간하기 위하여 2년의 조세를 면제하였음에도 농민들이 면제기간에만 진전을 경작하다 경작을 포기하였으며, 조선전기에 개간지에 대하여 농토의 熟地化를 고려하여 1년의 토지세를 국가에서 면세하였다는 사실을[15] 고려한다면 진전 개간에 대한 '가'의 혜택은 너무나 열악하다. 더구나 새로운 개간지에서 토지의 소출량이 낮았다는 사실에서[16] '가'에 제시된 혜택은 그야말로 개간자에 대한 우대라고 말할 수조차 없음을 알 수 있다. 새롭게 개간된 토지는 旣耕地보다 소출이 낮을 수밖에 없었고, 이 경우 한 해 지대만의 면제는 농민들에게 혜택이 될 수 없었다. 농민들에게 진전을 개간하는 것보다 起耕地에 공을 들이는 것이 훨씬 나은 선택이 되기 때문이다. 특히 조선후기보다 생산력 수준이 낮았던 고려에서 진전의 개간은 조선시대보다 훨씬 어려운 일이었으므로, 적어도 논리상으로는 진전 개간에 대한 혜택은 조선보다 고려가 더욱 높아야 한다. 그러나 광종판문은 이와 반대이다. 이러한 모순을 어떻게 이해해야 할까?

특히 최근 수조권의 귀속여부를 기준으로 公·私田이 나뉘어 다는 위은숙의 연구(2004, 「고려시대 토지개념에 대한 재검토」『한국사연구』)를 고려한다면, '광종판문'에 대한 새로운 접근이 필요하다고 판단된다. 다만, 연구들이 '광종판문'을 병작제의 논거로 삼았으므로, 본고도 일단 이를 따라 병작 논거로 이해하여 논지를 전개한다.

15) 이경식, 1995, 앞의 글.
16) 송찬섭, 앞의 글.

　병작제가 당대 보편적인 경영방식이 아니라 농민들에게 다소 유리한 경영방식으로 고려시대 부분적으로 존재하고 있었다면 광종 판문은 진전 개간 농민에 대한 매우 합리적인 조치로 이해될 수 있다. 즉 광종 판문은 진전 개간자에게 한 해 조세의 면제뿐 아니라, 당시 보편적으로 시행되고 있던 잉여수취 방식보다 농민에게 유리한 병작제의 방식을 규정함으로서 진전의 개간을 장려한 것으로 파악하는 것이 올바를 것이다.

　아래 사료를 통해, 병작제가 진전 개간자를 대상으로 하였음을 확인할 수 있다.

> 나. 예종 6년 8월에 判하기를, "3년 이상의 陳田을 개간하여 수확하면 2년 동안 佃戶에게 모두 지급하고 3년째부터는 田主와 半을 나눈다. 2년 묵은 토지는 4분을 비율로 하여 이 1分은 田主에게 주고 3分을 佃戶에게 준다. 1년 묵은 토지는 3分을 비율로 하여 1分은 田主에게 주고 2分은 佃戶에게 준다."라고 하였다.17)

　예종 판문에 의하면, 3년 이상 묵은 토지를 개간하였을 때 2년의 지대가 면제되고 3년부터 병작제가 실시되었다. 여기서 병작제가 신개간지를 대상으로 하고 있음을 분명하게 확인할 수 있다. 한편 예종 판문에서 다소 모호하게 처리된 2년과 1년 묵은 토지에 대한 규정은, 2년 동안은 1/4, 1/3의 비율로 지대를 수취하고 3년부터 병작제를 실시한다는 내용을 생략한 것으로 이해된다. 개간자에 대한 대우가 진전의 년수에 따라 달랐던 것은 오래 묵은 땅일수록 개간이 힘들었고 熟地化에도 많은 시간이 소요되었기 때문일 것이다. 이는 개간에 소요되는 수고를 고려하여 세밀한 ～식으로 개간자를 대우하였다는 것을 의미한다. 이처럼 세밀한 ～을 통해 개간자를 우대하였다면, 광종 판문의 내용은 병작제의 보편

---

17) 睿宗六年八月判, 三年以上陳田, 墾耕所收, 兩年全給佃戶, 第三年則與田主分半. 二年陳田, 四分爲率, 一分田主, 三分佃戶. 一年陳田, 三分爲率, 一分田主, 二分佃戶. 『고려사』 권78, 식화, 조세.

화를 설명하기보다는 진전 개간자에 대한 혜택의 하나로 병작제를 이해하는 것이 타당할 것이다. 따라서 병작제는 진전을 개간한 경작민을 대우하기 위한 것이며, 당시 일반화된 경영방식이 아니라 농민에게 유리한 경영방식으로 신개간지에서 주로 실시되던 경영방식일 가능성이 높다.

한편 '나'에서 주목되는 것은 '佃戶'의 존재이다. 오랫동안 전호는 병작반수제 하의 경작민으로 이해되어 왔으므로 '나'의 전호는 예종대 병작반수제의 존재를 논증하는 것으로 이해되었다. 그러나 최근 전호를 國田制 하의 경작농민으로 파악하거나[18] 자립소농 즉 자작농을 포함한 소농 경작민 일반을 지칭하는 것으로 이해되고 있어,[19] 전호를 통해 병작반수제의 존재를 해석하는 것은 무리가 있다.

이상에서, 고려시대 '진전 개간 규정'을 바탕으로 병작제를 재검토 해 보았다. 고려전기 진전 개간에 대한 혜택으로 주어진 '半分'의 규정은 고려시대 병작반수제가 일반적으로 시행되었다는 증거라기보다 오히려 병작제가 부분적으로 시행되었으며, 그것이 농민에게 유리한 경영방식이었음을 알려주는 사료로 이해할 필요가 있다.

다만 새롭게 개간된 토지에서 주로 이용되었던 병작제 경영방식은 고려후기로 접어들면서부터 점차 확대되어 가고 있었을 것이다. 생산력의 증대에 따른 소농경영의 강화는 병작제가 확대될 수 있는 물적 기반을 제공하였을 것이고, 유망농민에 대한 '招集'과 유망농민의 '投託'은 병작제가 확대되는 계기가 되었을 것이다. 하지만 그 가능성의 확대에도 불구하고, 고려후기까지 병작제는 당대 사회의 보편적 경영방식으로 활용되지는 못하였던 것으로 보인다. 16~17세기에 이르러 대사유지의 보편적 경영방식으로 병작제가 이용되고 있었다는[20] 연구들은 고려후기까

---

18) 이영훈, 1998, 「고려전호고」 『역사학보』 161.
19) 안병우, 1997, 앞의 글.
20) 김건태, 앞의 책 ; 이호철, 앞의 책.

지 병작제가 대사유지의 농업경영방식에서 지배적인 위치를 차지하지
못하였음을 시사한다.

2) 직영과 작개의 실시

병작제를 고려시대 전장의 보편적인 경영방식으로 볼 수 없다면 고려
시대 전장에서의 주된 경영방식은 무엇일까? 이와 관련하여, 작개제와
직영제가 주목된다.[21] 특히 고려시대 전장의 노동력으로 노비들이 상당
수 존재하고 있었으므로, 조선초기와 마찬가지로 직영제나 작개제로 경
영되었을 가능성이 높다. 그러나 노비의 수가 많았다고 하더라도 노비에
의한 병작제도 충분히 가능하므로[22] 이것만으로 전장의 경영방식을 규
정할 수는 없다. 이 문제와 관련하여 주목되는 것이 아래의 사료이다.

> 다. 農莊을 여러 곳에 두어 家臣 文成柱에게 전라도를 관리케 하고 池濬
> 에게는 충청도를 관할케 하였다. 두 사람이 다투어 거두어들이기를 일
> 삼아, 民에게 벼 종자 1斗를 주고 예사로 米 1石을 거두었다. 그의 여
> 러 아들들도 이것을 본받아 다투어 무뢰배를 모아 세도를 믿고 횡포를
> 자행하여 남의 田土를 侵奪하니 원성이 매우 높았다.[23]

---

21) 고려시대 전장의 경영방식 중 하나로 작개와 직영은 이미 선행연구에 의해 주목
   된 바 있다. 그러나 선행연구들은 주로 조선초기 작개의 연구를 기초로 고려시대
   의 그것을 상정해 왔다. 다시 말해 고려시대 사료를 통해 작개의 사례를 효과적으
   로 논증하지는 못하였다. 필자는 본절에서 작개를 구체적인 사료에서 확인하려
   한다. 물론 아쉽게도 작개의 존재를 직접적으로 알려주는 자료는 아직 확인되지
   않는다. 그러나 우회적인 접근을 시도한다면, 고려시대 작개의 존재를 확인하는
   것이 전혀 불가능하다고는 생각되지 않는다.
22) 안병우는 소작제를 여러 유형으로 분류하여 노비에 의한 병작제도 시행되고 있었
   음을 강조하였다. 안병우, 1997, 앞의 글.
23) 列置農庄, 以家臣文成柱管全羅, 池濬管忠淸. 二人爭事聚斂, 給民稻種一斗, 例收
   米一碩. 諸子効之, 競聚無賴, 怙勢恣橫, 侵奪人田, 怨讟甚多.
   『고려사』 권130, 열전43, 반역 김준.

'다'는 무인집정자 중의 한 명인 김준이 자신의 가신 문성주와 지준을 각각 전라도와 충청도로 보내어 농장을 관리하고 있던 사정을 잘 보여주고 있다. 여기서 주목되는 점은 종자곡 1두를 주고 1석을 거두어 들였다는 표현이다. 일반적으로 1두를 파종할 수 있는 토지를 1斗落只라고 하므로 문성주와 지준은 1두락지에서 1석(15두로 환산)을 수취하였다.

위의 사료에 대한 이해와 관련하여 강진철의 견해가 주목된다. 강진철은 1/10조가 수취되었다는 견해를 비판하면서, '竝作半收'보다 무거운 수취의 존재를 알려주는 특별한 사례로 '다'를 이해하였다.[24] 즉 1/2의 지대를 수취하는 병작제로 파악하기에는 1두락당 1석의 수취량이 너무 많으므로 이를 예외적 현상으로 간주하였다.

하지만 강진철의 지적과 달리, '김준의 여러 아들들이 문성주 등의 전장 경영을 본받았다'는 기술은 그러한 수취가 예외적 현상이 아님을 보여준다. 김준과 그의 아들들의 전장에서 병작제로 파악할 수 없는 잉여의 수취가 이루어지고 있었다면, 그들의 전장은 작개와 직영 두 방식중 하나로 경영되었을 것이다.

작개와 직영은 그 운영에서 다소 차이가 있다. 우선 작개제는 지주가 예속민에게 작개지와 사경지를 짝지워 나누어 주고 예속민은 가족 노동력을 기초로 경작하여, 작개지의 생산량은 지주에게 바치고 사경지의 수확물은 자신이 가졌다.[25] 직영제 역시 개별 농가에서 자신의 사경지를 보유하고 있다는 점에 한해서는 작개제와 별 차이가 없으나, 지주의 경작지를 경작하는 데 있어 농가별로 노동하는 것이 아니라 수명 이상의

---

24) 강진철, 1989, 앞의 책, 199~203쪽.
25) 이때 작개지의 양은 일률적이지 않다. 16세기 작개지의 양은 노비들이 부담하는 身役의 내용에 따라 달랐다. 예를 들어 전장주의 묘소를 돌보거나 하던 노비들은 비교적 작은 면적의 작개지를 경작하였으나, 작개지 경작 이외에 별다른 신공이 부과되지 않았던 노비에게는 많은 양의 작개지가 지급되었다. 이런 면에서 작개제는 노동지대의 수취라는 성격이 보다 강하였다. 김건태, 앞의 글, 66~67쪽.

노비들을 사역시켜 직영하는 방식을 택하고 있었다.

직영지의 경작은 기본적으로 主家인근의 노비들이 담당하였고 지주의 필요에 따라 노비들이 차출되었다. 비록 조선시대의 예이지만, 충청도 林川지역에 있던 別坐 李德厚家에서는 보리타작을 위해 매일 15명 정도의 노동력을 동원하였으며[26] 李庭檜·南以雄의 농장에서도 주로 10인 이하로 구성된 노동조직을 통해 직영지를 경작하였다.[27] 직영제 하에서 주가의 직영지는 가족단위의 노동에 의거하여 경작된 것이 아니라 지주에 의해 차출된 노동력이 담당하였던 것이다. 이러한 직영지 경영은 종자를 나누어주고 수확하는 가족노동에 의거한 '다'와 같은 소농경영과는 다른 것이다. '다'에서 문성주와 지준은 백성들에게 종자곡 1두를 각각 나누어 주고 1석을 수취하였다. 종자곡을 나누어 주고 그에 따라 수확하는 방식은 소농경영을 전제로 한 것이므로, 위의 사례를 직영제의 방식으로 볼 수 없다.

소농경영에 기반하면서 병작제로 볼 수 없는 경영 형태는 작개제이다. 작개 경영의 문제를 본격적으로 연구한 김건태는, 16세기 순흥 안씨가의 파주 전장에 속한 작개지 1두락에서 10두의 수취가 이루어지고 있었고 당시 파주 지역의 두락당 소출량이 10두였다는 사실을 바탕으로, 작개지의 성격을 규명하였다.[28] 즉 작개지에서는 소출량 전체가 수취되고 있었고 이것이 작개 경영의 특징으로 간주되었다.

이러한 사실들을 고려해 볼 때, 개별 농가에 1두의 종자곡을 나누어 주고 두락당 생산량의 전체를 넘어서는 1석 가량을 수취하였던 김준의 전장에서는 작개 경영이 이루어졌던 것으로 파악하는 것이 가장 자연스럽다. 그러므로 '다'는 고려중기에도 작개제가 전장의 경영방식의 하나

---

26) 이호철, 앞의 책, 438쪽.
27) 김건태, 앞의 글, 88~92쪽.
28) 김건태, 앞의 책, 75~84쪽.

제5장 전장의 경영과 지배 127

로 채택되고 있었음을 실증하는 좋은 사례로 이해된다.

한편 조선전기까지 전장주의 主家, 즉 장사 근방에서는 직영지가 존재하였으므로 직영제 역시 고려시대 장사가 위치한 곳에서 시행되었을 가능성이 높다. 아래의 사료는 고려시대 전장주들이 노비를 사역시켜 전장을 운영하고 있었음을 알려준다.

> 라. 성 동쪽의 초당에 상원과 하원이 있는데 상원은 세로 30보·가로 30보이고 하원은 가로 세로 겨우 10보 정도였다. 보는 예전에 밭을 헤아리던 방법으로 그것을 계산하였다. 매년 여름 5월~6월이면 무성하게 풀이 자라서 사람의 허리에 닿아도 노비에게 베어 내도록 시키지 못하였다. 집에 있던 왜소한 종 3명과 파리한 종 5명은 그것을 보고 매우 부끄럽게 여겨, 무딘 호미 하나로 서로 번갈아가며 풀을 베었으나, 겨우 3~4보쯤 베면 걷어치웠다. 10일이 지난 다음에 또 다른 곳에 난 풀을 베었으니 전에 베었던 곳에서 풀이 자라 무성하게 되었다. … 이와 같아 마침내는 다 베지 못하였다. 이것은 내가 감독하는 것이 해이하고 종들이 힘을 쓰는 것이 게으르기 때문이다.29)

이규보는 城 동쪽에 草堂을 두었는데, 그곳에는 과수원 두 개가 부속되어 있었다. 上園은 가로·세로 30보, 하원은 가로·세로 10여보로, 문종대 量田步數 규정에 의하면 田 1結은 가로·세로 33보였으므로30) 각각 1結과 0.3結에 조금 못 미치는 규모였다. 이 정도의 넓은 규모를 초당에 달린 정원이라고 보기에는 무리가 있으므로 이들 園은 과실수 등이 재배되었던 곳으로 보는 것이 타당하다. 상원과 하원은 해마다 여름이 되

---

29) 城東之草堂, 有上園下園, 上園縱三十步橫如之, 下園縱橫纔十許步. 步則依古算田法而計之也. 每夏五六月, 茂草競秀, 至拂人腰, 而猶不使之剪之也. 家有矮奴三, 羸僮五, 見之不能無愧, 以鈍鋤一事, 更相刮薙, 纔三四步而輟. 閱旬日, 又理他處, 則草生前所理處, 蓊然奪然矣. … 如是而終不能盡去焉. 此予之督後弛, 而奴之用力怠故也.
『동국이상전집』 권23, 草堂理小園記.
30) 『고려사』 권78, 식화, 전제 경리, 문종 23년.

면 풀이 무성하게 자라 사람 허리에 이르러도, 이규보는 노비들에게 김
매도록 하지 못하였다. 노비들이 스스로 그곳에서 김매기를 하기는 하였
으나 역시 성과가 없었다. 여기서 두 園에서의 제초작업은 노비들에 의
해 이루어졌으며 전장주인 이규보의 직접적인 감독과 통제가 필요하였
다는 사실이 주목된다. 조선전기 직영제가 행해지던 전장에서 전장주들
이 노비들을 직접 사역시켰던 사실과 비교해 보면 이규보는 개성 동쪽에
위치한 전장을 노비에 의한 직영제로 운영하였음을 알 수 있다.

　직영제 경영 사례는 박인석의 죽주 전장 경영에서도 확인할 수 있다.
직영제는 전장주에 의해 전체 농경과정이 관리되고 노동이 통제되는 형
태를 띤다. 따라서 농경에 대한 직접적인 통제가 이루어진 곳에서는 직
영제가 시행되었다고 보아도 무리가 없다. 김보당의 난에 연루되어 고향
죽산으로 안치된 죽산 박씨 朴仁碩은 '논밭을 개간하고 채마밭을 가꾸
며, 산에서 땔나무를 하고 이랑에서 호미로 김을 매며, 소와 말을 먹이는
일'까지[31] 모두 자신이 직접 관리하였다. 박인석이 전장의 모든 노동과
정을 직접 관리 감독하고 있었던 것은 직영제로 자신의 죽주 전장을 경
영하였기 때문일 것이다.

　고려시대 직영제의 존재는 아래의 사료들에서도 확인할 수 있다.

　　　마. 人戶를 影占하여 모아서 莊舍를 짓고 그 貢役을 사사로이 하였다.[32]

　　　바. 또 그 貢戶를 핍박하여 驅從이라 부르던 자들이 수도 없이 많았으며, 公
　　　　籍에 붙이지 않고 사사롭게 農莊을 두고 노예와 같이 사역시킵니다.[33]

---

31) 於是, 懇田疇里園圃, 采樵于山鋤禾于畝, 至飼牛秣馬, 必以身先之.
　　김용선 편저, 2001, 「박인석 묘지명」『고려묘지명집성』, 한림대학교 아시아문화
　　연구소.
32) 又影占人戶, 聚作莊舍, 私其貢役.
　　『고려사』 권124, 열전37, 폐행 申靑.
33) 又驅其貢戶, 名爲驅從, 至千百人, 不付公籍, 私置農莊, 而役使之, 若奴隷然.
　　『고려사』 권84, 형법, 직제 우왕 14년 8월.

고려 충숙왕의 폐행이었던 신청은 민호를 점유하여 장사를 짓고 사역시키고 있었다. 장사를 짓고 人戶에게서 貢役을 수취하였다는 기술을 통해, 신청이 직영제에 입각하여 전장을 운영하였음을 알 수 있다.

'바'는 內竪의 무리들이 공호를 핍박하여 '구종'이라 하며 농장에 두고 마치 노비와 같이 사역시키고 있음을 알려준다. 공호들이 노예처럼 사역된다는 사실에서 내수가 지배하던 농장은 직영제로 경영되었음을 확인할 수 있다.

그런데 이들 직영 사례는 두 가지 사실을 확인시켜 준다. 첫째, 이규보의 경우처럼 노비들이 직영에 동원될 수도 있지만, 때로 양인들이 직영에 동원되기도 하였음을 알 수 있다. 이는 직영이 비단 노비만을 대상으로 한 경영방식이 아님을 의미한다. 즉 노비만이 직영노동에 동원되지 않았고 양인들 역시 그들이 처한 사회경제적 조건에 따라 직영노동에 동원되기도 하였던 것이다.

둘째, 직영에 동원된 노비는 주로 率居奴婢이며, 이들은 가정을 이룰 수 없고 독자적인 자기 경리도 가지지 못한 존재로 이해되고 있지만,[34] 위의 사료들을 통해 직영에 동원되는 노비들 역시 가족을 구성하고 독자적인 경리를 가졌음을 추론할 수 있다. '戶'를 이룬 양민들이 직영에 동원되었다면 노비들 역시 가정을 이루면서 직영에 동원될 수 있었을 것이다. 따라서 고려시대 농장의 솔거노비도 조선전기와 마찬가지로 독자적인 경리를 가지고 있던 '率下奴婢'와 '가내사환노비'로 구분해서[35] 파악할 필요가 있다.

요컨대 직영에 동원된 노비는 노예와 같은 존재가 아니라 '農奴'에 가까운 존재였으며, 노비뿐만 아니라 양인들도 직영에 동원되기도 하여, 직영제 전장은 노비와 예속 양인들에 의해 경영되었다.

---

34) 홍승기, 1983, 『고려귀족사회와 노비』, 일조각, 20~32·90~95쪽.
35) 이호철, 앞의 책.

특히 '사'는 전장에서 양인들이 직영에 동원되고 있음을 확인시켜 주는 좋은 사례로 이해된다.

> 사. 교서를 내려, "근래에 들으니 宮院 소속 莊戶의 요역이 번거롭고 무거워 백성들이 살아갈 수 없다고 하니, 殿中省은 조사하여 구휼토록 하라" 고 하였다.36)

'사'는 궁원 전장에 소속된 장호들의 요역이 매우 무거워 이를 감당할 수 없다고 하자 현종이 이를 견면하도록 한 조치이다. 매우 단편적인 사실만이 기술되어 있어 궁원 전장 소속의 장호들이 부담하였던 요역이 무엇인지 정확하게 확인할 수 없지만, 장호들이 부담한 요역의 종류가 많고 또한 무겁다는 언급에서, 장호들이 부담한 요역 중에는 직영지에 대한 경작노동 역시 포함되었음을 추정할 수 있다.

또한 莊戶는 노비와는 구별되는 존재이므로 궁원이 소유한 전장이 노비노동만을 근거로 경영된 것이 아니라 '장호'들에 기반하였음을 확인할 수 있다. 뿐만 아니라 '장호'라는 표현에서 직영이 독자적인 경리를 가진 농민들을 대상으로 이루어지고 있었다는 사실도 알 수 있다.

2장에서 살펴본 것처럼, 고려시대에도 노비와 양인들은 서로 혼인하며 잡거하여 그 사회적 처지는 크게 다를 바 없었고 이 때문에 양인들도 때로 직영지 경작에 사역되었던 것이다.

---

36) 乙亥, 教曰, 近聞宮院所屬莊戶, 徭役煩重, 民不聊生, 殿中省檢覈存恤.
   『고려사』 권5, 세가 현종 20년 9월 을해.

2. 경영방식의 실현과 그 조건

고려시대 전장에서는 작개·직영·병작이라는 세 가지 경영방식이 並存하였다. 이제 각각 다른 경영방식이 어떤 조건 하에서 채택되었는지를 밝히는 문제가 남았다. 즉 세 가지 경영방식이 병존하였다면, 어떤 조건에서 각각의 경영방식이 강제되고 합의되었는지를 살펴볼 필요가 있다.

먼저 병작제부터 살펴보자. 병작제는 대개 세 가지 조건 하에서 실시되었던 것으로 보인다. 첫째, 생산력의 발전에 따른 양인 농민층의 분화와 토지겸병의 과정에서 병작제가 활용되었다. 고려후기 들어 확대되기 시작한 토지겸병은 사유지와 그 경작민, 즉 田民에 대한 탈점이 주를 이루었지만, 토지만을 넓게 점유하고 유망민을 모으는 경우도 적지 않았다. 조선 태종 6년(1406) 河崙의 상소에 의하면 品官과 향리들이 토지를 확대하고 유망민을 불러 모아 並作半收하여 그 폐해가 私田보다 심하다고 하였다.[37] 비록 조선초의 사례이지만, 유망민들을 받아들여 병작제를 시행하였음을 확인할 수 있다.

주지하듯이 고려후기로 접어들면서 유망민이 증가하고 권세가들이 이들을 적극적으로 받아들여 자신의 재산을 확대해 나갔다.[38] 또 민들 역시 국가의 과중한 부세를 견디지 못해 권세가에 투탁하기도 하였다. 때문에 고려후기 토지문제는 탈점과 투탁으로 요약할 수 있다. 탈점이 권세가에 의해 폭력적으로 자행된 것이라면, 투탁은 비록 과중한 수취에 의해 강제된 것이라 하더라도 소농민들의 자발성이 일정정도 반영된 것이다. 그런데 주목되는 점은 이들 유망민들을 불러들이면서 품관과 향리

---

37) 品官鄕吏, 廣占土田, 招納流亡, 並作半收, 其弊甚於私田.
　　『태종실록』 권12, 태종 6년 11월 己卯.
38) 『고려사』 권85, 지39, 刑法 禁令, 충렬왕 12년 3월.

들이 병작경영을 하였다는 점이다.

품관과 향리들은 한편에서는 유망민들을 강제로 천민으로 만들기도 하였지만,[39] 다른 한편에서는 유망민들을 불러들여 병작경영을 하고 있었다. 당시 경작자에게 비교적 유리한 경작방식이었던 병작제는 유망민들을 불러들이기에 충분한 조건이었을 것이다. 더욱이 병작제는 작개나 직영에 비해 경제외적 강제가 미약하다. 정도전은, "힘이 많은 사람은 넓게 경작하고 세력이 강한 사람은 점유하는 땅이 많아, 힘이 없고 세력이 약한 자들은 세력이 강하고 힘 있는 자들의 토지를 경작하고 그 소출의 반을 나눠 먹었다."[40]고 하였다. 정도전은 병작제가 양인들 사이의 계층분화에 의해 발생한 것으로 여겼다. 비록 조선 건국세력들이 노비수의 확대를 억제하고 양인의 수를 유지시키려는 의도를 가졌다 하더라도,[41] 그들은 여전히 엄격한 良賤制를 기초로 삼아 노비수의 감소 또한 저지하려 하였다.[42] 양천의 구분을 명확하게 인식하고 있던 정도전이 고려말의 토지 문란상을 지적하면서 병작제를 주요 논제로 삼은 것은 병작제가 노비제와의 연관 속에서 발생하고 운영되었던 것이 아니었음을 확인시켜 준다. 이상의 사실은 병작제가 주로 몰락양인들을 대상으로 실시된 제도였음을 의미하는 것이다.

이렇게 볼 때, 비록 제한적으로나마 병작제가 양적으로 확대된 시기는 고려후기부터로 이해된다. 특히 고려후기에는 소농경영이 발전하고

---

39) 『고려사』 권123, 열전36, 폐행 이영주.

40) 力多者墾之廣, 勢强者占之多, 而無力而弱者, 又從强有力者借之耕, 分其所出之半.
    『三峰集』 권13, 朝鮮經國典, 賦典 經理.

41) 人物推辨都監, 定奴婢決訟法. 一, 良賤相婚, 自今依律禁斷. 如有洪武二十五年正
    月以後, 違律相婚者, 主奴論罪, 所出之子, 亦許爲良.
    『고려사』 권85, 형법, 노비 恭讓王 四年.

42) 都官上書. "一 奴婢放役者, 不慮後弊, 有放至子孫者. 其子孫閑役, 因有非分之心,
    冒名受職, 結婚良族. … 願自今, 論情愛功勞, 而放役奴婢, 但止其身, 勿及子孫."
    『고려사』 권85, 형법, 노비 恭讓王 四年.

있어[43] 병작제가 확대될 수 있는 여건이 조성되고 있었다.

둘째, 고려시대에는 특수한 경우 신분이 노비이지만 병작농이 되기도 하였다. 앞서 살펴본 것처럼, 진전의 개간 등 특수한 경우에 병작제가 이용되었다. 진전을 개간하기 위해서는 많은 노동력이 투여되어야 한다. 따라서 소농이 진전의 개간을 위해서는 축력의 소유 혹은 그에 미치지는 못하더라도 일정 정도의 노동도구나 자기 혹은 타인의 잉여노동을 확보해야만 한다.

하지만 고려전기까지 소농의 자립도는 그리 높지 못해,[44] 다수 소농들이 이러한 능력을 갖추었다고 보기는 어렵다. 당대 진전 개간의 능력을 갖춘 부류로 주목되는 존재가 舍音奴들이다. 전장주들은 遠處에 위치한 자신의 전장을 관리하기 위하여 家臣 혹은 奴僮들을 파견하였는데,[45] 이들은 전장의 관리자로서 진전을 개간할 만한 능력을 갖추고 있었다. 특히 舍音奴들은 노비신분임에도 불구하고 전장을 관리하면서 致富할 수 있는 기회를 가지고 있었다.

고려시대 노비임에도 불구하고 散員同正까지 된 平亮은 舍音奴이면서 치부한 좋은 예이다.

> 아. 平亮은 平章事 金永寬의 家奴로 견주에 살면서 힘써 농사지어 치부하였다. 권세가들에게 뇌물을 바쳐 免賤하여 양민이 되어 산원동정직을 얻었다. … 아들 禮圭를 隊正으로 임명케 한 후, 八關寶判官 朴柔進의 딸에게 장가들였다.[46]

---

43) 위은숙, 앞의 책.
44) 위은숙, 앞의 책.
45) 分遣僕從, 廣植田園, 時議惜之.『고려사』권99, 열전12, 제신 문극겸 ; 及爲侍中, 廣殖田園. 家僮門客, 依勢橫态, 中外苦之.『고려사』권128, 열전41, 반역 정중부.
46) 平亮平章事金永寬家奴也, 居見州, 務農致富. 賂遣權要, 免賤爲良, 得散員同正. … 使其子禮圭, 得拜隊正, 娶八關寶判官朴柔進之女.
『고려사』권20, 세가, 명종 18년 5월 丙辰.

평량은 의종대 평장사를 지낸 강릉 김씨 金仁存의 3남[47] 김영관의 가
노였다. 노비신분으로 산원동정이 되었다는 사실 때문에, 평량은 노비들
이 치부하여 성장하는 좋은 사례로 이해되었고 특히 김영관의 농지를 차
경하는 병작농으로 간주되었다.[48] 하지만 평범한 병작 노비였던 평량이
치부하여 산원동정이라는 지위에 올랐을 뿐만 아니라 八關寶 判官이었
던 朴柔進의 사돈까지 되었다고 보기에는 그의 성공은 너무나 파격적이
다. 노비였던 평량이 산원동정이 될 수 있었던 것은 그가 당대 문벌이었
던 강릉 김씨 김영관의 가노로서 그의 전장 관리자였기 때문은 아닐까?

당시 사대부가의 가노들은 蒼頭라고도 불렸으며[49] 그들은 원처에 위
치한 전장의 관리자이기도 하였다. 이들 전장의 관리자들은 그 해의 작
황을 전장주에게 보고하기도 하였으며 수확물을 전장주의 거주지까지
수송하는 역할도 담당하였다.[50] 때문에 전장주에게 이들 창두의 관리는
매우 중요한 일이었으며 엄격한 통제와 감독이 요구되었다. 비록 조선전
기의 예이지만, 순흥 안씨가의 舍音奴에 대한 律令은[51] 창두 관리의 중
요성을 확인시켜 준다.

舍音奴는 전장주에게 예속되었던 반면, 전장의 경작자에 대해서는 마
치 전장주와 유사한 권한을 행사하였으며, 그러한 관계는 전장주들에 의
해 조장 혹은 용인되었다.[52] 한편 전장주는 舍音奴에게 일정의 경제적
혜택을 주었는데, 순흥 안씨가의 파주전장에서는 총 22두락의 전답을
舍音奴의 位田으로 지급하였다.[53] 이처럼 舍音奴들은 원처의 전장에서

47) 『고려사』 권96, 열전9, 제신 김인존.
48) 안병우, 1997, 앞의 글.
49) 王許崔沆蒼頭, 著幞頭. 舊例, 唯諸王·宗室宮宅蒼頭著幞頭, 謂之紫門假着. 權勢兩
班家奴着幞頭, 自沆始.
『고려사』 권72, 여복지, 관복, 冠服通制 高宗 39年.
50) 안병우, 1997, 앞의 글, 200~201쪽.
51) 김건태, 앞의 책, 53쪽.
52) 김건태, 앞의 책, 51쪽.

마치 전장주와 같은 권한을 행사하며 일반 예속민보다 경제적으로 우위
에 놓여 있는 존재들이었다. 때문에 舍音奴들은 전장을 관리하면서 전장
에 소속된 축력, 농기구 그리고 자신의 지위를 이용하여 묵은 땅이나 황
무지 등을 개간하였을 가능성은 매우 높다. 더욱이 舍音奴들은 때때로
자신의 주인에게 자신이 경작하는 토지결수를 속이거나54) 또 생산된 수
확량이 적다고 속이는 방법을55) 이용하여 재산을 증식하기도 하였을 것
이다. 그리고 이렇게 증가된 재산은 자신의 자손에게 상속되었다.56)

　이러한 사실을 고려한다면, 평량이 치부하여 산원동정이 될 수 있었
던 것은 그가 김영관의 見州 전장을 관리하는 舍音奴였기 때문으로 보
는 것이 타당하다. 평량은 평범한 노비로서 경작에 힘써 치부하였던 것
이 아니라, 장사 관리자로서 자신의 지위를 적극적으로 활용하여 재산을
증식하였던 것이다. 전장관리자로서의 지위 때문에, 평량은 다른 예속
노비들보다 우수한 경제적 능력을 보유하고 전장에 소속된 축력 등을 자
유롭게 이용할 수 있었을 것이다. 평량이 다른 예속민들보다 우월한 지
위를 바탕으로 진전을 개간하였다면, 광종과 예종판문에 의하여 김영관
은 개간지를 병작으로 경작케 하였을 것이다.

　셋째, 병작제는 원처에 위치한 소토지의 경영에 활용되었다. 전장은
대략 15호 내외의 규모로 구성되어 있었는데 규모가 큰 전장은 장사가
위치한 전장을 중심으로 인근의 촌락들을 지배하기도 하였다. 그런데 고
려시대에는 촌락간의 우열이 커, 3호만으로 구성된 촌락도 있었다. 이런
촌락에는 부속된 토지의 규모도 많지 않았을 것이고 이러한 전답의 경우
전장주들은 효율적인 노동 통제에 기반한 직영이나 작개보다는 병작제

---

53) 김건태, 앞의 책, 66~74쪽.
54) 『태종실록』 권13, 태종 7년 5월 己巳.
55) 김건태, 앞의 책, 50~56쪽.
56) 이수건 편저, 1981, 「私奴卜萬許輿文記」『경북지방고문서집성』, 영남대학교 출판
　　부, 152쪽.

를 활용할 수밖에 없었을 것이다. 조선전기의 경우 원처에 있는 소규모 경작지에서는 병작제가 선호되었다.[57]

요컨대 병작제는 몰락양인을 예속화하는 과정에서, 개간 등 경작자의 공로가 인정될 경우, 소규모 토지가 먼 곳에 산재해 있어서 효과적으로 노동을 감독할 수 없을 때 전장주에 의해 채택되었다.

이상과 같이, 병작제는 고려초부터 전장 경영방식의 하나로 자리잡고 있었지만, 16세기로 접어들 때까지 제한적이었다. 고려시대에 보다 우세한 경영방식은 직영과 작개로 이해된다.[58] 그러면 작개와 직영은 어떤 조건에서 전장주에 의해 채택되었을까? 고려시대 사료 가운데 작개와 직영의 사례조차 거의 찾아볼 수 없는 상황에서, 직영과 작개가 어떤 조건에서 채택되었는지 직접적으로 확인할 수는 없다. 따라서 한계를 가질 수밖에 없지만, 조선전기 자료를 적극적으로 이용하여 살펴 볼 수 밖에 없다.

우선 작개가 어떤 조건에서 채택되었는지를 살펴보자. 작개제와 직영제에서는 身役이라는 노동지대를 수취한다. 노동지대의 핵심은 노동시간과 강도에 대한 통제와 감독이다. 전장주가 거주하는 곳은 전장주가 직접 신역의 수취를 감시, 감독하였을 것이다. 이에 반해, 자신이 직접 살펴 볼 수 없는 遠處의 전장은 舍音奴에게 그러한 역할을 맡겨야만 했다. 문제는 舍音奴에 대한 신뢰도였다. 조선전기 사대부들은 舍音奴의 관리에 곤혹스러워 하였으며[59] 平亮의 예에서도 확인되듯이, 고려시대 舍音奴들도 전장을 관리하면서 致富할 정도로 자율성을 가졌고 때로 방자하게 행동하여 문제를 일으키기도 하였다.[60]

---

57) 김건태, 앞의 책, 55쪽.
58) 김건태, 앞의 책, 61쪽 ; 이호철, 앞의 책.
59) 김건태, 앞의 책, 50~56쪽.
60) 仲夫性本貪鄙. 殖貨無厭. 及爲侍中, 廣殖田園, 家僮門客依勢橫恣, 中外苦之.
　　『고려사』 권128, 열전41, 반역 鄭仲夫.

주인의 노비이면서 전장주와 같은 권한을 행사할 수 있었던 舍音奴는 자신의 위치를 이용하여 재산을 증식하였으며 이 과정에서 전장민들을 지나치게 수취하거나 수확물의 양을 속이는 경우도 발생하였을 것이다. 때문에 전장주들에게는 舍音奴가 일으킬 수 있는 폐단을 미리 차단하기 위한 장치가 필요하였다. 우선 舍音奴가 문제를 일으킬 경우 그들을 처벌할 수 있는 내부 규율을 만들었다.[61] 그러나 무엇보다 舍音奴가 폐단을 일으킬 구조를 사전에 차단하는 것이 보다 본질적인 예방조처였을 것이다.

전장주들이 효과적으로 遠處 전장을 관리하고 수취를 행하기 위해서는, 奴婢들이 부담해야 하는 身役의 양을 헤아려, 작개지와 사경지를 분정하고 개별 작개지에서의 수확량까지 미리 정해두는 것이 가장 효과적이었을 것이다. 안사신의 파주 전장과 '治家法制'문서는 그러한 모습의 전형을 보여준다. 결국 전장경영의 핵심인 잉여수취의 문제 때문에 전장주들은 작개제 방식으로 원처의 전장을 경영하였던 것이다. 고려시대의 작개경영의 예로 파악한 김준의 충청도와 전라도 전장이 작개방식으로 운영된 것도 이같은 이유였기 때문일 것이다.

한편 작개지의 성격도 주목된다. 밭이 95%이상을 차지하였던 함경도[62]의 전답을 상속받은 李芳雨의 예를 제외하면, 조선전기 안사신의 토지에서 거의 모든 작개지는 畓이다. 물론 김종직은 목화밭에서 작개를 실시하기도 하였으며 안사신의 경우도 약 2日耕 8卜가 작개로 경작되었다.[63] 하지만 대다수의 작개지는 전이 아니라 답이었다. 安思愼의 파주 농장에는 답이 394.5卜, 전이 325.2卜로, 약 70卜정도 답이 근소하게 우세하여 그 비율은 거의 5:5에 육박하는 수치이다. 이러한 전답의 비율에

---

61) 김건태, 앞의 책, 50~56쪽.
62) 함경도의 경우 세종 당시 약 95:5의 비율로 압도적으로 田이 다수를 차지함으로 어떠한 경영방식을 선택하든 전이 농업경영의 중심이 될 수밖에 없었다.
63) 김건태, 앞의 책, 59~66쪽.

도 안사신은 유독 畓에만 작개지를 집중시켜 두었다.

畓에 작개지가 설정되었던 이유는 전장주의 선호도 때문이었던 것으로 이해된다. 작개제는 경작 농민의 재생산을 위한 사경지와 지주몫의 작개지로 세분된다. 따라서 작개지에서 소출된 전량은 모두 전장주가 수취하였다. 고려시대 전장주들은 원처의 전장으로부터 생산물을 직접 수취하는 경우가 많았으며 그 중심에는 미곡이 다수를 차지하였다.64) 미곡이 수취의 중심이 된 것은 전장주들이 가장 선호하던 곡물이자, 화폐의 한 형태였기 때문이었다. 더욱이 당시 생산물을 수취하고 운송하는데 있어서도 다른 잡곡에 비해 미곡은 보다 효과적이었다. 같은 무게를 가지지만 미곡은 높은 가치를 가졌으므로, 미곡을 수취하여 수송하는 것이 경제적으로 이익이었던 것이다. 물론 벼농사가 용이하지 않은 곳의 경우, 때로 보리 등 잡곡과 미곡이 혼용되어 수확되었을 가능성도65) 배재할 수는 없다. 하지만 미곡이 가지는 여러 가지 장점 때문에 원처 전장에서의 수취에서 미곡이 강조될 수밖에 없었을 것이며 따라서 작개지의 대다수는 답이었다.66)

작개제가 遠處에 위치한 전장에서 실시되었고 畓에 작개지가 두어졌던 반면, 전장주가 거주하는 전장은 직영제로 경영되었다. 전장 주변의 경작지에서 직영제가 가능하였던 것은 경작민에 대한 노동 수취가 용이하였기 때문이었다. 직영은 이규보의 上園과 下園 직영 사례, 박인석의 죽주 전장 직영 사례에서 확인할 수 있다.

한편 작개지가 주로 畓에 두어졌다면 직영은 답을 포함하여 旱田, 채

---

64) 충렬왕의 嬖幸이었던 李英柱는 田民을 탈점한 뒤 수취한 쌀을 배로 수송하였으며, 이색은 沔州전장과 柳浦 전장에서 쌀을 수취하였다.『고려사』권123, 열전36, 폐행 이영주 ;『牧隱詩藁』권27, 沔州米船至 ; 권32, 莊頭朴莊以新米來.

65)『牧隱詩藁』권24, 赤提村農奴來.

66) 이에 반해 사경지에서는 전의 비율이 훨씬 높다. 여기에 대해서는 김건태, 앞의 책, 참조.

마밭, 과수원 등에서 실시되었다. 특히 채소나 과실수의 재배를 목적으로 하는 '園'은 작물이 가지는 특성상 병작 혹은 작개의 방식이 아니라 직영으로 경작되었을 것이다. 채소나 과일에 대한 수요는 많을 수가 없고, 저장이 용이하지 않았으며, 수확량에 대하여 수취액을 부과하기도 쉽지 않았다. 따라서 작개 혹은 병작 방식의 수취가 적절하지 않았고, 직영이 주로 활용되었을 것이다.

그러나 병작·작개·직영이 각각의 조건에서 실현되었다하더라도, 하나의 전장에서 한 경영방식만 관철된 것은 아니었다. 기본적으로 병작·작개·직영은 한 전장에서 혼용되어 사용되었다고 보아야 할 것이다. 다만 해당 전답의 경작자의 처지, 경작지의 위치 등에 따라 경영방식이 결정되었던 것이다. 특히 고려시대 경작지의 입지가 가지는 특수성은 전장주가 거주하는 직영제 전장에서도 작개나 병작이 부분적으로 수용하도록 강요했을 것이다.

> 자. 나라의 땅은 동해가에 있고 큰 산과 깊은 계곡이 많으며 높고 험준하여 평지가 적었기 때문에 농토가 산골짜기에 농토를 많이 두었다. 이런 이유로 높낮이가 있어 경작하고 개간하는 데 힘이 들었다. 멀리서 바라보면 사다리나 돌계단 같았다.[67]

인종초 송나라 사신으로 온 서긍은 한반도에 산이 많아 개간하기 쉽지 않고 멀리서 보면 사다리 같다고 하였다. 서긍의 이러한 표현은 지금도 골짜기에서 흔히 볼 수 있는 계단식 논을 지칭한 것으로 이해된다. 특히 고려전기에는 큰 규모의 관개시설을 건설하는 데 여러가지 어려움이 있어 소규모의 치수가 용이하였던 산곡에 답이 발달하였다.[68] 때문

---

67) 國封地瀕東海, 多大山深谷, 崎嶇崎崒, 而少平地, 故治田多於山間, 因其高下, 耕墾甚力. 遠望如梯磴然.
　　『高麗圖經』 권23, 雜俗2, 種藝.
68) 이평래, 1991, 「고려후기 수리시설의 확충과 수전개발」『역사와 현실』 5, 161쪽.

에 산곡에 위치한 답은 효과적인 관개를 위하여 물과 가까운 곳에 위치해야 하였을 것이다. 이에 반해 莊舍는 홍수 등을 대비하여서 물과 다소 떨어진 원거리에 위치해야만 한다. 야트막한 능선이나 구릉지역 혹은 산기슭이 끝나는 부근에 촌락이 집중되어 있었던 것을 상기해 본다면, 답의 입지와 촌락의 입지 사이에 명백한 차이가 있음을 확인할 수 있다. 주거지 혹은 莊舍와 답의 위치가 떨어져 있었기 때문에 전장주는 계곡을 따라 분산되어 있었던 답을 효과적으로 통제하는 데 어려움을 겪었을 것이다. 직접적인 감시와 통제가 불가능하고 비교적 좁은 토지를 경작할 경우 전장주들이 취한 경영방식으로 주목되는 것이 병작과 작개이다. 비록 조선전기의 사례이지만 먼 거리에 위치해 있던 농지가 병작으로 경작되고 있었고[69] 앞서 살펴본 것처럼, 작개지는 주로 답에 집중되어 있었으므로 계곡을 따라 형성되어 감독이 용이하지 않았던 토지의 경우, 비록 전장주가 세거하였더라도, 병작이나 작개로 경작되었을 가능성이 높다.

이상에서 고려시대 전장에서 병작, 작개, 직영이 어떤 조건에서 채택되었으며 이들은 하나의 개별 전장 안에서 지배적인 경영방식을 중심으로 서로 혼용되기도 하였음을 살펴보았다. 기본적으로 전장의 경영방식은 보다 효율적이고 손쉬운 잉여수취를 실현하는 과정에서 결정되었다. 경작지의 지리적 위치, 경작물의 종류, 경작민의 예속강도에 따라 개별 경영방식이 선택되었던 것이다.

하지만 이러한 조건에 의해 개별 경영방식이 실현되었다고 하더라도, 전체적으로 이들 경영방식은 각각의 시대가 처한 사회적 생산력의 발전 정도와 계급관계의 변화에 따라 하나의 경영방식이 주로 실현되었을 가능성이 높다. 고려시대 전장의 경영에 대한 구체적 실상을 알려 주는 사료가 파편적으로 존재하고 있는 상황에서 직영, 작개, 병작 중 어떤 경영

---

69) 김건태, 앞의 책, 90~92쪽.

방식이 해당 시대에 지배적 위치를 차지하고 있었는가를 실증하는 것은 현실적으로 어려움이 있다. 때문에 논리적이고 이론적 차원에서만 접근이 허용된다.

생산력의 발전 수준과 그에 따른 소농경영의 변화추이는 전장의 경영 방식을 결정하는 중요한 요소로 이해되고 있다. 병작제는 소농경영의 발전을 전제로 하여 형성될 수 있으며, 작개제 역시 소농경영의 진전과 밀접한 관련이 있다. 이에 반해 직영제는 소농경영에 기초하면서도 다른 한편에서는 직영지에서 노동력에 대한 직접적 수취가 이루어지고 있었기 때문에 소농경영이 완성된 단계로 이해될 수 없다. 따라서 생산력의 발전과 소농경영의 진전을 고려한다면, 전장에서의 경영은 직영, 작개, 병작의 순으로 발전하였을 가능성이 매우 높다. 직영보다는 소농경영이 진전된 작개가 더 발전된 형태이며, 작개보다는 병작이 더 진전된 형태로 이해된다. 특히 16세기 이후, 생산력의 발전과 노비의 저항 등에 의해 작개가 해체되고 병작이 발전하였다는 견해는[70] 경영방식이 그러한 순서로 전개되었음을 시사하는 좋은 예로 이해된다.

3. 전장의 관리

예속민들이 생산을 담당하였다면 생산을 감독·통제하고 또 소비하는 역할은 전장 소유주의 몫이었다. 전장의 소유주는 자신이 직접 전장을 관리하든지 아니면 별도의 관리자를 두었다. 이 두 경우 모두 전장주들이 가장 심혈을 기울인 것은 생산자 농민에 대한 감시와 통제이다. 작개와 직영에 입각하여 전장을 운영하고 있던 전장주들의 입장에서는 느슨

---

70) 김건태, 앞의 책, 102~112쪽.

한 노동 강도는 곧 생산량의 격감을 의미하는 것이기 때문이었다.

　실제 생산자들의 태업은 매우 빈번하게 발생하였던 것으로 보인다. 비록 조선 임진왜란 때의 기록이지만, 吳希文의 충청도 林川농장에서 태업은 빈번하게 발생하였다.71) 오희문의 노비들은 전날까지 김매기를 마칠 수 있었지만 주인이 돌아보지 않는다는 것을 이용하여 조금 작업하고는 나무 그늘에 쉬기를 일삼았던 것이다. 오희문의 노비들은 주인의 감시가 소홀해 지면 태업이라는 방식으로 그들의 주인에게 저항하고 있었다.

　그러면 고려시대 농장의 경작민들은 어떠하였을까?

　고려시대에도 노비들의 태업은 빈번하였다. 앞서 언급한 이규보의 성동 초당의 사례는 이를 잘 확인시켜 준다. 이규보는 상원과 하원 두 園에서 김매기가 제대로 이루어지지 않는 것은 자신의 감독이 해이하였고 노비들 역시 게으르기 때문이라고 개탄했다. 노동에 대한 감독과 통제가 효과적으로 이루어지지 못한다면 생산자들의 태업은 상시적으로 발생할수 있었고, 그에 따라 수확은 감소할 수 밖에 없었다. 때문에 전장주들은 경작 노동에 대한 감시와 통제에 심혈을 기울여야 했다.

---

71) 또 여덟 명에게 어제 다 마치지 못한 밭에서 김매도록 하였는데, 이는 6日耕이다. 식후에 내가 德奴를 데리고 말을 타고 모든 밭을 둘러본 다음 노비들이 김매는 곳으로 갔다. 오전에 벌써 거의 다 매고, 매지 않은 곳은 다만 5~6이랑 뿐인데, 모두 냇가 나무그늘 밑에 누워자고 있었다. 김맨 곳을 살펴보니 어제도 다할 수 있었다. 그런데 매양 풀이 무성하다고 핑계대고 힘껏 일하지 않으면서, 오늘도 '만약 여러 힘을 모으지 않는다면 다 맬 수 없다'고 하였다. 때문에 品人 여덟 사람을 빌려 보내었는데도 누워 쉬기만 하고 매지 않았다. 매번 이처럼 하다 내가 가서 볼 것을 생각하지 못하고 오히려 이전의 습성을 따르니 그 게으름이 극도에 다다른 것이다(又令八人芸昨日未畢田, 乃六日耕也. 食後, 余率德奴騎馬, 巡見諸田後, 因往奴婢等芸草處. 午前已盡畢芸, 只五六畝未盡, 而皆臥宿川邊樹陰下. 觀其芸處, 昨日猶可畢, 而每稱草盛, 不能盡力. 今日亦云 若不衆力幷擧, 則亦未畢芸. 故借品人並八人送之, 而偃息不芸. 每每如此, 不料余之往見, 尙踵前習 惰慢極矣. 『瑣尾錄』 戊戌 7월 13일.).

조선전기 농장주들은 파종, 제초, 타작에 이르는 농경의 전체 과정을 감독하고 있었는데[72] 이는 고려시대에도 마찬가지였다. 12세기말 고향으로 물러난 朴仁碩은 농토에 정성을 쏟았고 포원을 다스렸으며, 산에서 땔감을 채취하고 소와 말을 먹이는 일까지 자신이 직접 감독하고 관리하였다.[73] 고려시대 전장주들이 경작 노동을 감독하고 있던 모습은 이규보의 西郊草堂詩[74]에서 은유적으로 잘 표현되어 있다.

> 차-1.
> 봄바람이 화창한 기운 불러일으켜/春風扇淑氣
> 아침 날씨가 맑고도 아름답기에/朝日清且美
> 말하여 서교로 나가보았더니/駕言往西郊
> 밭두둑이 비단처럼 늘어져 있네/畦壟錯如綺
> 토질이 본래 비옥한데다/土旣膏且腴
> 하물며 못 물의 수원이 풍부함에랴/況復釃潭水
> 해마다 밭에서 천 종을 수확하면/歲收畝千鍾
> 충분히 맛난 술을 담글 수 있거늘/足可釀醇旨
> …
>
> 수레에 올라 돌아갈 줄 모르고/乘輿自忘還
> 두건을 젖혀 쓴 채 배회하노니/岸幘聊徙倚
> 먼 산 푸른 연기는 보일락 말락/遠岫煙蒼茫
> 석양 빛은 어느새 기울어져 가네/耀靈迫濛汜
> …

이규보는 화창한 봄날 아버지 李允綏의 서교초당을[75] 방문하였다. 서교초당에 나간 이규보는 비옥한 토질과 풍부한 물을 갖추어 풍성한 수확

---

72) 이호철, 앞의 책, 437~439쪽.
73) 於是, 懇田疇理園圃, 採樵于山鋤禾于畝, 至飼牛秣馬, 必以身先之. 김용선 편저, 2001, 「박인석 묘지명」『고려묘지명집성』, 한림대학교 아시아문화연구소.
74) 『동국이상국전집』 권2, 고율시, 遊家君別業西郊草堂.
75) 서교초당은 이후 이규보가 상속받아 이곳을 四可齋라 하였다. 『동국이상국전집』 권23, 記, 사가재기.

을 이룰 수 있는 전장의 모습에 만족하면서, 수레에 올라 돌아갈 줄 모르고 두건을 젖혀 쓴 채 배회하다, 해가 저물어서야 장사로 돌아왔다. 이규보가 풍요로운 전장의 모습을 보며 돌아가지 않았다는 것은 무슨 의미일까? 단지 문학적 표현일까? 아니면 또 다른 의미가 있을까? 이러한 의문은 이어지는 시 내용에서 그 해답을 찾을 수 있다.

> 차-2.
> 해가 높아도 취하여 일어나지 못하니/日高醉未起
> 처마 밑 제비가 사람 없다 멋대로 나는데/簷鷰欺人飛
> 종이 막 가마를 대기해 두고/童僕方巾車
> 굳이 남쪽 들에 다녀오길 재촉하네/苦促南畝歸
> 일어나 앉아 세수와 빗질을 마치고/起坐罷梳沐
> 휘파람 길게 불며 솔사립을 나가니/長嘯出松扉
> 숲이 깊어 햇빛이 밝지 않고/林深日未炤
> 풀 이슬도 아직 마르기 전이로세/草露猶未晞
> 천천히 걸으면서 맑은 내를 바라보니/徐行望淸川
> 도랑물 출렁이고 가랑비 내리는데/決渠雨霏霏
> 흰 갈포 치마 아낙네와/田婦白葛裙
> 푸른 삼베 적삼 사내들이/田夫綠麻衣
> 밭두둑 곳곳에서 노래 부르고/相携唱田隴
> 호미 멘 채 구름처럼 모여 있네/荷鉏如雲圍
> 힘써야지 창포며 살구 농사까지도/勉哉趁菖杏
> 때맞춰 갈이하고 거두어들이기를/耕穫且莫違

莊舍로 돌아온 이규보는 늦도록 술을 마시다 다음날 해가 뜨고 나서야 일어났다. 이규보가 일어나자 전장의 노복은 수레를 대기해 두고 이규보에게 굳이 남쪽 밭에 나가자고 재촉하였다. 이는 이규보에게 남쪽 밭의 작황과 거기에서 노동하는 농민을 살펴보러 나갈 것을 재촉한 것이다. 남쪽 밭에 나가 밭에서 일하고 있는 농부와 아낙네들을 언급한 것은 이규보가 그들을 살펴보기 위해 그곳까지 나왔다는 것을 증명한다. 바로 이 지점에서 이규보가 서교별업에 행차한 목적을 확인할 수 있다. 이규보는 화창한 봄날 단지 유흥만을 위해서가 아니라 서교별업의 농사를 살펴보기 위하여 그곳을 방문했던 것이다. 때문에 이규보는 시의 마지막에서 '창포와 살구 농사에 힘쓰고 때맞추어 수확할 것'이라고 노래하였다. 구체적으로 확인되지 않지만, 이규보만이 전장을 감독하지는 않았을 것이다. 다른 전장주들도 이규보처럼 자신의 전장을 직접 방문하여 경작농민들이 성실히 농사에 임하도록 감독하였을 것이다.

그런데 이규보와 오희문처럼 수레나 말을 타고 전장을 둘러보는 일은 전장주에게도 고달픈 일이었을 것이다. 따라서 보다 효과적인 노동에 대한 감시와 감독은 항상 전장주들의 고민거리였다. 보다 편안히, 시간을 아끼며 경작노동을 감시·감독하기 위해, 때로 전장주들은 자신의 장사를 감독이 용이한 곳에 세우기도 하였다. 조선 성종대 문신인 孫仲暾의 고택인 觀稼亭이 그 대표적인 예이다. 경주시 안강읍 양동마을에 위치한 관가정에서는 양동마을 앞의 들판이 한 눈에 들어와, 그 이름처럼 농사일을 한눈에 감독할 수 있다.

그러나 고려이래 莊舍는 광범위한 경작지, 食水와의 거리, 외부로부터의 방어, 편리한 교통 등이 고려되어 세워지는 경우가 더 많았으므로 관가정과 같은 가옥만이 존재할 수 없었다.

때문에 전장주들은 樓亭을 이용하여 농민을 감독하였다. 원래 누정은 지배층의 연회장이자, 빈객을 접대하는 장소,[76) 講學場, 휴식처 등의[77) 기능을 가지고 있었다. 그런데 다양한 누정의 기능 중에는 監農의 기능도 있었다.[78) 이러한 누정의 기능을 보다 세밀하게 파악하기 위하여 필자는 『신증동국여지승람』에서 한성부와 개성부를 제외한 경기도의 누정·고적조를 분석하였다.

---

76) 『신증동국여지승람』권20, 충청도 新昌縣 누정, 서거정 記文.
77) 누정의 기능에 대해서는 '최재율, 1996, 「전남지방 누정의 성격과 기능」『호남문화연구』24.'를 참조.
78) 박광순, 1996, 「전남지방 누정의 사회경제적 기능에 관한 연구」『호남문화연구』24.

<표>『신증동국여지승람』경기도의 누정

	누정명	지역	소유주	별업	건립년대	비고
1	淸風樓	경기 광주목	광주목		1349	목사 洪錫이 개축.
2	無盡亭*	경기 광주목	권반(權攀)	別墅	?	
3	鴨鷗亭*	경기 광주목	한명회	別墅	세조년간	한강변에 위치.
4	愛蓮亭	이천도호부	관아		세종	李世琯 부사로 부임하여 건립.
5	風月亭	이천도호부	관아		?	
6	太虛樓	양근군	?		?	
7	鑑湖亭	양근군	?		?	
8	解暑亭	砥平縣	?		?	
9	竹南樓	陰竹縣	관아		조선초	현령 林穆이 건립.
10	鳳棲樓	竹山縣	?		?	
11	雲錦樓	수원도호부	관아		고려말	부사 全城安이 증축.
12	迎華亭	수원도호부	관아		?	유수의 교체지.
13	杭眉亭	수원도호부	?		?	
14	自娛堂	부평도호부	관아		고려중기	許洪材가 건립.
15	克敵樓	안성군	관아		공민왕초	愼仁道 군수로 있으며 건립.
16	鏡雪亭	안성군	?		?	
17	望湖亭	양천현	관아		?	객관 동쪽.
18	逍遙堂*	양천현	좌의정 沈貞	別墅	중종	
19	新亭	용인현	관아		1460	현령 박군이 건립.
20	양벽정	용인현	관아		1497	현령 金祐가 건립.
21	孝思亭*	금천현	우의정 盧閈	別墅	조선초기	어머니의 무덤 옆 강에 인접한 둔덕에 위치.
22	臨津亭*	파주목	李詹		고려말	임진강변에 위치.
23	花石亭*	파주목	이명신	別業 田莊	?	별업뒤의 봉우리에 위치. 이의무의 부와 서에 손님과 함께 화석정에 오르면 官道와 들, 호수가 한눈에 보임.
24	利涉亭	강화도호부	관아		우왕대	李晟이 부사로 와서 건립.
25	觀湖亭	풍덕군	?		?	

경기도의 경우 25개의 누정 가운데 그 내역을 확인할 수 있는 것은 16개이고 이중 지방관이 창건하거나 중수한 것은 10개, 개인이 소유한 누정은 6개였다. 개인 누정 가운데 5개는[79] 개인의 별서에 위치해 있었다. 이러한 사실은 별서에도 누정이 존재하였음을 의미한다. 별서에 있던 이들 누정들은 전장주들의 연회, 휴식의 공간이기도 하였지만 때론 監農의 기능도 하고 있었던 것으로 보인다. 충청도 공주목에 있던 林穆의 三岐村 별업 獨樂亭의 입지에서 그러한 사실을 확인할 수 있다.

> 카. 독락정은 주 동쪽 30리 三岐村에 있다. 南秀文의 기문에, "전 襄陽都護府使 林侯는 일찍이 정사로써 안팎에 이름을 날렸다. … 나는 이 기이한 경치를 즐거워하고, 앞 사람들이 내버려둔 것이 애석하여 드디어 그 봉우리 왼편에 別業을 짓고 그 위쪽에 정자를 세웠다. … 경작, 목축, 고기잡이, 나무하면서 노래하고 화답하는 것들과 놀이하는 사람 길가는 나그네들이 사방 들판에서 꾸불거리며 연달아 끊이지 않는 것도 또한 앉아서 볼 수 있다."[80]

독락정은 이전에 양양도호부사를 지낸 林某의 별업에 있는 정자였다. 남수문은 세종조에 활약하였으므로 세종조에 양양도호부사를 지낸 이를 찾아보면 임모가 누구인지 알 수 있을 것이다. 『세종실록』에서 양양도호부사를 지낸 이로 확인되는 사람은 林穆뿐이므로[81] '林侯'는 임목이다. 임목은 공주 삼기촌으로 퇴거한 뒤, 인근의 언덕 주변에 별업과 독락당이라는 정자를 지었는데 이곳 독락당에서는 삼기촌 주변을 한눈에 볼

---

79) 5개의 누정은 한명회의 별서에 있던 鴨鷗亭, 權攀의 별서에 있던 無盡亭, 沈貞의 별서에 있던 逍遙堂, 盧開의 별서에 있던 孝思亭, 이명신의 별업에 있던 花石亭이다.

80) 獨樂亭, 本州東三十里三岐村. 南秀文記, "前襄陽都護林侯, 早以政事蜚英中外. … 吾樂其奇勝悼前之遺, 遂於峯之左築別業亭其上. … 至若耕牧魚樵, 歌謳回(?)答遊人行旅偃僂給繹於四野者, 亦可坐而觀也. 『신증동국여지승람』 권17, 충청도 공주목, 고적.

81) 『세종실록』 권61, 세종 15년 8월 壬子.

수 있었다. 독락당에서 본 경치는 수려하기도 하였지만 전망이 좋아 자
신의 별업을 경작하는 농민들을 보다 효과적으로 감독하는 데도 용이하
였다. 때문에 수려한 경치 가운데에서 경작, 목축, 초채, 고기잡이와 같
은 것을 한 눈에 볼 수 있는 것을 자랑으로 여겼던 것이다. 이러한 사실
은 비록 조선후기의 사례이지만 경북 영천시 임고면 삼매리 매곡마을에
있는 영일 정씨 鄭重器가 지은 梅山宗宅에서도 확인할 수 있다. 매산종
택 인근에는 山水亭이라는 정자가 있는데 세 칸짜리 瓦家인 이 정자는
梅谷을 한눈에 살필 수 있는 위치에 있다.

이렇듯 사대부들이 자신의 별업 주변 전망 좋은 곳에 누정을 세운 것
은 수려한 경치를 즐기며 지내기 위함이기도 하였지만 다른 한편으로는
자신의 전장을 보다 효과적으로 관리하기 위해 즉 경작농민의 노동에 대
한 지배력을 확보하기 위한 측면도 존재하고 있었던 것이다.

요컨대 고려시대 전장주들은 전장에서의 수취를 극대화하기 위해 보
다 엄격한 노동에 대한 감독이 요구되었다. 때문에 전장주들은 말이나
수레를 타고 직접 전장을 순찰하였고, 보다 손쉽게 감독하기 위하여 전
망이 좋아 노동에 대한 관리가 용이한 곳에 자신의 집을 짓거나 별도로
누정을 두기도 하였던 것이다.

한편 앞서 살펴본 것처럼, 고려시대 전장은 한 곳에 집중되어 있는
것이 아니라 전장주의 거주지와 지리적으로 먼 곳에 위치하기도 하였다.
이러한 대규모 전장을 관리하기 위해 전장주들은 각지에 莊舍를 두고
그곳에 전장을 관리할 수 있는 관리자들을 파견하였다. 장유사의 예에서
확인할 수 있듯이 사원은 三綱조직을 동원하여 자신의 장사를 관리하였
으며 궁원은 자신의 전장을 관리하기 위해 관리자를 파견하기도 하였
다.82) 최씨 무신정권을 종식시킨 金俊이 전라도와 충청도에 있는 자신

---

82) 광산 김씨 金須는 왕의 명령으로 황해도에 있는 今彌莊을 감독하였다. 김용선 편저,
2001, 「김수부인 고씨묘지명」, 『고려묘지명집성』, 한림대학교 아시아문화연구소.

의 농장을 관리하기 위해 가신 文成柱와 池濬을 보내어 관리케 한 사례,[83] 명종대 判吏部事를 지낸 文克謙이 僕從을 보내 田園, 즉 전장을 지배한 사례는[84] 그 대표적인 예이다. 문벌 가문들이 州郡에 편재해 있는 자신의 전장을 관리하기 위해 보낸 자들은 家僮와 같은 노비들과 문객들이었는데[85] 문객들 중에는 有職者 혹은 서리층도 있었다.[86]

이처럼 전장주가 파견한 이들도 있었지만, 다른 한편으로 전장주들은 전장이 위치한 해당촌락에 '田家主人'이라는 일종의 마름과 같은 관리인을 두기도 하였다. 당시 '전가주인'의 존재는 아래의 시에서 확인된다.

> 타.
> 6월 11일 황려를 떠나 장차 상주로 나가면서 근곡촌에 묵었다 – 내 토지가 있는 곳이다.　　　(六月十一日 發黃驪將向尙主出 宿根谷村 – 予田所在)
>
> 산으로 들어가니 숲이 우거져 처음에는 길을 헤매었는데/入山蒙密初迷路
> 마을사람들이 고개 넘어 마중하여주네/村人過嶺相迎去
> 밭두둑의 농부들 늘어서 절하니 흡사 원숭이 같고/畦丁羅拜似獼猴
> …
> 전가주인 장기에 모발이 노란데/田家主人瘴髮黃
> 나를 기다려 기쁘게 닭과 기장을 마련하였네/邀我欣然具鷄黍
> 관솔불 켜들고 향기로운 술 잔질하네/松明吹火酌芳醑
> 당 아래서는 허리 굽히며 다투어 조심하는데/堂下曲腰爭磬折
> 　　　　　　　　　　　　　　(『동국이상국집』 권 6, 고율시)

이규보가 남쪽 지방으로 여행을 떠나 자신의 토지가 있는 근곡촌에 묵으면서 그때의 상황을 시로 표현한 것이다. 시에 의하면 마을사람들은 이규보를 마중 나왔으며 이규보가 지나갈 때는 밭두둑에 늘어서 절하였

---

83) 『고려사』 권130, 열전43, 반역 김준.
84) 『고려사』 권99, 열전11, 제신 문극겸.
85) 『고려사』 권129, 열전41, 반역 정중부.
86) 今諸院·寺社·忽只·鷹坊·巡馬, 及兩班等, 以有職人員, 殿前上守, 分遣田莊, 招集齊民, 引誘猾吏, 抗拒守令. 『고려사』 권85, 형법, 금령 충렬왕 12년 3월.

다. 근곡촌 사람들이 이규보에게 이런 예를 갖춘 것은 이규보가 근곡촌 전장의 소유자였기 때문일 것이다. 특히 이규보가 술을 먹는 동안에도 내내 마당에서 허리를 굽히며 조심하였는데, 이러한 모습은 근곡촌 전장 주로서 이규보가 가지는 권위와 실질적인 힘을 느끼게 해 준다.

그런데 근곡촌에서 이규보를 맞이하고 기쁘게 음식을 준비한 '전가주 인'이라는 사람이 있었다. 시의 내용상 이 전가주인은 근곡촌 전장의 관 리자로, 이규보가 파견하였다기보다 근곡촌 출신의 사람으로 보인다.

이처럼 고려시대 대규모 전장의 소유주들은 전국에 산재해 있는 자신 의 전장을 관리하기 위해 가노나 문객을 파견하거나 혹은 토착 지방민을 관리자로 삼았다.

자신이 직접 관리하거나 가노 등을 보내 관리하던 전장의 생산물은 해당 장사에 보관하거나 자신의 거주지로 옮겨 두었다. 이색의 柳浦 전 장에서 莊頭 朴莊은 새로 수확한 쌀을 가지고 왔으며[87] 면주 전장에서 도 배로 쌀을 싣고 왔다.[88] 선박을 이용한 생산물의 수송은 이영주의 사 례에서도 확인된다. 이영주는 욕심이 많아 전장의 관리자가 배로 쌀을 싣고 오면 직접 포구로 나가 여러가지 작폐를 일으켰는데,[89] 이는 이재 에 밝았던 이영주가 외방 전장의 생산물 수취에 매우 적극적이었음을 보 여준다.

한편 수로와 거리가 떨어져 있고 산속에 입지해 있는 전장과 너무 먼 거리에 있어 수송이 용이하지 않는 전장은 莊舍의 창고에 보관해 두기 도 하였을 것이다. 이런 전장의 경우 때때로 여행의 도중에 전장주가 직 접 방문하여 해당 전장의 상태를 살펴보았을 것이다. 이규보의 근곡촌 전장은 이런 사정을 잘 보여준다. 근곡촌 전장의 관리자는 이규보를 대

---

87) 『목은시고』 권32, 莊頭朴莊以新米來.
88) 『목은시고』 권27, 沔州米船至.
89) 『고려사』 권123, 열전36, 폐행 李英柱.

접하기 위해 기장밥, 술을 준비하였고 닭도 잡았다. 이는 이규보가 여행 도중 근곡촌을 방문하여 근곡촌에 저장된 자신의 곡식을 소비하던 모습을 보여주는 것으로 이해된다.

이상에서 고려시대 전장의 소유자들이 전장의 경작민들과 그 생산물을 어떻게 지배하고 있는가를 살펴보았다. 노동에 대한 감독과 감시는 생산량의 다과에 직접적인 영향을 미치는 것이었으므로 당대 전장주들은 노동에 대한 감독에 보다 많은 노력을 기울였다. 때로 전장을 직접 순시하기도 하였으며 전장 전체가 한눈에 들어오는 곳에 누정을 지어 손쉽게 감시하기도 하였다.

한편 비교적 거리가 먼 전장의 경우 관리자를 엄선하여 파견하였으며 관리자를 불러 작황을 들었으며 생산물을 자신의 거주지로 수취하였다. 그러나 생산물의 수송이 불가능할 경우 해당 전장의 장사에 보관해 두고 기회가 있을 때 자신이 직접 방문하여 살피기도 하였다.

제6장
고려후기 정치와 전장

1. 탈점과 전장

탈점은 자립소농(자작농)의 사유지[1] 혹은 수조지를[2] 대상으로 하였고, 그 결과 자립소농이 몰락하여 권세가의 세력 하에 놓이게 되고 그들의 토지 역시 권세가가 좌지우지할 수 있는 땅 즉 '농장'이 되었던 것[3]으로 이해되고 있다. 이러한 이해는 고려후기 사회변동을 보다 적극적으로 해석하여, 고려전후기를 고대와 중세로 시기구분하거나, 수조권적 토지의 해체과정으로 고려후기를 설정하려는 시각이 반영된 결과였다.

따라서 탈점은 고려사회의 경제문제에서 매우 중요한 위치를 차지하고 있으며 고려시대 전장의 추이와도 밀접한 연관을 가지고 있다. 때문에 탈점에 대한 보다 구체적인 접근이 필요하다. 그러나 탈점관련 사료를 면밀히 분석해 탈점의 대상이 어떤 토지였으며 양상이 어떻게 진행되었는지에 대한 연구는 거의 없다. 이에 본장에서는 탈점과 전장(농장)과의 관계를 살펴보려 한다.

이를 위해 우선 고려시대 탈점 용례를 표로 만들어 보았다. 표는 「고려사」에 나타난 탈점 용례를 그 대상지에 따라 도표로 만든 것이다.

---

1) 강진철, 1980, 『고려토지제도사연구』, 일조각.
2) 위은숙, 1998, 『고려후기 농업경제 연구』, 혜안 ; 이경식, 1986, 『조선전기 토지제도연구』, 일조각.
3) 물론 개간과 매득 역시 '농장'을 형성, 확대시키는 한 방식이었다. 하지만 고려후기 '농장'을 형성·확대 시키는 보다 주요하고 결정적인 방식은 탈점으로 이해되고 있다. 개간과 매득을 통한 '농장'의 확대에 대해서는 "안병우, 1994, 「고려후기 농업생산력의 발달과 농장」 『14세기 고려의 정치와 사회』, 민음사." 참조.

〈표〉 고려시대의 탈점용례4)

대상지	탈점자	시기	출전	소계
田民	李仁任 일파	우왕	권126 이인임	25
	黃秀	원종	원종 12년 6월 戊申	
	?	충렬왕	충렬 5년 3월 丙寅	
	豪勢家	충렬왕	충렬 21년 11월 丁丑	
	印侯	충렬왕	충렬 27년 5월 庚戌	
	奸臣	충선왕	충선 복위년 11월 辛未	
	奇轍 일파	공민왕	공민 8년 6월 丁亥	
	?	우왕	우왕 13년 12월	
	諸州縣安集	창왕	선거 전주 창왕 즉위년	
	豪勢	충숙왕	백관 제사도감각색	
	林堅味	우왕	백관 제사도감각색	
	忠惠王	충혜왕	식화 과렴 충혜 4년	
田民	王瑁과 金壽萬의 처	공민왕	권91 종실 신종	25
	柳曼殊	공양왕	권105 유만수	
	金用輝와 楊伯淵	우왕	권114 양백연	
	李成林	우왕	권115 이색	
	李仁任, 林堅味, 廉興邦	우왕	권115 이색	
	李英柱	충렬왕	권123 이영주	
	申靑	충숙왕	권124 신청	
	金鈜	충혜왕	권125 김횡	
	宰相의 奴(林·廉일파)*	우왕	권126 임견미	
	曹敏修	창왕	권126 조민수	
	崔忠獻	고종	권129 최이	

4) 탈점의 대상지를 중심으로 탈점 용례를 정리할 때, 제기되는 심각한 문제는 동일
   인에 의한 동일한 대상에 대한 탈점을 세가, 지, 열전에서 다른 용어로 기술하고
   있다는 점이다. 예를 들어 공민왕대 기철 일파가 탈점한 토지를 '세가'에서는 '土
   田'이라 표현하였지만, '병지'에서는 '人土田'이라 기술하고 있다. 따라서 이 경우
   는 하나의 탈점 용례로 파악하여야 한다. 하지만 본문의 표에서는 이러한 경우를
   무시하고 일단 개별 용례로 파악해 둔다. 또 필자에 의해 확인되는 동일한 용례는
   '*', '@', '#'의 부호를 사용해 표시하였다.

	池齋	우왕	권131 홍륜	
	權豪	공민왕	권132 신돈	
土田·藏獲	申雅	우왕	우왕 13년 12월	5
	李資謙 일파	인종	인종 5년 10월 丁卯	
	충혜왕	충혜왕	충혜 후5년 1월 戊辰	
	伯顔禿古思	충숙왕	충숙 7년 3월 甲申	
	奇轍	공민왕	권131 기철	
民田	국가	숙종	숙종 7년 3월 庚辰	6
	權貴	충렬왕	충렬 11년 1월 乙酉	
	蔡洪哲	충숙왕	권108 채홍철	
	禹玄寶·禹洪壽	우왕	권115 우현보	
	康允紹, 金子廷	충렬왕	권123 강윤소	
	鷹坊, 怯怜口, 內竪	충렬왕	권123 염승익	
土田·良田	廉興邦의 가노 李光*	우왕	권126 임견미	13
	尹忠佐	우왕	권111 송천봉	
	李俊昌	명종	권100 이준창	
	豪强	우왕	권113 최영	
	兼幷之家	우왕	권118 조준	
	權準	충선왕	권107 권준	
	李得芬	우왕	권122 이득분	
	康允紹, 金子廷	충렬왕	충렬 5년 11월 壬申	
	怯怜口, 內僚	충렬왕	충렬 3년 2월 己巳	
	豪勢之家	충선왕	충선복위년 11월 辛未	
	逆賊(奇轍일파)의 奴@	공민왕	공민 5년 6월 乙亥	
	大小朝官	공민왕	공민 12년 4월 丙午	
	權勢之家	원종	식회 경리 원종 원년	
人土田	崔龍角	공민왕	공민 6년 8월	9
	趙晟	고종	고종 44년 7월 癸酉	
	權勢之家	충숙왕	식화 공음전시 충숙	
	逆賊(奇轍일파)의	공민왕	병 오군 공민	

	奴@			
	金台瑞	신종	권101 김태서	
	宋吉儒	고종	권122 송길유	
	李資謙	인종	권127 이자겸	
	李義旼	명종	권128 이의민	
	奇三萬#	충목왕	권131 기철	
人田	忠惠王	충혜왕	충혜 후4년 3월 乙亥	6
	奸吏	충목왕	형법 금령 충목 원년 5월	
	奇三萬#	충목왕	충목 3년 3월 戊辰	
	崔天儉	우왕	우왕 13년 8월	
	鄭積	고종	권100 정숙첨	
	慶珍	명종	권100 경대승	
吏民田園	李資諒	예종	崔奇遇	1
田園	普愚	공민왕	공민 원년 5월 己丑	1
田廬·奴婢	朴挺蕤	인종	권98 박정유	1
田宅·奴婢	權勢	공민왕	공민 원년 8월 己未	1
功臣之田	?	충렬왕	충선 즉위년 1월 戊申	1
祖業田	呂克諲	우왕	우왕 9년 3월 己酉	1
閑田	扈從臣僚, 諸宮院·寺社	충렬왕	식화 경리 충렬 13년	1
公私田	?	공양왕	식화 녹과전 공양 3년	1
公田	事審官	충숙왕	선거 사심관 충숙 5년	1
臨坡屯田	權勢之家	공민왕	병 둔전 공민 원년 2월	1
倉庫·宮司·御分之田	豪强之徒	우왕	식화 녹과전 우왕 14년 황순상 상소	1
계				75

　전체 75건의 탈점 용례 중 田民을 탈점 대상지로 하는 것은 25건, 土田과 藏獲은 5건, 民田은 6건, 토전은 13건, 人土田은 9건, 人田은 6건, 田園 2건, 田廬(전택)와 노비 2건, 기타 7건이었다.

　따라서 고려후기 탈점 문제의 실상을 파악하기 위해서는, 우선 가장 다수를 차지하는 전민이 어떠한 성격의 토지인가를 살펴볼 필요가 있다.

앞서 전민이 전장과 그 예속민이었음을 논증한 바 있으나, 그 중요성을 고려하여 몇몇 전민 탈점 사례를 통해 그 성격을 다시 확인해 보려 한다.

전민의 성격을 파악하는 데 있어 우선 柳曼殊의 사례가 주목된다. 유만수는 위화도회군 때 공을 세워 공신이 되었으나, 어머니를 봉양하지도 않으면서 여러 동생들의 전민을 빼앗아 憲司에 의해 탄핵되었다.[5] 유만수는 문화 유씨로 그의 집안은 무인집권기부터 세족의 반열에 들었다.[6] 일찍부터 세족가문으로 성장하였기 때문에 유만수 집안의 재산은 적지 않았을 것이다. 때문에 유만수가 빼앗은 동생들의 전민은 그의 아버지 右副代言 柳總이 자식들에게 물려주었던 재산이었을 것이다.

집안 내의 전민 다툼의 사례는 楊伯淵과 그의 妻兄 金用輝의 예에서도 확인할 수 있다. 남녀 균분상속이 이루어지던 고려시대에 양백연과 그의 처형 김용휘의 전민 다툼은[7] 집안의 재산처리 문제와 연관된 것으로 보인다. 양백연과 김용휘의 다툼 모두 妻家의 전민을 서로 차지하려 하였기 때문에 발생하였을 가능성이 높다. 이러한 유만수와 양백연의 사례는 전민이 세족가문 혹은 관료들의 경제 기반이었음을 확인시켜 주는 좋은 예로 이해된다.

그런데 고려후기는 '수조지가 가산화'되던 시기였으므로, 위의 두 사례에 나오는 전민은 '가산화된 수조지'로 이해될 수 있고 그런 연구 역시 존재한다.[8] 그러므로 논점은 전민을 수조지로 파악할 수 있는지여부이다. 이 문제와 관련하여 충혜왕의 전민 탈점 사례가 주목된다. 충혜왕은 항상 경영을 일삼아 남의 田民을 빼앗아 寶興庫에 소속시킨 적이[9]

---

5) 憲司又劾, 曼殊不侍母奉養, 又奪諸弟田民, 請治其罪, 不聽.
   『고려사』 권105, 열전18, 제신 유만수.
6) 김광철, 1991, 『고려후기 세족층 연구』, 동아대학교 출판부, 68~69쪽.
7) 用輝伯淵之妻兄也, 嘗與伯淵爭田民, 有隙.
   『고려사』 권114, 열전27, 제신 양백연.
8) 이경식, 1986, 앞의 책, 36쪽.
9) 王雖淫縱無道, 至於商財計利, 分析絲毫. 常事經營, 奪人田民, 盡屬寶興庫.

있었다. 보홍고는 충숙왕 후 8년에 충혜왕이 사사롭게 설치한 창고로, 충혜왕은 보홍고를 致富의 수단으로 이용하였다.10) 그런데 '충혜왕이 토지와 노비를 빼앗아 보홍고에 소속시켰으며',11) 충혜왕 사후 '충목왕이 보홍고를 파하고 그곳의 토지과 노비를 본래의 곳으로 돌렸다'는 기록은12) 보홍고가 빼앗은 전민이 수조지가 아니라 토지와 노비라는 사실을 확인시켜 준다. 더욱이 왕이 신하의 수조지를 빼앗거나 국가의 수조지를 빼앗았다고는 볼 수 없으므로, 전민 탈점을 수조지 탈점으로 해석하기는 어렵다.

전민에 대한 탈점이 토지와 노비에 대한 탈점이라는 사실은 우왕 14년 典法司의 상소에서도 확인된다.

> 바. 근래에는 죄가 처와 자식에까지 미쳐 家財와 田民 모두 관에서 몰수합니다. 옛적에는 그런 법이 없었사오니 모름지기 중지하는 것이 마땅합니다.13)

전법사는 죄가 처자에 미치고 가산과 田民을 적몰하는 것은 고려 고유의 법이 아니었으므로 이를 금할 것을 청하였다. 田民이 수조지였다면 범죄자의 수조지 환수는 지극히 당연한 일이었으므로 이러한 상소는 논리적으로 성립할 수 없다. 옛 법 운운하며 전민의 몰수를 금하도록 요청한 것은, 죄를 범하였다고 해서 전민을 적몰하는 것은 합당하지 않기 때문이었을 것이다.

『고려사』 권79, 식화지, 과렴, 충혜왕 4년 3월.

10) 박종진, 2000, 『고려시기 재정운영과 조세제도』, 서울대학교 출판부, 193쪽.

11) 於財利, 分析絲毫, 常事經營, 群小爭進計畫, 奪人土田奴婢, 盡屬寶興庫.
『고려사』 권36, 세가 충혜왕 후5년 1월 戊辰.

12) 忠穆王罷之, 以其所聚土田奴婢, 還本處.
『고려사』 권77, 백관지, 보홍고.

13) 向者, 罪及妻孥而家財·田民, 亦皆沒官. 古無其法, 須當停息.
『고려사』 권84, 형법, 직제 우왕 14년 9월.

전민이 수조지가 아니라는 사실은 池奫의 예에서도 확인된다. 우왕의
즉위에 공을 세웠던 지윤은 공민왕을 시해하였던 洪倫일당의 田民을 강
탈하기 위해 홍륜과 崔萬生의 친족들을 모두 살해하였다.[14] 지윤이 홍
륜과 최만생의 일족을 모두 죽인 것은 홍륜과 최만생이 처형당하였을 때
그들의 재산이 친족들에게 상속될 것이었기 때문이었다. 만약 전민이 수
조지였다면, 지윤은 굳이 홍륜 일당의 친족까지 주살할 필요 없이 권력
을 이용해 손쉽게 그 전민을 빼앗을 수 있었을 것이다. 지윤이 굳이 홍
륜 일당의 친족을 죽여 전민을 빼앗은 것은 전민이 홍륜 일당의 사유
재산이었기 때문일 것이다.

한편 전민이 사유지와 예속민를 의미하였음은 조선전기 상속문서에
서도 확인할 수 있다. 주지하듯이 조선전기 사대부들은 자신의 자손들에
게 토지와 노비를 상속하면서 분재기를 남겼다. 그런데 그들은 文記를
작성하면서 자신이 소유하고 있는 토지와 노비를 '田民'으로 표현하였
다. 조선 문종 2년 5월 작성된 眞城 李氏 李遇陽의 許與文記에는 조상
대대로 물려받은 田民을 孫外에 방매하지 말 것을 당부하고 있는데, 文
記에 나오는 전민은 이우양이 소유한 토지와 노비임이 틀림없다.[15]

물론 한 단어의 의미는 기표의 질서에 의해 규정되는 것이므로[16] 전
민의 의미를 고정해서 파악할 수 없다. 또 200년의 시차를 간과해서도
안 될 것이다. 그러나 통설처럼 과전법체제하에서의 민전과 고려시대의
그것이 같은 語意로 사용되었다고 한다면, 전민의 어의 역시 그와 다르
지 않을 것이다. 더욱이 『고려사』가 15세기 언어로 저술되었고 15세기

---

14) 時池奫, 利其逆黨田民貲產, 倫·萬生之族假法悉誅.
　　『고려사』 권131, 열전44, 반역 홍륜.
15) 이수건 엮음, 1981, 『경북지방고문서집성』, 영남대학교 출판부, 128쪽. 이 밖에
　　전지와 노비의 상속을 전민의 상속으로 표현한 사례는 많은 고문서에서 나타나고
　　있다. 같은 책 137쪽 '李繼陽妻 金氏 許與文記', 140쪽 '安繼宗妻 金氏 許與文記'
　　등이 대표적이다.
16) 이진경, 2002, 『철학의 외부』, 그린비.

사람들이 읽기 위해 제작되었다는 점을 상기한다면, 조선 문종대의 전민
과 고려 충렬왕대의 전민이 다른 어의를 가졌다고 보기는 어렵다.[17]

전민을 사유지와 예속민으로 이해할 때, 탈점된 전민 중 사유지가 어
떤 토지인가의 문제 즉 소농민의 사유지인지 아니면 대사유지와 그 예속
민인지의 문제가 그것이다. 이와 관련해서 주목되는 것이 쿠라다이[忽
刺歹]가 탈점한 田民이 田園과 노비였다는 기록[18]이다. 쿠라다이의 사
례에서 전민은 전원과 노비로 표현되어 있다. 앞서 살펴본 것처럼 전원
은 전장의 이칭이기도 하다. 따라서 사유지 중에는 대사유지인 전원도
포함되었을 것이다. 이는 李仁任이 탈점한 전민도 전원과 노비로 표기된
사례[19]에서도 확인된다. 특히 유만수가 빼앗은 동생들의 토지는 아버지
유총으로부터 물려받은 것이므로 이는 유만수의 대사유지였을 터이다.
이들 사례를 고려하면, 양백연과 김용휘가 서로 차지하려 한 전민, 지윤
과 충혜왕 등이 빼앗은 전민도 대사유지와 예속민이었을 것이고 이는 곧
전민탈점이 소농민의 사유지 혹은 수조지를 주 대상으로 한 것이 아니라
대사유지 즉 전장과 그 예속민을 주 대상으로 하였음을 의미한다.

전민 탈점이 전장과 그 예속민의 탈점이라면, 전민과 같은 의미로 파악
되는 토전과 노비의 탈점, 전장과 같은 의미로 이해되는 田園, 田廬, 田宅
의 탈점이 곧 대사유지와 그 예속민에 대한 탈점 혹은 대사유지에 대한
탈점과 같은 현상일 것이다. 이렇게 탈점사례를 이해할 경우 대사유지 혹
은 전장에 대한 탈점은 전체 탈점 용례 중 34건에 달하고 여기에 사유지
인 祖業田의 탈점까지 포함한다면 전장에 대한 탈점 사례는 35건으로 전
체 탈점사례 가운데 47%를 차지하게 된다. 따라서 탈점이 단순히 소농민
의 사유지와 수조지를 중심으로 전개된 현상으로만 간주할 수 없다.

---

17) 신은제, 2006, 「원종·충렬왕대 전민변정사업의 성격」『한국중세사연구』 21호,
103쪽.
18) 여기에 대해서는 '1장의 3절', '『고려사』 권32, 세가 충렬왕 27년 5월 庚戌'을 참조.
19) 『고려사』 권126, 열전39, 간신 이인임.

한편 '民田', '人土田', '土田', '人田'의 탈점 용례를 합산하면 모두 34건으로 田民 탈점에 육박할 정도의 수치가 된다. 그러므로 이들의 성격 역시 탈점의 의미를 이해하는 데 중요하다.

먼저 '민전'을 살펴보자. 민전은 일반적으로 민의 사유지를 의미하며,[20] 대사유지와 소사유지(자립소농의 사유지)를 모두 포괄하는 개념으로 이해되고 있다. 즉 민전은 대사유지인 전장을 포괄하는 개념이므로, 민전의 탈점 중에는 전장에 대한 탈점이 포함될 수도 있다.

그런데 필자는 일찍이 민전을 민의 사유지로 볼 수 없다는 견해를 피력한 바 있다.[21] 민전 용례를 분석해보면, 민전을 사유지로 볼 수 없는 민전의 용례도 존재한다, 때문에 필자는 민전이 소유권의 향방에 의해 정의된 용어가 아니라, 민의 경작지를 지칭하는 용어로 이해하였다. 필자가 민전을 이렇게 규정함에도 불구하고, 민전을 사유지로 파악한 것은 본고의 논점이 민전의 성격을 규명하는데 있지 않기 때문이다. 번다한 논의를 피하기 위해, 일단 통설에 입각하여 서술하였다.

다음으로 '인토전', '토전', '인전'에 대해서 살펴보자. 이들 용례는 비록 다르게 표현되었지만, 동일한 대상을 지칭하는 것으로 파악해도 무관하리라 생각된다. 奇三萬은 권세를 이용해 토지를 탈점하였다가 整治都監에 의해 죽임을 당했는데, 충목왕 세가에서는 기삼만이 탈점한 토지를 '人田'이라 기술한[22] 반면, 奇轍 열전에서는 '人土田'으로 기술하였다.[23] 따라서 '인전'과 '인토전'은 동일한 대상을 다르게 표현한 것으로 이해된다.

---

20) 안병우, 1997, 「고려민전의 경영」『김용섭교수정년기념사학논총』, 지식산업사.
21) 신은제, 2001, 「민전용례의 재검토」『한국중세사연구』10, 한국중세사학회.
22) 整治都監, 以奇皇后族弟三萬, 奪人田, 杖之下獄死.
   『고려사』권37, 세가, 충목왕 3년 3월 戊辰.
23) 轍族弟三萬, 亦倚勢, 恣行不法, 奪人土田, 整治都監, 杖下巡軍, 逾兩旬死.
   『고려사』권131, 열전, 반역 기철.

한편 '인토전'과 '토전'도 서로 동일한 대상을 다르게 표현한 것으로 이해된다. 기철 일파의 노비들이 빼앗은 토지를 공민왕 세가에서는 '토전'으로[24] 병지 五軍에서는 '인토전'으로 기술하고[25] 있다. 공민왕은 기철 일파를 제거한 뒤 일련의 개혁교서를 반포하였는데, 그 교서 가운데에는 기철 일파가 토지를 탈점한 죄상을 기술하였다. 그러한 기술 가운데 기철의 노비들이 빼앗은 토지를 '세가'에서는 '토전'으로, '병지'에서는 '인토전'으로 표현하고 있어 '인토전'과 '토전'도 동일한 실체임을 확인할 수 있다.

이처럼 비록 표현은 다소 차이가 있으나 '인토전', '토전', '인전'은 같은 의미이다. 그러면 이들 토지는 어떠한 성격의 토지였을까? 인토전은 '다른 사람의 토지'라는 의미를 가지므로 그 자체만으로는 그 성격을 규정할 수 없다. 다만 아래의 사료는 '인토전'의 성격을 파악할 수 있는 단초를 제공하고 있다.

> 사. 廉興邦의 家奴 李光이 前密直副使 趙胖의 白州에 있는 토지를 빼앗았다. 조반이 염흥방에게 애걸하자 염흥방이 그 땅을 돌려주었으나 이광이 다시 그 땅을 빼앗고 조반을 능욕하였다. 조반이 이광에게 가서 간절하게 부탁하였으나 이광은 오히려 조반을 업신여기고 박대하였다. 조반은 분을 삭이지 못해 수십 기로 포위하여 이광을 베고 그 집을 불태웠다. … 조반이, "6,7명의 탐오한 宰相이 가노를 사방으로 보내어 다른 사람의 田民을 빼앗고 백성을 학대하니 그들은 큰 도적들이다. 내가 이번에 이광을 벤 것은 오직 나라를 도와 백성들의 도적을 제거하려 하였을 뿐이니 어찌 모반이라 하느냐!"[26]

---

24) 賊臣之奴, 倚其主勢, 占奪土田, 役使平民, 多聚良家子女, 成群逞惡.
   『고려사』권39, 세가, 공민왕 5년 6월 乙亥.

25) 各處逆賊之奴, 自稱達魯花赤, 奪人土田, 役使良民, 蓄積財産, 其令所在官, 籍沒, 以募戍卒.
   『고려사』권81, 병지, 병제 五軍, 공민왕 5년 6월.

26) 興邦家奴李光, 奪前密直副使趙胖白州之田. 胖乞哀於興邦, 興邦歸其田, 光復奪其田, 凌辱胖. 胖詣光哀請, 光傲胖益縱虐. 胖不勝憤, 以數十騎圍而斬之, 火其家. …

염흥방의 가노 이광이 조반의 白州 토지를 빼앗자, 그것을 둘러싸고 분쟁이 발생하여 급기야 조반이 이광을 죽이고 그 집마저 불태워 버렸다. 그러자 분노한 염흥방은 조반을 순군옥에 가두었는데, 이에 조반은 당시에 탐오한 재상들이 '전민'을 빼앗으며 백성을 학대한다고 토로하였다. 이광과 조반이 백주의 토지를 둘러싸고 분쟁을 일으켰을 당시27) 재상들은 임견미, 염흥방 등이었으므로 조반이 말한 탐오한 재상은 임견미, 염흥방 등이었고, 당시 그들이 가노를 보내어 조반의 '전민'을 탈점하였을 것이다.

그런데 『고려사』에는 임견미, 염흥방 등이 탈점한 토지를 '人土田·人奴婢'로도 기록하고 있다.28) 임견미, 염흥방 등이 탈점한 토지를 한편에서는 '전민'으로, 다른 한편에서는 '인토전·인노비'로 기술한 것이다. 이러한 표현은 '인토전'이 '전민'의 '전'에 해당할 수도 있음을 시사한다. 앞서 '전민'은 전장과 그 예속민을 의미하였으므로 '인토전'은 전장을 의미할 수 있다. 우왕이 지금의 서울 지역으로 천도를 계획하였을 때, 당시 권세가였던 이인임 등은 우왕을 호종하면서 자신의 가노들을 보내어 백성의 田廬, 즉 전장을 탈점하였으므로,29) 당시 탐오한 재상들이 탈점한 '인토

胖曰, "六七貪姦宰相, 縱奴四方, 奪人田民, 戕虐百姓, 是大賊也. 胖今斬光者, 唯以輔國家除民賊耳, 何云謀叛!"
『고려사』 권126, 열전, 반역 林堅味.

27) 정확히 언제 이광이 조반의 토지를 빼앗았는지는 확인할 수 없지만, '『태종실록』 권 2, 원년 10월 壬午 조반졸기에 의하면' 조반이 密直副使가 되었을 때, 이광이 배주 사람들의 토지를 빼앗았다고 하므로 조반이 밀직부사가 된 시기를 확인하면 될 것이다. 『고려사』에 의하면, 조반의 관직은 우왕 8년 11월에는 版圖判書, 우왕 11년 5월에는 密直副使로 확인된다. 따라서 조반이 밀직부사가 되었을 때는 우왕 8년 11월 이후부터 11년 5월 사이였을 것이다.
『고려사』 권134, 열전, 우왕 8년 11월; 권 135 우왕 11년 5월.

28) 長養林·廉群兇之黨, 奪人土田, 奪人奴婢.
『고려사』 권126, 열전, 간신 李仁任.

29) 禑遷都漢陽, 仁任及禑舅李琳·堅味·廉興邦·都吉敷·李存性·崔濂等, 扈從, 各遣傔從, 所在成群, 奪民田廬, 無有紀極.

전'에는 전장도 포함되어 있었다고 보아야 할 것이다. 한편『태종실록』
조반 졸기에서 조반의 이력과 이광을 죽인 사건이 보다 자세하게 기술되
어 있어 당시 탈점의 진상에 대한 보다 유용한 정보를 얻을 수 있다.

조반의 이력부터 살펴보자. 조반은 본관이 白州로 어려서 원나라로
가서 당시 원나라 최고의 실력자였던 승상 톡토[脫脫]에 의해 등용되었
다. 공민왕 17년 아버지가 연로하였기 때문에 귀국하여 관직이 密直副
使에 이르렀다. 조반의 이력에서 주목되는 점은 조반의 본관이 백주라는
사실이다. 고려시대 사대부들이 자신의 본관지에 전장을 두고 있었다는
사실을 염두에 둔다면, 조반도 백주에 전장을 두었을 것이며 따라서 조
반이 이광에게 빼앗긴 토지 역시 전장 전체 혹은 그 일부였을 가능성이
매우 높다.

조반이 백주에 전장을 소유하고 있었음은 살인으로 비화된 이광과 조
반의 토지 분쟁에서 잘 확인된다. '조반 졸기'에 의하면, '임견미와 염흥
방이 권세를 휘두를 때, 염흥방이 백주 사람들의 토지를 數百頃을 빼앗
은 뒤, 가노 이광을 보내어 庄主로 삼았으며 또 여러 사람들의 토지를
빼앗아 1년에 조를 2~3회 거두었다.'고[30] 하였다. 주목되는 사실은 백
주의 토지를 빼앗고 이광을 장주로 삼았다는 것이다. 이는 염흥방이 토
지를 빼앗아 백주에 전장을 두었고, 조반의 전장 혹은 전장의 일부가 염
흥방에 의해 탈점되었음을 의미한다. 특히 토지를 빼앗긴 뒤 조반이 노
비 이광에게 사정하다 그를 살해하였다는 기술은 조반이 빼앗긴 토지 규
모가 적지 않았음을 의미한다. 따라서 조반은 자신의 전장 전체는 아니
더라도 상당수의 토지를 이광에게 빼앗겼을 것이다.

이상의 검토를 통해, 탈점된 '인토전'이 때로 전장 혹은 사대부들의

『고려사』 권126, 열전, 간신 李仁任.

30) 時林堅味廉興邦等, 久執政柄, 貪饕無厭, 奪白州人田數百頃, 以蒼頭李光爲庄主.
又奪諸人之田 一年收租 至再至三.
『태종실록』 권2, 태종원년 10월 壬午, 조반 졸기.

사유지를 대상으로 하였음을 확인할 수 있다. 물론 탈점된 모든 '인토전'을 이러한 성격의 토지였다고 말할 수만은 없다. 하지만 적어도 탈점된 '인토전' 안에는 전장 혹은 사대부의 사유지가 상당수 포함되어 있었다. '인토전'의 용례에 전장 혹은 사대부의 사유지가 상당수 포함되어 있었다면, 고려후기 주탈점 대상지는 전장으로 보아도 무리는 없을 것이다.

물론 고려후기 탈점이 완전히 향리와 사대부들의 전장과 그 예속민만을 대상으로 한 것은 아니었다. 소농민의 사유지 역시 좋은 탈점의 대상이 되었을 것이다. 하지만 전체적으로 고려후기 탈점은 지배층의 전민을 대상으로 하였다고 보아야 할 것이다.

이처럼 전민의 탈점이 대사유지인 전장과 그 예속민을 대상으로 하였다면, 소농민의 사유지를 집중시키면서 농장이 형성되었다거나 수조지의 집적을 통하여 고려후기 농장을 설명하려는 견해는 재고되어야 한다. 고려후기 자립소농의 사유지나 수조지의 탈점이 사회문제가 된 것이 아니라, 지배층의 사유지, 즉 전장의 탈점이 보다 중요한 문제였다. 특히 무인정권기간 빈번한 권력의 교체, 몽고침입에 의해 심화된 향리층의 동요, 원간섭기 측근정치라는 기형적 통치형태의 발생은 층의 동요와 권력투쟁의 강화를 가져왔고 그 과정에서 층이 소유한 전장과 그 예속민의 탈점 문제가 대두되었을 것이다.[31]

2. 전장 탈점의 배경

탈점이 지배층의 대사유지인 전장과 그 예속민을 대상으로 발생하였다면, 유독 고려후기에 탈점이 심화된 이유는 무엇일까? 농민의 소사유

---

31) 원간섭기 권력투쟁과 전민의 관계에 대해서는 신은제, 2006, 앞의글 참조.

지의 탈점을 통해 전장이 형성된 것으로 이해한 강진철은 '고려 예종대부터 시작된 권세가의 토지탈점은 무인집권기와 대몽항쟁기를 거치면서 강화되었으며 원간섭기로 접어들어서는 일상적 현상으로 자리잡았다'고 하였다.[32] 특히 고려 예종대부터 시작된 소수 문벌가문에 의한 권력 독점과 지배층 내부 권력투쟁의 심화를 토지 겸병의 원인으로 이해하였다.

그러나 예종대 이후 소수 문벌가문이 권력을 독점한다 하더라도 전체 고려시대를 놓고 본다면 문벌가문은 항상적으로 존재하였으며 그들의 권한은 막강하였다. 따라서 문벌가문의 권력 독점으로만 이 시기 탈점의 양상을 설명하는 것은 적절하지 않다. 실제 탈점을 고려중·후기만의 현상으로 볼 수는 없다. 조선왕조의 체제가 자리잡아가던 태종대에, 芳幹의 난을 평정하여 定社功臣이 된 淸城君 鄭擢은 외숙부인 청주 한씨 韓蕆의[33] 전장을 탈점하여 물의를 일으켰다.[34] 즉 조선시대에도 권세가에 의한 탈점은 존재하고 있었던 것이다. 이러한 사례는 시기에 따라 그 강밀도에는 차이가 있을 수 있지만, 권세가에 의한 탈점이 통시대적 현상임을 확인시켜 준다.

그러므로 고려전기에도 탈점이 발생하지 않았다고 볼 수는 없다. 하지만 아쉽게도 고려전기 탈점의 존재를 확인시켜 주는 사료는 현재로서는 존재하지 않는다. 그러나 고려시대 '不事産業', '不營産業'의 사례들은[35] 다른 한편으로 관료들의 재산증식이 빈번하게 이루어졌음을 반증하는 것으로도 이해될 수 있어, 보다 적극적으로 해석한다면 고려전기에도 재산증식의 한 방법이었던 탈점이 존재하였음을 추론할 수 있다.

---

32) 송병기, 1967, 「고려시대의 농장」『한국사연구』3, 1967 ; 강진철, 1980, 「전시과 체제의 붕괴」, 앞의 책.

33) 한천의 아버지는 韓大淳으로 여동생이 정탁의 아버지인 鄭樞에게 출가하여 정탁을 낳았다. 『청주한씨세보』권2.

34) 『태종실록』권5, 태종 3년 5월 丁酉.

35) 이러한 표현은 『고려사』권93, 柳邦憲 ; 권94 姜邯贊등 고려전기부터 손쉽게 확인할 수 있다.

　고려시대 사대부들의 열전과 묘지명에는 '不事産業', '不營産業'라는
기술이 자주 등장한다. 평생토록 재산을 증식하는 데 힘쓰지 않고 청렴
하게 살았다는 것을 강조하기 위한 표현이다. 물론 묘지명에 수록되고
『고려사』 열전에 입전된 인물 대다수는 악의적으로 서술되지 않아, 그
들의 일생을 미화하기 위해서 이렇게 표현하였을 가능성도 배제할 수는
없다. 그러나 수많은 열전이나 묘지명 가운데 특정 인물의 열전과 묘지
명에 '不事産業', '不營産業'라고 한 것은 그들이 상대적으로 검소한 일
생을 보냈기 때문일 것이다.

　당대인들의 이러한 인식은 이재에 밝아 재산 증식에 힘쓴 이들에 대
한 평가에도 투영되어 있다. 尹瓘의 증손자인 尹宗諤은 田園을 확장하
여 세인들의 손가락질을 받았으며,[36) 文克謙 역시 노복을 나누어 보내
전원을 널리 두어 아쉬움을 남겼다.[37) 특히 문극겸은 성품이 인자하고
효성이 지극하였으며 평소 검소한 생활을 하였으나, 다른 한편으로 자신
의 전장을 확장하는데 매우 적극적이어서 당대 사람들이 이를 아쉽게 여
기었다. 이처럼 재산증식 여부에 따라 그 인물에 대한 평가가 달라진다
는 사실은, 고려시대 재산 증식이 매우 일반적인 현상이었음을 반증하는
것으로도 이해될 수 있다. 일반적으로 자신의 재산을 증식하는 방법은
'집적과 집중'으로 요약할 수 있다. 집적이 모든 생산과정에 대하여 스
스로 감독하고 경작농민의 노동력 수취를 강화하여 재산을 증식하는 방
식을 의미한다면, 집중은 개간과 탈점을 통해 재산을 집중시키는 방식으
로 이해될 수 있다. 이러한 재산 증식 중에서 당대인들이 특히 천박하게
여긴 것은 탈점이었다. 세인들은 박인석이 자신의 전장경영에 힘쓴 것과
李輔予의 부인 李氏가 모두 몸소 집안을 잘 다스린 것을[38) 크게 책망하

---

36) 宗諤重然諾喜施與, 然廣植田園, 多受饋遺, 爲世所譏.
　　『고려사』 권96, 열전9 제신 尹鱗瞻.
37) 分遣僕從, 廣植田園, 時議惜之.
　　『고려사』 권99, 열전12, 제신 문극겸.

지 않은 반면, 朴挺襛가 장인의 소실이 가지고 있던 田廬와 노비를 빼앗아 소실 모자를 굶겨 凍死시킨 일을 천박하게 여겼다.[39] 특히 고려말 '여러 재상들이 산업을 일삼아 전민을 탈점하였다'는[40] 표현은 재산을 증식하는 것이 탈점과 밀접하게 연관되어 있음을 확인시켜 준다. 따라서 고려전기 재상을 지내고도 '不事產業', '不營產業'하였다고 칭송받은 유방헌과 강감찬은 탈점을 행하지 않은 인물이었다고 이해할 수 있고, 이는 곧 고려전기에도 권세가들에 의한 탈점이 존재하였음을 의미하는 것이 된다.

그러나 탈점이 가지는 통시대적 성격에도 불구하고, 확실히 고려중기부터 탈점 관련 기사는 빈번하게 사료에서 확인된다. 따라서 이 시기부터 보다 탈점이 강화되었다는 선행연구의 결론은 타당하다. 그러면 고려전기부터 존재하던 탈점이 12, 13세기에 강화된 원인은 무엇일까? 고려중기는 정치, 사회, 경제적인 변화가 발생하고 있었으므로 탈점도 그러한 사회변동과 매우 밀접한 연관을 가지고 있었을 것이다.

특히 12, 13세기 사회변동에서 중요한 부분을 차지하는 것은 본관제의 해체와 향리층의 분화일 것이다. 일부 향리들이 사족으로서의 지위가 강화되었던 반면, 일부 향리들은 향촌의 말단을 형성하거나 정부에 대하여 반란을 일으키기도 하였다. 더욱이 鄕役의 부담이 강화되어 몰락하는 향리들도 나타나기 시작하였다.[41] 이러한 사정은 유력자에 의한 저습지와 해택지의 개발과 그 방향을 같이하고 있었다. 막대한 노동력과 자금이 소요되는 저습지와 해택지의 개발은 유력 향리층 혹은 유력 가문에

---

38) 김용선 편저, 2001, 「이보여처 이씨 묘지명」『고려묘지명집성』, 한림대학교 아시아문화연구소.
39) 『고려사』 권98, 열전1, 제신 박정유.
40) 諸相, 或有謀產業, 爭田民.
   『고려사』 권113, 열전26, 제신 최영.
41) 채웅석, 앞의 책, 212~222쪽.

의해 주도되었고, 그 과정에서 성장하는 향리층과 몰락하는 향리층은 보다 확연해졌을 것이다. 특히 향리층 분화는 몰락 향리층이 소유하고 있던 전장에 대한 탈점으로 이어졌을 것이다. 경원 이씨 李資諒이 서해도에서 향리의 田園을 침탈한 사례는[42] 그 단적인 예이다.

향리층의 분화는 대몽전쟁기에 들어 더욱 심화되었다. 몽고군이 침입하자 고려 정부는 '산성과 해도로의 입보'라는 청야전으로 대응하였다. 그 목적이 무엇이든, 청야전은 이전까지 향리들이 하고 있던 향촌체제를 동요시켰다. 더욱이 몽고의 공격과 파괴행위는 촌락 자체를 붕괴시켰으며 이는 향리들의 기반을 송두리째 앗아가는 것이었다.[43] 특히 서북지방과 경기지방의 향리들이 입은 타격이 심대하였으며, 이는 원간섭기에 삼남지방의 향리들이 보다 활발하게 관인으로 진출하는 계기가 되었다.[44]

향리층의 분화는 원간섭기로 들어서면서 더욱 강화되었다. 충숙왕의 측근이었던 申靑은 충숙왕 사후 충혜왕에 의해 제거되는데, 이때 신청이 지은 죄목 중 하나가 多仁縣의 향리인 黃仁贊의 노비를 빼앗았으며 金化郡의 향리 文世 등 50여명을 잡아 노비로 삼은 것이었다.[45] 원래 신청은 다인현의 驛吏였는데 충숙왕의 폐행이 되어 권세가가 되었다. 반면 같은 다인현의 향리였던 황인찬은 신청에게 자신의 노비를 빼앗기는 처지가 되었으며, 문세 등은 노비가 되어 버렸다. 이러한 상황은 몰락하는

---

42) 『고려사』 권98, 열전11, 제신 崔奇遇.
43) 김광철, 1987, 「여몽전쟁과 재지이족」 『부산사학』 12.
44) 이수건, 1986, 『한국중세사회사연구』, 일조각, 344쪽 ; 김광철, 1987, 앞의 글, 30쪽.
45) 친척에게 함부로 역마를 타게 하였고 多仁縣吏 黃仁贊을 잡아두고 그 노비 70口를 빼앗았으며 檢校 裴尙書, 別將 宋全, 令同正 朴得侯·李均·吳天世 등에게 협박하여 그 딸을 핍박하여 음란하였습니다. … 친족으로 하여금 200여 명을 거느리고 金化郡吏 文世·益守 등 50여 명을 壓良하여 노비를 삼았고 文世와 丁延의 妻를 때려 죽였습니다.
『고려사』 권124, 열전37, 폐행 신청.

향리와 성장하는 향리의 일면을 잘 보여주는 사례로 이해된다.

12, 13세기 이후의 국내외의 정치 정세도 탈점을 강화하는 요인으로
작용하였다. 하급 무반들에 의해 주도된 무인정권의 성립은 기존 문벌가
문들의 위축과 새로운 권력자의 형성을 낳았고 지배층의 재편을 결과하
였다. 특히 이의방 정권이후 계속된 권력투쟁은 이를 가속화시켰다.

빈번한 집권자의 교체는 전장의 재편을 수반하였다. 鄭仲夫는 侍中이
된 후 전원을 확장하였고,[46] 崔忠獻 역시 많은 田民을 침탈하였으나 그
가 죽은 뒤 崔怡는 그 전민을 본래의 주인에게 되돌려 주었다.[47] 또 최
씨 정권이 몰락하자 최씨 가문이 소유하고 있던 전장은 적몰되었다.[48]

한편 元이라는 새롭고 결정적인 정치적 변수의 등장과 측근정치라는
독특한 정치형태가 출현하면서[49] 정치권력을 둘러싼 대립은 더욱 복잡
하고 역동적으로 변화하였으며 이 과정에서 전장의 탈점은 심화되었다.
원간섭기 권력의 변동과 탈점은 마치 동전의 양면과도 같았다. 권력을
장악하였을 경우에는 막대한 전장을 소유하였지만, 권력투쟁에서의 패
배는 곧 전장의 상실을 의미하였고 자신의 전장은 새로운 권력자들의 소
유가 되었다. 무인정권이 종식되자 諸王과 원종의 측근 신료들이 임유무
일파의 전원을 나누어 가졌다는 사실은[50] 이러한 사정을 잘 보여 준다.
특히 충선왕 세력의 부침은 권력과 전장과의 연관성을 여지없이 드러내
어주고 있다.

---

46) 仲夫性本貪鄙, 殖貨無厭. 及爲侍中, 廣殖田園.
     『고려사』 권128, 열전41, 반역 정중부.
47) 明年, 又以忠獻占奪公私田民, 各還其主.
     『고려사』 권129, 열전42, 반역 최이.
48) 遣郎將朴承盖于慶尙道, 內侍全琮于全羅道, 籍沒喧及萬宗奴婢·田莊·銀帛·米穀.
     『고려사』 권129, 열전42, 반역 최의.
49) 김광철, 1991, 『고려후기세족층연구』, 동아대학교 출판부.
50) 自權臣誅夷, 諸王及寵臣, 李玄原·康允紹·李汾禧·金自貞·李汾成等, 爭先請王, 受
     其田園. 『고려사』 권27, 세가 원종 12년 2월 癸卯.

제국대장공주의 怯怜口로 고려에 온 쿠릴타이[印侯]는 권세가 전국을 기울였고 탈점한 토지 또한 매우 많았다.[51] 겁령구였던 쿠릴타이는 고려에 아무런 기반이 없었지만 제국대장공주의 총애를 바탕으로 많은 토지를 탈점하였다. 처음 쿠릴타이는 충렬왕의 측근세력으로 막강한 권세를 휘둘렀으나 충렬왕 23년 제국대장공주가 죽고 이듬해 충선왕이 즉위할 즈음 충선왕 지지세력으로 전향했다.[52] 그러나 충선왕은 즉위 1년을 못넘기고 다시 왕위를 부친 충렬왕에게 반납해야 했다. 전향한 쿠릴타이에게는 불안한 시기가 찾아온 것이다. 이에 쿠릴타이는 이른바 '韓希愈誣告事件'을 일으켜 충렬왕 세력을 제거하고 충선왕의 환국을 시도하였으나,[53] 일이 여의치 않아 원으로 도주하였다. 이제 충렬왕에게 배신자 쿠릴타이는 용서할 수 없는 적이 되었다. 충렬왕은 원나라에 표문을 보내어 쿠릴타이가 고려에 있을 때 탈점한 전민을 본래의 주인에게 되돌려 줄 것을 요청하였다.[54]

권력과 부의 동맹은 비단 쿠릴타이의 사례에서만 확인되는 것은 아니다. 권한공, 채홍철도 쿠릴타이와 크게 다르지 않았다.

> 아. 충선왕이 원나라에 있으니 김심이 密直使 李思溫과 더불어 의논하였다. "… 여러 호종신료들은 모두 객관생활이 고달파 돌아갈 것을 생각하였으나 權漢功, 崔誠之가 함께 관리 임명권을 관할하여 뇌물을 탐하고, 朴景亮을 보내어 왕의 측근으로 삼아 여러 번 賞賜를 입어 재산을 증식하고 있었다. 왕의 돌아오지 못함은 이 세 사람 때문이다."[55]

---

51) 『고려사』 권123, 열전36, 嬖幸 인후.
52) 김광철, 1993, 「충렬왕대 측근세력의 분화와 그 정치적 귀결」 『고고역사학지』 9.
53) 김광철, 1984, 「홍자번 연구」 『경남사학』 창간호.
54) 『고려사』 권32, 세가, 충렬왕 27년 5월 庚戌.
55) 王在元 深奧密直使李思溫議曰 … 諸從臣皆羈旅思歸, 而權漢功·崔誠之同掌選法, 利其賂, 遣朴景亮, 爲王腹心, 累蒙賞賜, 營置產業. 王之不歸, 實由三人.
   『고려사』 권104, 열전17, 제신 김심.

김심은 충선왕이 고려왕위에 오른 뒤에도 환국하지 않고 원에 체류하면서 권한공, 최성지, 박경량을 통해 고려를 통치하는 행위를 비판하면서 이런 사태는 권한공 등의 간계로 말미암은 것이라고 여겼다. 우리의 주제와 관련하여 주목되는 것은 권한공, 최성지, 박경량이 충선왕으로부터 여러 차례 상을 하사받아 치부하였다는 사실이다. 충선왕이 하사한 상 가운데에는 당연히 토지도 포함되었을 것이다.

충선왕 세력이 증식한 재산 내역과 관련하여 충선왕이 토번에 유배된 후 권한공 등이 순군에 감금되고 그의 집이 몰수되었을 때,[56] 권한공과 채홍철 등 충선왕 측근세력의 田民이 辨違都監에 의해 다른 사람에게 주어졌다는 기록이[57] 주목된다. 앞서 살펴본 것처럼 전민은 전장과 그 경작민을 지칭하므로 권한공, 채홍철 등과 같은 충선왕 세력이 증식한 재산 가운데에는 전민이 중요한 부분을 차지하였을 것이다. 이전 무인권력자들을 제거한 뒤, 새로운 권력자들이 그들의 전원을 나뉘어 가진 것처럼, 충선왕의 토번유배와 함께 제거된 충선왕 세력의 토지는 이후 집권한 충숙왕의 측근들에게 주어졌을 것이다. 권력과 탈점의 관계는 공민왕을 시해한 洪倫 등의 전민이 우왕 즉위에 공을 세운 池奫에 의해 탈점되었다는 사실에서도 확인할 수 있다.[58]

탈점 관련 용례를 면밀히 분석해보면, 탈점은 소농민의 사유지나 수조지를 대상으로 한 것이 아니라 사대부나 향리들의 田民, 즉 전장과 그 경작민을 대상으로 하였다. 탈점은 고려 통시대적으로 발생하였으며, 특히 고려후기의 사회, 정치적 불안과 더불어 격심해졌다. 12~13세기부터 시작된 향리층의 분화와 지배층의 빈번한 교체는 지배층 사이의 탈점을

---

56) 『고려사』권125, 열전38, 간신 권한공.
57) 『고려사』권125, 열전38, 간신 채하중.
58) 『고려사』권131, 열전44, 반역 홍륜.

더욱 용이하게 하는 조건으로 작용하였다.

이처럼 탈점이 고려후기 사회가 처한 상황을 바탕으로 지배층의 전장
과 그 경작민을 대상으로 전개되었다면, 전장은 소농민의 사유지나 수조
지의 탈점을 통해 형성된 것이 아니라 이전부터 존재하였으며 그 자체가
탈점의 대상이 되었다고 보아야 한다.

제7장
結論

이 글은 고려시대 전장의 구조와 경영의 구체적 모습을 재현하기 위해 쓰여졌다. 전장의 구조와 경영을 재현하기 위해서는 먼저 전장이 무엇인지 그리고 전장이 과연 고려의 토지소유제에서 어떤 위상을 차지하는지에 대한 검토가 먼저 이루어져야 한다.

대토지 지배가 실현되고 있던 전장(농장)은 연구자에 따라 세 가지로 정의되고 있었다. '대사유지', '사적 소유지형 농장·수조지 집적형 농장과 같이 소유권과 수조권에 기초한 대토지 지배가 실현되던 특정의 공간', 그리고 '노비 노동에 기초한 대사유지'가 그것이다. 연구자에 따라 그 범주는 다르게 규정되어 왔으므로 고려시대 전장의 연구는 전장의 범주에 대한 규명에서 출발할 수밖에 없다.

고려시대 전장은 田廬, 田舍, 田園, 別業, 農莊, 別墅 등과 같이 다양한 이름으로 사료에 나타나고 있다. 다양한 용례들이 하나의 용어로 사용될 수 있다는 사실은 이들 용례들이 서로 같은 의미를 지니고 있기 때문이었다. 한편 개별 명칭의 차이에서 확인할 수 있듯이 이들 용례는 특수성도 가지고 있었다. 따라서 개별 용례의 특수성의 확인을 통해 전장의 보편성을 규명할 수 있었다. 별서는 '가옥' 혹은 '토지에 부속된 가옥'이라는 의미를 가지고 있었으며, 田園은 '채마밭' 혹은 '토지'를 지칭하고 있었다. 이처럼 개별 용례들은 나름의 특수한 의미를 가지고 있었다. 서로 다른 의미로 사용되고 있던 용례들이 같은 의미로 사용되기 위해서는, 특수성들이 포괄하는 보편성을 가지고 있어야만 한다. 즉 전장과 전장의 용례로 이해되고 있던 田廬, 田舍, 田園, 別業, 農莊, 別墅 등이 莊舍, 경작지, 채마밭 등의 요소들을 포괄하고 있으면서, 맥락에 따라 개별 요소들이 강조될 때만 용례들 사이에 의미의 등가가 가능하다. 따라서 전장은 장사, 경작지, 채마밭 등의 요소를 갖추고 있는 특정의 공간을 의미하였다.

그런데 중앙 권력은 전장주들 특히 사대부나 향리들의 전장에 대해 자신의 영향력을 관철하려 하였으며 그 영향력은 조세의 수취로 구체화되었다. 조세 수취의 담당자는 지방관이었으므로 지방관과 전장주 사이에는 끊임없는 긴장관계가 형성될 수밖에 없었다. 지방관이 전장에 대하여 일정한 권력을 행사하고 있다는 사실을 근거로 고려시대 전장에 대한 지배를 수조권으로 파악하려는 견해가 있다. 하지만 고려에서 조선에 이르기까지 전장에 대한 조세의 수취를 시도하여 왔으므로 전장에 대한 지방관의 개입을 근거로 전장에 대한 토지지배를 수조권에 입각하였다고 할 수는 없다.

전장은 그 자체가 유지되기 위해 경작민과 결합되어야만 한다. 전장의 경작민으로 노비가 강조되었지만 노비만이 전장의 경작민은 아니었다. 고려시대에는 노비와 양인들의 교혼이 자주 이루어지고 있었으므로 몰락양인들 역시 전장의 경작민이 되었다. 때문에 전장과 경작민은 종종 '전민'이라는 단어로 사료에 나타났다.

한편 전장 경작민의 한 축을 담당했던 노비들의 대다수는 가족을 구성하고 있었으며 독자적인 자기 경리를 가지고 있던 소농과 같은 존재들이었다. 전장주의 집에서 여러 身役을 부담하던 가내사환노비도 있었지만 그들의 수는 많지 않았고, 경작노동에 동원된 대다수의 노비들은 가족을 구성하고 있었던 것으로 보인다.

전장의 경영은 기본적으로 소농경영에 기초하고 있었다. 소농경영이야 말로 노예제와 자본제적 대농경영과 구별되는 봉건적 특징이다. 따라서 중세사회의 토지소유의 일면을 이루는 전장의 발전은 소농경영의 발달과 불가분의 관계를 맺고 있다.

4~6세기는 농업생산력이 발전하고 소농경영이 형성되어 가던 시기였으므로 이 시기에 전장도 형성되었다. 특히 생산력의 발전과정에서 성장한 '호민층'은 전장주의 직접적인 기원이 되었다. 통일전쟁기에 형성된 전장은 이후 나말려초의 사회변동을 거치면서 비약적으로 확대되었다. 해인사와 태안사의 사례처럼 기존의 전장이 유지·확대되기도 하였고 새롭게 창건되거나 중창된 사원들도 광범위하게 전장을 지배하였다. 고려왕실 역시 전장의 지배자로 새로이 등장하였다. 무엇보다 나말려초의 변동기에 전장의 지배자로 그 위치를 분명히 드러낸 존재는 호부층이었다. 이들은 6세기경부터 성장하기 시작한 호민층의 후예로, 자신이 지배하던 곳을 본관지로 삼았으며 그곳에 전장을 두고 있었다. 봉성 염씨와 죽산 박씨의 본관지 전장지배는 그러한 사실을 잘 보여준다.

그러나 비록 이 시기에 전장이 확립되었다고 하더라도, 고려전기 토지소유에서 전장이 가지는 위상에 대해서는 이견이 있었다. 일반적으로 고려시대 사원, 궁원, 관료들의 경제기반은 사유지와 수조지로 양분될 수 있다. 만약 그들의 경제기반으로 수조지가 보다 중요한 위치를 점한다면 아무래도 당대 전장의 수와 그 사회적 비중은 낮을 수밖에 없다. 따라서 당대 전장이 사원, 궁원, 관료의 경제기반 중 어떠한 위상을 점하고 있는가를 확인하는 것은 고려전기 소유관계를 이해하는 데 매우 중요한 문제이다.

고려시대 사원은 전장을 기반으로 운영되고 있었다. 이러한 사례는 통일신라기 해인사의 전장 매입문서, 태고 보우가 양산사를 중창하였을 때 전장이 확보되자 비로소 魚鼓가 울렸다는 기록, 박문비의 수암사 운영, 이승휴의 간장암 창건을 통해서 확인할 수 있다.

전장은 궁원에서도 매우 중요했다. 궁원은 사유지로서 '莊'을 소유하고 있었으며 새롭게 궁원을 둘 때에도 전장이 함께 설치되었다.

　관료들에게도 전장은 삶의 토대였다. 당시 관료들에게 전장이 어떤 의미였는지는 중국에서 귀화한 관료들에 대한 처우에서 확인된다. 중국 귀화인들이 實職과 그에 따른 토지를 분급 받았음에도 불구하고 별도로 전장을 하사받았다는 사실이 주목되었다. 별도의 전시를 분급 받았음에도 불구하고, 이들이 전장을 하사받았던 것은 관료로서의 삶을 영위하는 데 전장이 그 만큼 중요한 위치를 점하였기 때문이었다.

　고려시대 전장은 하나의 자연촌 단위로 존재하였고 자연촌 전체를 지배하였다. 따라서 자연촌락의 규모는 곧 전장의 규모를 의미하였다. 고려시대 자연촌락의 규모는 일정하지 않았으나, 대개 15호 내외로 이해된다. 한편 고려시대 개별 농가의 자경 규모는 5인 가족을 기준으로 한 1호당 50두락 내외였으므로, 15호로 구성된 전장의 경작지 규모는 약 700여 두락 정도였다.

　이러한 규모를 갖춘 전장은 瓦家 혹은 초가로 이루어진 莊舍와 경작지, 초채지, 기타시설로 구성되어 있었다. 莊舍에는 소유자 혹은 관리자와 이들을 모시는 노비의 주거지, 가축의 우리, 창고가 있었다. 경작지는 곡물을 심은 전답과 채소나 과실수를 심은 채마밭으로 나누어진다. 초채지는 기본적으로 땔나무를 채집하는 곳이었지만 때로는 방목지로 활용되기도 하였다. 또 풍부한 물은 전장의 중요한 구성요소 중의 하나였다. 풍부한 물은 식수 뿐 아니라 농업에 있어서도 중요한 역할을 하였으며, 풍류를 위한 연못을 만들거나 생선을 공급받는 데도 요긴하였다.

　그런데 전장주들은 장사가 위치한 전장을 중심으로 하나의 촌락을 벗어나 인근의 촌락을 지배하거나, 여러 곳에 두루 전장을 두기도 하였다. 이러한 전장의 편제는 통도사의 寺領地 지배에서 잘 드러난다. 통도사는 本剎인 통도사를 중심으로 동서남북에 屬院이라 불리는 7개의 부속 장

사를 두고 있었다. 통도사의 장사들은 그 자체로 하나의 촌락에 위치하
였지만 인근의 촌락들에 대하여 잉여를 수취하는 지배의 거점 역할도 하
였다.

이처럼 장사가 위치한 전장을 중심으로 인근의 촌락을 지배하는 방식
은 고려시대 지역촌을 중심으로 인근 자연촌을 관리하던 지방지배와 같
은 것이었다. 이러한 사실은 보우의 미원장에서도 확인된다. 미원장은
원래 공민왕의 '장'이었으나, 공민왕이 보우를 아껴 그에게 하사한 '장'
으로 이해된다. 이 미원장에는 향리 善大가 있었으므로, 다른 지역 향리
들과 마찬가지로 자신이 거주하던 촌락을 지역촌으로 삼아 인근의 촌락
을 지배하고 있었을 것이다. 즉 미원장 역시 장사가 위치한 촌락을 중심
으로 인근의 촌락들을 지배하고 있었던 것이다.

한편 이러한 구조 하에서 촌락들 간에는 일정한 분업구조를 가지고
있었는데, 차를 전문적으로 생산하는 촌락, 어패류를 전문적으로 생산하
는 촌락 등의 존재는 그러한 사실을 잘 보여준다.

전장의 경영형태는 고려시대 계급관계의 단면을 드러내므로 일찍부
터 주목받았던 주제이다. 고려시대 전장의 경영형태는 병작제, 작개제,
직영제 세 가지 형태가 존재하였던 것으로 파악된다. 특히 광종대 진전
개간 규정을 바탕으로 병작제가 고려전기부터 보편적으로 시행되어 온
것으로 이해되어 왔다. 그러나 광종대 판문은 진전 개간이라는 특수한
상황을 고려한 것으로 이를 일반화시키기에는 무리가 따른다. 더욱이 한
해 전조 면제와 이듬해에는 병작제를 실시하도록 규정한 광종 판문은,
병작제의 보편화를 의미한다기보다 광종대 병작제가 매우 제한적으로
존재하고 있었음을 알려주는 것으로 파악해야 한다.

고려시기 전장의 경영방식으로 주목되는 것은 병작제가 아니라 작개
제와 직영제이다. 작개제는 김준이 자신의 전장을 관리하기 위해 문성주

등을 파견하여 소농경영에 의해 이루어진 1두락지에 1석을 수취하였다
는 사실을 통해 확인할 수 있다. 16세기 파주지역 작개지 1두락에서 10
두를 수취하였다는 사실을 고려한다면 1두락지에서 1석의 수취는 전체
생산량에 대한 수취로 밖에 볼 수 없으며, 이는 당시 작개제에 입각한
경영이 이루어지고 있었음을 의미한다.

작개제뿐 아니라 직영도 전장의 경영방식 중 하나였다. 이규보는 자
신의 노비 8명을 동원하여 개성 동쪽에 있던 자신의 전장에 부속된 과수
원을 직영방식으로 경작하였다.

고려시대 작개와 직영에 동원된 노동력은 노비뿐 아니라, 몰락한 예
속농민들도 상당수를 차지하였다. 고려후기 권세가들과 왕의 측근들은
양민들을 사역시켜 직영지를 경작하기도 하였다.

고려시대에 병작제는 부수적으로 이용되었고 작개와 직영이 주된 경
영 형태였지만, 개별 전장에서 이들 경영방식은 서로 병존하고 있었다.
각각의 경영방식은 특정한 조건 하에서 전장주에 의해 채택되거나, 전장
주와 예속민에 의해 합의되었다.

병작제는 새로 개간한 토지에 대한 우대, 몰락한 양인농민을 모집하
는 동인, 경작노동을 감시할 수 없는 원처에 있던 소규모의 경작지에서
행해졌다. 작개는 전장주가 자주 방문할 수 없어 舍音奴에 의해 관리되
던 원처의 전장에서 주로 행해졌다. 전장주들이 舍音奴에 의해 관리되던
전장에서 작개제를 실시한 것은 舍音奴들이 일으킬 수 있는 폐단을 사
전에 차단하고 보다 효과적으로 잉여를 수취하기 위한 의도가 작용하였
기 때문이다. 특히 전장주들은 보다 효율적인 수취를 위하여, 畓에 전장
주의 몫인 작개지를 두었다. 이는 무엇보다 화폐로서 기능하던 미곡이
가지는 특징 때문이었다. 직영은 자신이 세거하는 세거지 전장에서 행해
졌으며, 특히 장사 주변에 위치하여 노동에 대한 감시가 용이한 곳에 직
영지가 두어졌다.

이처럼 작개와 직영제의 방식으로 전장의 경영이 이루어지고 있었기 때문에 전장주들은 노동에 대한 감시와 통제를 더욱 강화하였다. 전장주들은 경작 농민을 감독하기 위하여 전장을 직접 방문하여 전장 일대를 살피는 것을 중요하게 여겼다. 또 일상적인 감시를 위해 관찰이 용이한 곳에 자신의 저택이나 정자를 짓기도 하였다. 한편 먼 곳에 위치한 자신의 전장을 관리하기 위하여 노비 등을 보내어 관리하였으며, 때로 이규보의 근곡촌 전장에 있던 '田家主人'처럼 해당 지역에서 관리자를 선발하기도 하였다. 원처에 있던 전장에서의 잉여는 주로 미곡의 형태로 수취되었으며, 수송수단으로는 배가 자주 이용되었다. 다만 水路와 멀리 떨어져 있어 수송이 용이하지 않은 곳은 전장주가 직접 방문하여 잉여를 소비하기도 하였던 것으로 보인다.

전장은 고려시대 지배층에게 중요한 의미를 가지고 있었다. 때문에 권력의 향배에 따라 지배층의 운명이 좌우될 때마다 전장도 요동칠 수밖에 없었다. 따라서 12~13세기의 사회변동은 전장에도 지대한 영향을 끼쳤다. 특히 고려후기 경제문제의 중심에 놓여 있던 탈점은 전장과 밀접한 관련을 가지고 있었다.

고려후기 탈점 관련 용례를 분석해 보면, 탈점은 주로 田民을 대상으로 이루어졌다. 전민은 지배계급의 대사유지와 그 예속민이었다. 전장이 대사유지임을 고려한다면, 이러한 사실은 고려시대 탈점이 주로 전장과 그 예속민을 대상으로 하였음을 의미하는 것이기도 하다.

일반적으로 권력자에 의한 탈점은 어느 시기나 존재하였다. 『고려사』 찬자들의 '재산을 증식하는 데 몰두하여 탈점을 자행하였다'는 비난과 '재산증식에 힘쓰지 않았다'는 칭송은 서로 이항관계에 있었다. 그런데 탈점에 대한 기록이 12세기부터 사료에 제시되고 있음에 반해, 그와 이항관계를 이루는 재산증식에 힘쓰지 않은 '不事産業'한 이들에 대한 칭송은 고려 전시기에 걸쳐 사료에 나오고 있다. 비록 직접적인 사료는 존재하지 않더라도, 이는 곧 탈점이 고려 전시기에 걸쳐 존재하였음을 의미하는 것이다.

하지만 탈점이 가지는 통시성에도 불구하고, 탈점은 분명히 고려후기보다 강화되고 있었다. 고려후기 탈점의 강화는, '고려 지배층의 말단을 형성하고 있었던 향리층의 분화', '장기간에 걸친 대몽항쟁과 그에 따른 향리층의 몰락', '무인정권기 이후 빈번한 지배층의 교체', '원 간섭기에 이루어진 기형적인 측근정치' 등이 주된 요인이었다.

지금까지 고려시대 전장의 범주, 형상과 그 위상, 규모와 공간 구조, 경영과 지배, 정치세력과 전장의 추이 등의 문제를 살펴보았다. 이러한 작업은 경제적 측면에서 고려시대 토지소유관계와 그를 둘러싼 계급관계를 규명하려는 의도에서 기획된 것이었다. 그러나 고려시대 계급 관계가 분명해지기 위해서는 다음의 검토가 추가되어야 할 것이다.

첫째, 촌락 내에서 실현되고 있던 계급지배가 구체적으로 어떻게 실현되고 있었는지에 대한 검토가 필요하다. 이는 곧 전장 내 인격적 예속관계의 실상에 대한 파악을 의미한다. 인격적 예속관계는 신분제로 표현되지만, 신분제만이 아니라 일상적 통제와 감시, 의식구조를 통해서도 구현된다. 따라서 인격적 예속관계를 파악하기 위해서는 전장 내 신분관계의 구체적 실상과 경작민의 의식을 통제할 수 있는 문화적 장치를 확인하는 것이 필요하다. 조선의 경우 노비와 예속농민에 대한 재지사족의 신분적 우월성이 직접 확인되고, 촌락민에 대한 재지사족의 지배가 성리학적 이념에 입각한 洞契 등을 통해 실현되고 있었음은 주지의 사실이다. 이에 반해 고려의 향촌사회에서 드러난 신분구조와 재지세력들의 향촌사회지배 양상은 아직 구체적으로 규명되지 못하였다. 이 문제에 대한 규명은 토지를 둘러싼 계급관계의 양상을 보다 분명하게 파악하기 위해서도 대단히 중요하다.

둘째는 국가와 전장과의 관계이다. 국가권력과 전장과의 관계에서 가장 중요한 것은 토지분급제와 대사유지와의 관계, 즉 전시과와 전장을 어떻게 관계지울 것인가의 문제이다. 田租에 대한 면조권이라는 틀로 해명할 수도 있으나 고려시대 국가의 수취는 전조 이외에 역역과 포의 징발도 있었으므로 전체 조세체제와 관련하여 전장과 국가의 수취를 고찰해야 한다. 특히 선행연구들은 지나치게 전조의 수취만을 강조하여 잉여의 또 다른 실현 형태인 공납과 역을 대토지지배와 적극적으로 연결시켜 고찰하지 못하였다. 따라서 전장의 보편화와 토지분급제를 포함한 국가적 수취와의 관계를 새롭게 설정하는 것은 고려시대 사회성격의 해명에 있어 대단히 중요한 문제이다.

본서는 이러한 문제들을 적극적으로 검토하지 못했다. 추후의 연구과제로 남겨둔다.

보 론
고려전기 전조수취와 그 이해방향

1. 머리말

고려시대 전조수취율은 稅制에 국한된 문제만이 아니라 고려사회의 경제구조, 나아가 사회성격을 규정하는데 핵심적인 문제이다. 이는 농업이 주산업이었던 고려시대에 田租의 의미가 컸기 때문이기도 하지만, 전조수취율과 소유관계를 관련시켜 고찰해온 연구경향이 크게 작용한 결과였다.

고려시대 전조수취율에 대한 연구는 전조의 성격이 사유지에서 발생하는 지세인가, 지주 - 예농·국가 - 예농사이에 발행하는 지대인가에 따라 크게 두 가지 견해로 나뉘어진다. 사유지나 국유지에서 발생하는 지대로서 전조율은 1/2이며 소농민의 사유지에 발생하는 지세율로 1/4이었다고 보는 견해[1]와 고려시대 전조율은 1/2, 1/4, 1/10로 세분되며 이들 중 1/2은 대사유지에서의 지대, 1/4은 국유지에서의 지대, 1/10은 전국토의 대다수를 차지하는 사유지 위에 설정된 지세로 파악하는 견해[2]가 그 것이다. 이들 연구는 고려시대 사유지의 지대가 1/2이라는 점에서는 견해가 일치하지만, 1/4조에 대해서는 각각 지세와 지대로 달리 이해하고 있으며 1/10세 역시 전자는 존재하지 않는다고 보는 반면 후자는 전국토

1) 강진철, 1990, 『고려토지제도사 연구』(개정판), 일조각.
2) 김용섭, 1976, 「고려시기의 양전제」 『동방학지』 16 ; 2000, 『한국중세농업사연구』, 지식산업사 ; 1981, 「고려전기의 전품제」 『한우근박사정년기념사학논총』, 지식산업사 ; 2000, 『한국중세농업사연구』, 지식산업사 ; 이성무, 1981, 「공전·사전·민전의 개념 - 고려 조선초기를 중심으로 - 」『한우근박사정년기념사학논총』, 지식산업사 ; 안병우, 1984, 「고려의 둔전에 관한 일고찰」『한국사론』 10, 서울대학교 국사학과 ; 김재명, 1985, 「고려시대 십일조에 관한 일고찰」『청계사학』 2 ; 박종진, 2000, 『고려시대 재정운영과 조세제도』, 서울대학교 출판부.

의 대다수에서 수취되는 지세로 파악하고 있어 심각한 견해차를 보이고
있다. 이러한 견해차는 다시 농업생산력과 경영형태에 대한 문제에 대하
여 어떤 입장을 취하는가에 따라 고려사회구성에 대한 상이한 결론3)으
로 귀결되었다. 80년대 이후, 새로운 시기구분론 즉 통일신라 중세사회
기점론과 수조권·소유권에 입각한 중세사회성격론4)이 확산됨에 따라
최근에는 지세로서의 1/10조를 인정하는 방향으로 정리되고 있다.

그러나 필자가 보기에 실증과 이론의 영역에서 모두에서 1/10조론은
재검토의 여지가 있다. 1/10조 관련 사료는 거의 대부분 고려말 신유학
수용시기에 나타나고 있는데, 당시 신유학자들은 이상적인 사회를 구현
하는 방안 또는 이상적인 사회에서의 세율로서 1/0조5)를 강조하였다고
볼 수 있기 때문이다. 또 고려말에 집중적으로 나타나는 기록을 고려전
기까지 소급시킬 수 있을지도 고민해야 할 문제이다. 이에 선행연구를
참고하면서 1/10조 관련 사료를 면밀히 분석하여 이러한 의문에 대한 답
을 찾아보려 한다.

한편 논지를 전개해 나가면서 전조율과 토지소유관계를 연관시켜
고찰해온 연구 경향에 대하여 비판적인 시각을 제시하려 한다. 전조율

---

3) 강진철은 민의 사유지에서 1/4세의 수취를 과도한 것으로 파악하면서 이것이 고
   려전기에 병작제를 형성시킬 수 없는 요인으로 작용하였다고 보았다. 그리고 이
   러한 견해를 바탕으로 고려전기 사회를 고대사회로 파악하였다. 한편 사유지에서
   1/10세를 주장하는 견해는 한국 중세시대 특히 고려시대의 주요한 성격중의 하나
   가 지세로서의 수조권 분급제이고 수조권은 고려사회에서 소유권과 함께 하나의
   토지 위에 중층적으로 작용하고 있었던 것으로 이해하고 있다. 이렇듯 민의 사유
   지에서 지세율이 어떠한가에 따라 전자는 고려전기를 고대사회로 후자는 중세사
   회로 파악하고 있는 것이다.
   강진철, 앞의 책, 417~423쪽 ; 김용섭, 1983, 「전근대의 토지제도」『한국학입문』,
   학술원, 398~404쪽 ; 2000, 앞의 책, 23~30쪽.
4) 김용섭, 1983, 앞의 글.
5) "하후씨는 50畝에서 貢法을 사용하였고 은나라 사람들은 70무에서 助法을 썼으며
   주나라 사람들은 100무에서 徹法을 사용하는 그 실제는 모두 1/10이다."(『맹자』
   등문공 상)

과 소유를 연관시켜 파악해온 연구경향은 대다수의 전조연구에서 나타나는 현상이었다.[6] 일반적으로 소유관계는 생산수단의 소유에 따른 생산물 분배 즉 잉여수취의 양상으로 결정된다. 잉여수취는 개별 사회구성에 따라 상이하였으며 중세에 그것은 노동의 형태를 띠기도 하였고 현물의 형태를 띠기도 하였다. 고려시대 잉여의 수취는 역역, 현물, 전조 세부분으로 구성되며 이는 각각 고유한 기능을 가지면서 지배계급의 물적 기초로 작용하고 있었다. 따라서 잉여수취와 소유관계를 연결시켜 고찰하려면 전조수취율이 아닌 삼세의 수취양상을 통해 접근해야한다.[7]

2. 1/10조율에 대한 재검토

고려시대 전조를 연구의 대상으로 삼을 때 피해 갈 수 없는 난관 중의 하나가 1/10조 문제이다. 1/10조에 대한 연구는 해방이후 상대적으로 사회경제사분야에 대한 연구가 활발하게 진행되었던 북한에서 시작되었다. 정현규는 고려초기부터 1/10조율이 시행되었으며 이것은 조선의 과

---

6) 이렇듯 전조를 대상으로 한 선행 연구들이 수취율의 문제와 그것이 가지는 의미에 관심을 집중하였던 것은 식민지 정체성론의 극복이 한국사학계의 중요한 시대적 과제였기 때문이었다. 국유론으로 대표되는 정체성론의 극복은 해방직후 한국사학계가 해결해야할 가장 핵심적인 과제였고 때문에 사회경제사 연구의 중심은 소유론이 될 수밖에 없었다.

7) 남북학계에서 이는 이미 문제로 제기된 바 있다. 김석형은 정현규의 논리를 비판하면서(①), 윤한택은 중세사회성격에 대한 자신의 입장을 정리하면서(②) 이러한 견해를 피력하였다.
　① 김석형, 1957, 「우리나라 중세의 봉건적 토지소유관계에 대하여」『조선봉건시대 농민의 계급구성』, 과학원 출판사 ; 신서원, 1993, 456~457쪽.
　② 윤한택, 1993, 「고려전기 3등 3품 전품제」,『태동고전연구』10. 287~292쪽.

전법으로 계승되었음을 지적하였다.[8] 그러나 얼마 되지 않아 그의 견해는 김석형에 의해 비판되었는데, 김석형은 역역이나 공물을 논외로 하면서 1/10조율과 토지소유관계를 연관시켜 거기에 큰 의의를 부여하는 것은 부당하다고 하였다.[9] 이후 김석형의 견해가 북한역사학계의 정설로 채택됨에 따라 정현규의 견해는 김석형의 비판 속에 묻혀 더 이상 주목받지 못하였다.

한편 남한학계에서도 식민지 정체성론에 대한 비판이 제기되면서 사회경제제사 연구가 태동하였다. 이런 분위기에서 나온 것이 강진철의 연구이다.[10] 강진철은 고려말 1/10조 관련 자료를 비판하면서 그것을 1/10조를 이상적인 세율로 간주하는 유교적 관념의 산물로 간주하고 고려초까지 소급할 수 없음을 명시했다. 그러나 고려전기 가장 비옥한 토지 1결의 생산량이 21석이라는 연구[11]와 수조권과 소유권에 따라 각각 공·사전을 구분하고 그 수조율로서 1/10세가 고려전기부터 시행되고 있었다는 연구[12]가 제출되면서 그의 견해는 비판받기 시작하였다. 이에 강진철은 다시 고려초와 고려말의 결당 생산량이 같다는 전자의 연구결과에 대해 의문을 제기하면서 고려전기 결당 생산량을 15~18석이라고 주장하였고 1/10세를 부정하는 자신의 견해를 재확인하였다.[13] 그러나 고려전기 사회구성에 대한 그의 견해가 비판받으면서 최근에는 1/10조론이 대세를 형성하고 있다.

---

8) 정현규, 1965, 「14~15세기 봉건 조선에서 민전의 성격」『역사과학』3호, 60~66쪽.
9) 김석형, 1957, 앞의 글.
10) 강진철, 1965, 「고려전기의 공전·사전과 그의 차율수조에 대하여」『역사학보』29, 2~11쪽.
11) 김용섭, 1981, 앞의 글.
12) 이성무, 앞의 글 ; 김재명, 앞의 글.
13) 강진철, 1989, 「고려전기의 지대에 대하여」『한국중세토지소유연구』, 일조각, 95~107쪽.

이러한 1/10조론은『고려사』태조 원년의 조서와 고려말 사전개혁을
주도한 조준의 상소문을 그 주된 논거로 삼고 있다. 고려말 조준상소에
서 언급된 '1/10조'에 주목하여 그것이 고려초기에도 실시되었다고 파악
하고 있는 것이다. 때문에 1/10조에 대한 우리의 연구는 아래의 두 기록
에서 출발하여야 한다.

가. 太祖 元年 7月에 有司에게 이르기를, "泰封主가 백성을 마음대로 하
    여 오직 취렴을 일삼고 옛 제도를 좇지 아니하며 一頃의 토지에 租稅
    가 6碩이요, 管驛의 戶에게 絲를 거두어들이는 것이 3束이나 되었다.
    그리하여 백성이 밭갈고 길쌈하는 것을 그만두게 하고, 流亡하는 자가
    서로 잇게 하였으니 이제부터 租稅와 征賦는 마땅히 옛 법을 쓰도록
    하라."고 하였다.14)

나. 우왕 14년 7月에 대사헌 趙浚등이 다음과 같이 상소했다.
    "대저 어진 정치는 반드시 經界로부터 시작하오니 田制를 바로잡아
    國用을 풍족하게 하고 민생을 넉넉하게 하는 것은 지금의 시급한 일
    입니다. 나라가 얼마나 오래 유지되는가는 민생의 苦樂에서 나오고
    민생의 苦樂은 田制의 均否에 있사옵니다. 文·武 周公은 井田으로써
    백성을 돌보았기 때문에 周가 천하를 800여 년 동안이나 차지하였습
    니다. 漢은 田稅를 가볍게 하여 천하를 400여 년 동안 가졌으며, 唐은
    民田을 고르게 하여 천하를 거의 300년 동안 가졌습니다. 秦은 井田
    을 무너뜨려 천하를 얻은 지 2世만에 망하였습니다. 新羅의 말엽에
    田制가 고르지 못하고 賦稅가 무거웠으므로 도적이 무리지어 일어났
    습니다. 太祖께서 龍興하시어 즉위한 지 34일만에 群臣을 맞이하여
    보고, 慨然히 탄식하여 말하기를, '근세에 暴虐한 수취로 1頃에서
    거두는 租가 6石에 이르니 백성은 애오라지 살 수가 없는지라 나는
    심히 이를 불쌍히 여기노니 지금부터는 마땅히 什一制를 써서 田 1負
    에 租 3升을 내게 하라' 하시고, 드디어 민간에게 3년 동안의 租稅를

---

14) 太祖元年七月, 謂有司曰, 泰封主, 以民從欲, 惟事聚斂, 不遵舊制, 一頃之田, 租稅
    六碩, 管驛之戶, 賦絲三束, 遂使百姓, 輟耕廢織, 流亡相繼, 自今, 租稅征賦, 宜用
    舊法.
    『고려사』권78 지32 식화1 전제 租稅

면제하여 주었습니다. … 祖宗이 백성으로부터 취하는 것은 10분의 1에 그칠 뿐이었는데 지금 私家에서 백성으로부터 취하는 것은 十千에 이르니 그 하늘에 있는 祖宗의 靈을 어찌하오며 그 국가의 仁政에 어떠하오리까."15)

고려 태조는 궁예를 몰아내고 왕위에 오른 후, 궁예가 백성들로부터 1경에 6석이나 되는 조세를 수취하였으며 매 호마다 3속의 絲를 거두어 들였음을 통탄하면서 조세와 공부를 '옛 법' 또는 '천하 통법'에 따라 거둘 것을 명하였다.16) 이 기사에서 문제는 '옛 법'과 '천하통법'이 어떤 내용을 가진 법인가이다. 선행 연구17)는 여기에 대한 실마리를 470여년 뒤인 우왕 14년 조준상소에서 찾고 있다. 상소문에 의하면, 태조는 즉위 직후 1경당 6석의 수취를 폐지하고 1/10세에 의거하여 1부당 3승의 조를 거두도록 지시하였다. 이 상소에 관하여 유교에서 말하는 이상적인 세율인 1/10를 주장한 것에 지나지 않는다고 지적하는 견해18)가 있지만, 이 기록의 사료적 가치를 높게 평가하여 실제로 태조대 또는 고려전기에 1/10세(조)로 수취가 이루어졌음을 주장하는 견해19)가 좀 더 우세하다. 김재명은 태조대의 기록과 조준상소를 면밀하게 비교하면서 조준 상소

---

15) 大司憲趙浚等, 上書曰, 夫仁政, 必自經界始, 正田制, 而足國用, 厚民生, 此當今之急務也, 國祚之長․短, 出於民生之苦樂, 而民生之苦樂, 在於田制之均否, 文武周公, 井田以養民, 故周, 有天下, 八百餘年, 漢, 薄田稅, 而有天下四百餘年, 唐, 均民田, 而有天下幾三百年, 秦, 毁井田, 得天下, 二世而亡, 新羅之末, 田不均, 而賦稅重, 盜賊群起, 太祖龍興, 位三十有四日, 迎見群臣, 慨然嘆曰, 近世暴斂, 一頃之租, 收至六石, 民不聊生, 予甚憫之, 自今, 宜用什一, 以田一負, 出租三升, 遂放民間三年租, … 祖宗之取民, 止於什一而已, 今私家之取民, 至於十千, 其如祖宗在天之靈何. 『고려사』 권78 식화 전제 녹과전
16) 태조의 이러한 명령은 『고려사』 권78 식화1 조세조와 『고려사절요』 권1 원년 7월조에 수록되어 있다. 이 두 기록의 내용은 거의 같으나 『고려사』에서는 '옛 법'으로 『고려사절요』에서는 '천하 통법'으로 기술되어 있다.
17) 김재명, 앞의 글.
18) 강진철, 1965, 앞의 글.
19) 이성무, 앞의 글 ; 김재명 앞의 글.

에서 말하는 태조 즉위 34일 후는 7월로 태조가 7월에 유사(有司)에 교
서를 내렸다는 가의 태조원년 교서와 일치한다는 점, 몇몇 구절의 표현
이 서로 일치하고 있다는 점 등을 지적하였다. 그리고 이를 논거로 조준
상소가 많은 부분에서 고려 태조대의 사실을 반영하고 있으며 따라서 태
조대에 1/10세(조)가 수취되고 있었다고 결론지었다.[20]

그런데 이러한 주장이 보다 설득력을 갖기 위해서 반드시 해결되어야
할 부분이 있는데 생산력에 대한 문제가 그것이다. 고려전기 1부당 3두
의 수세는 조선초기 과전법하에서 1부당 3두의 수세와 같은 것으로 두
시기의 부당 수세량과 생산량이 동일하다는 것을 의미한다. 약 500년의
차이가 있는 두시기에 농업생산력의 발전이 없었다고 볼 수 없다. 때문
에 어떠한 형태로든 여기에 대한 해답이 필요하다.

이 문제와 관련하여 김용섭의 연구를 주목할 필요가 있다. 그의 연
구에 의하면, 고려전기와 고려말 1결당 생산량이 같은 것은 1결의 면
적이 후대로 갈수록 축소되었기 때문으로, 이는 크게 두 가지 요인이
작용한 결과였다고 한다. 첫째 결은 소출량을 기준으로 한 단위이기 때
문에 생산력이 발전할수록 그 면적은 축소될 수밖에 없었다. 둘째 고려
후기 권세가의 토지겸병으로 인해 전시과 체제가 문란해져 관인들에게
지급할 수조지가 부족하게 되자 그 해결책으로 1결의 면적을 감소하였
다는 것이다.[21] 김용섭은 자신의 견해를 바탕으로 최근 다음과 같이
주장했다. 통일신라시대 결부법은 소출에 중심을 둔 把를 단위로 한
것이었다가 고려가 건국됨에 따라 步를 기준으로 하는 결부법으로 전
환되었다. 고려건국과 함께 국토로 편입된 경기 북부, 강원도, 평안도
지역은 척박한 토양을 가진 곳이므로 소출을 중심으로 한 결부법으로
는 통일적인 양전을 시행할 수 없었으므로 보를 중심으로 한 결부법으

---

20) 김재명, 앞의 글, 51~54쪽.
21) 김용섭, 2000, 「결부법의 전개과정」『한국중세 농업사연구』, 지식산업사.

로 개편하게 된 것으로 이러한 변화를 설명하고 있다.[22] 그러나 김용섭의 이러한 해석과는 달리 신라시대 결부법[23]과 고려전기 결부법은 소출량이 아니라 절대면적에 기초한 제도여서[24] 면적을 단위로 한 고려전기와 소출을 단위로 한 조선초기의 결면적을 비교하는 것은 설득력을 가지기 어렵다.[25]

이와 더불어 주목해야하는 것은 尺制이다. 고려전기와 고려후기에는 기본적으로 척제가 달랐다. 고려전기에는 토지의 비옥도와 관계없이 단일척이 사용되었다면, 고려후기와 조선초기에는 토지의 비옥도에 따라 척을 달리하는 '隨等異尺制'를 채택하고 있었다. 그리고 석의 용적량 역시 후대로 갈수록 중대하고 있었다.[26] 따라서 두 시기를 일률적으로 비교하는 것은 여러 가지 문제점이 수반될 수밖에 없다. 서로 다른 척제를 기반으로 획정된 1결의 면적을 기초로 두시기의 결당 소출량을 비교할 수 없기 때문이다.

이상의 사실을 통해 고려전기와 고려후기 1결당 생산량이 20석으로 같다는 사실을 결면적의 축소로 논증할 수는 없음을 확인할 수 있었다. 따라서 고려 초기 1부당 3승을 거두는 1/10조율이 시행되었다는 조준 상소를 결당 생산량이 같다는 사실에 주목하여 태조 원년의 조서와 연결시켜 고찰할 수 없다.

그러나 고려전기와 후기 사이의 도량형의 변화를 감안하더라도 고려전기 1/10조가 시행되지 않았다고 볼 근거는 아직은 취약하다. 고려후기와는 다른 척제 아래에서도 1/10세가 시행되었을 가능성이 남아 있기 때문이다.

---

22) 김용섭, 2000, 앞의 글, 204~206쪽.
23) 이우태, 1992, 「신라의 양전제」『국사관논총』37, 35쪽.
24) (문종) 23년에 量田 步數를 정하니 田 1結은 方 33步이다(6寸을 1分으로 삼고 10分을 1尺으로 삼으며 6尺을 1步로 삼았다.).
　　『고려사』권78, 식화1 경리
25) 이점과 관련하여서는 이종봉, 1995, 「고려전기의 결부법」『부대사학』29 참조.
26) 이종봉, 1999, 『고려시대 도량형제 연구』, 부산대학교 박사학위 논문, 99쪽.

여기서 우리의 시선은 자연히 1/10세와 관련한 여타의 사료로 이동한다. 아래 백문보의 차자는 1/10조론의 또 다른 논거로 활용되어 왔었다.

> 다. 공민왕 11년(1362) 密直提學 白文寶가 다음과 같은 箚子를 올렸다.
> "國田의 제도는 漢의 限田에서 법을 취하여 수확의 10분의 1稅 뿐이
> 었습니다. 慶尙道의 田은 稅가 다른 도와 같다고 하더라도 租輓의 費
> 用이 또한 그 稅의 倍가 되는 까닭으로 田夫가 먹는 것은 열에 하나입
> 니다. 원래 정한 足丁에는 7結을 半丁에는 3結을 加給하여 稅價에 충
> 당하게 하소서."[27]

공민왕 11년 백문보는 경상도의 조운비용이 과중하다는 점을 강조하기 전, 고려의 제도가 한나라의 限田제도에서 그 법을 취하였으며 때문에 1/10세가 징수되었다고 하였다. 한전제는 전한 말엽 哀帝때 잠시 시행되었다가 이후 폐지된 제도로 전한말 호족층에 의한 대토지소유를 제한하기 위해 일시적으로 채택한 것이지 한대 전시기에 걸쳐 시행된 토지제도는 아니었다.[28] 그러므로 백문보가 한나라의 토지제도를 한전제로 파악한 것은 그의 착오로 보인다. 백문보의 이러한 착오는 1/10세율을 한나라의 조세율로 파악한 데에서 더욱 확연하다. 한대의 조세수취율은 한고조대에 1/15[29]이었다가 景帝 원년(기원전 156년)에는 1/30을 징수하였고 이는 전한 멸망기 까지 지속되었다. 비록 왕망대에 주나라의 1/10세율에 입각한 정전제를 재현하기 위해 王田制를 시행하였으나 15년이라는 짧은 재위기간이 말해주듯 그러한 시도는 성공 할 수 없었다. 그런데 충숙왕을 쫓아 원에서 1년간 체류하였던 것으로 보이는[30] 백문보가 한대에 1/10세가 실시되었다고 파악한 이유는 무엇일까? 이는 중

---

27) 『고려사』 권78, 식화 조세
28) 임중혁, 1995, 「왕망의 개혁과 평가」 『동양사학연구』 51.
29) 漢興 接秦之敝 ··· 輕田租 什五而稅一 量吏祿 度官用 以賦於民
　　　 『漢書』 권24, 식화지4, 상
30) 민현구, 1987, 「백문보 연구」 『동양학』 17, 단국대 동양학 연구소, 11쪽.

국토지제도에 대한 고려말 신유학자들의 인식이 가진 한계를 보여주는 사례[31]인데, 당시 신유학자들은 한나라와 당나라의 토지제도에 대한 정확한 분석없이 井田制, 한전제, 균전제의 시행이 가진 의미를 강조하며 고려의 토지개혁을 주장했다. 유학자로서 백문보가 한의 한전제를 언급한 것은 전한말 대토지소유의 확대과정과 고려말의 상황을 등치시켜 토지제도 개혁의 정통성을 강조하고자 한 의도에서였다.

그러면 왜 조준, 백문보는 1/10조를 언급하였을까? 조준과 백문보는 모두 성리학자들로 고려말 토지제도의 문란에 대한 개혁을 주창하였다. 고려말 신유학자들의 개혁방안은 대개 중국 주나라 제도와 고려전기의 제도를 모범으로 한 것이었다.[32] 그러므로 1/10조 시행에 대한 강조 역시 중국 주나라의 井田法과 관련하여서 설명할 수도 있고, 고려전기에 시행된 제도이기 때문이라고 파악할 수도 있다. 조준상소에서 확인되듯이, 주로 정전법과 관련하여 1/10조가 설명되고 있다는 점[33]을 염두에 둔다면, 1/10조는 주대 정전법과 연관된 것으로 이해하는 것이 자연스러워 보인다. 그런데 주나라의 정전법과 1/10조를 함께 논한 이는 고려말 신유학자들 만이 아니었다. 멀리는 이규보와 가까이는 고려 신유학의 원조격인 이제현의 저술에서도 확인된다.

먼저 이규보의 저술부터 살펴보자. 아래의 사료는 고려시대 1/10세가 실행되고 있었음을 말해주는 논거로 자주 활용되고 있는 이규보의 乙酉年 大倉泥庫 상량문이다.

> 라. 우리 국가는 만세의 도읍을 정하고 사방의 貢을 받는다. 먹을 것이 제일 중요하다는 것을 알고 천 칸이나 되는 곳집을 지어 여기에 저장하게 되었다. 수로로 운수하는 배들은 서로 꼬리를 물고, 육로로 수송하는 수레들은 서로 뒤를 잇는다. 민들에게 취하는 것은 적어서 비록 公

---

31) 당시 신유학자들의 인식이 가진 한계에 대해서는 김기섭, 1990, 「고려말 사전구 폐론자의 전시과 인식과 그 한계」『역사학보』127 참조.

32) 김인호, 1999, 『고려후기 사대부의 경세론 연구』, 혜안, 183~184쪽.

33) 김인호, 앞의 책, 250쪽.

田에서 10분의 1에 해당되는 적은 부세를 받으나 전체의 부세는 1년
에 수천으로 헤아릴 정도이다. 그러나 많은 露積을 하자니, 어찌 그 저
장이 허술하지 않겠는가? 어떻게 처리할 방법이 없어서 임시 방편으로
처리해 왔을 뿐이다. …34)

사료 라는 이규보가 고종 12년 을유년(乙酉年; 1225)에 지은 것으로
고려는 사방으로부터 공물을 거두어 해로와 육로를 통해 운송하였으며
백성들에게 오직 공전의 1/10세만을 징수하였다고 전하고 있다. 따라서
이 상량문은 고려시대 1/10세가 직접적으로 시행되어 있음을 말해주는
것으로 이해될 수 있다. 그러나 이규보의 또 다른 시를 살펴보면 이와는
전혀 상반된 내용이 있다.

> 마. 장안의 호협가에는 구슬과 패물이 산처럼 쌓였고,
> 절구로 찧어낸 쌀알은 구슬처럼 흰데, 말에게도 개에게도 이걸 먹이네
> 기름같이 맑은 술은 종놈의 목구멍도 흡족히 적시는데
> 이 모두 농부에게서 나온 것.
> 본래 가지고 있었던 것은 하나도 아니라네.
> 남의 노고를 빌어서는, 망령되이 스스로 부자가 되었노라 하네.
> 힘들어 농사지어 군자를 봉양하니, 그들을 일컬어 전부라 하네.
> 알몸을 짧은 갈옷으로 가리고, 하루종일 몇 이랑의 땅을 갈아도
> 겨우 벼싹이 파릇파릇 돋아나면, 김매기에 고단하네
> 설령 풍년이 들어 천섬의 곡식을 거둔다 해도
> 한갓 관에 바치기 위한 것일 뿐,
> 멀지 않아 다 빼앗기고 돌아오니, 가진 것이라고는 한 알도 없네
> 도리 없이 도리어 풀뿌리 캐 먹다가, 굶주림에 지쳐 스러진다오.35)

위의 시는 을유년 대창니고 상량문을 작성한 2년 뒤에 이규보가 지은
것이다. 고종 14년(1227) 백반과 청주를 먹지 못하게 하는 금령이 내려

---

34) 『동국이상국전집』 권19, 雜著, 乙酉年大倉泥庫上樑文.
35) 『동국이상국후집』 1, 國令으로 농민들에게 청주와 쌀밥을 먹지 못하게 한다는 소
   식을 듣고.

지자 여기에 반발하는 시이다. 시에 의하면 부자들의 사치스러운 생활에 비해 농민들은 궁핍한 생활을 영위하고 있었던 것으로 보인다. 우리의 주제와 관련하여 이 시에서 주목되는 내용은 풍년이 들어 천섬의 곡식을 생산하여도 관에서 모두 거두어 가 농민들은 궁핍한 생활을 할 수밖에 없었다는 사실이다. 이상적인 세율인 1/10조 하에서 생산량의 전부를 수취당한 농민들이 존재할 수 없다. 즉 이 시는 이규보의 상량문에서 언급한 공전 1/10조의 기록과 모순된다. 이 모순에 대한 해답은 당시의 사회 상황에서 쉽게 찾을 수 있다. 당시는 최씨 무인집권기로, 전시과체제는 붕괴되었고 농장이 형성되었다. 또 수취체제를 비롯한 사회모순의 심화로 전국 각지에서 농민항쟁이 발발하고 있었다.[36] 위의 시에서처럼 과도한 수취로 인하여 당대 농민들은 몰락하고 있었다. 그렇다면 이런 상황에서 그들이 생산량의 1/10만을 수취당하였다고 볼 수 있을까? 당연히 그렇게 보기는 어렵다. 그러므로 이 시기에 1/10조가 시행되었다고 하는 대창니고 상량문의 기록은 액면그대로 받아들일 수 없다.

현실이 이러함에도 이규보가 상량문에서 공전 1/10세를 언급한 이유가 궁금하다. 이규보에 대해서는 이미 많은 연구가 있고 그 성과도 풍부하다. 이규보에 대한 연구 중 주목되는 것은 이규보의 유학사상에 대한 연구이다. 연구에 따르면 이규보는 유학에 깊은 조예를 가지고 있었으며[37] 특히 한대 董仲舒에 의해 집대성된 天人相關論을 그 사상적 기초로 하고 있었다.[38] 뿐만 아니라 최씨 무인정권하에서 파행적으로 운영되던 정치운영방식에 대하여 비판적 시각을 가지고 있었다.[39] 비록 이

---

36) 이정신, 1991, 『무인집권기 농민·천민항쟁 연구』, 고려대학교 민족문화연구소 ; 박종기, 2000, 「'東國李相國集'에 나타난 고려시대상과 이규보」『동국이상국집』, 일조각.
37) 마종락, 1998, 「이교보의 유학사상 -무인집권기 유학의 일면모-」『한국중세사 연구』 5, 늘함께.
38) 김인호, 1993, 「이규보의 현실이해와 정치경제 개선론」『학림』 15.
39) 박종기, 앞의 글, 32쪽.

규보가 최씨 무인정권하에서 출세지향적인 길을 걸었지만 그는 유학자로서, 유교적 이상정치를 실현할 것을 관념으로나마 갈망하고 있었다. 그의 유교적 이상정치란 모든 유학자들이 그러하듯이 주나라의 제도였을 것이다. 그러나 현실을 살아가던 이규보의 모습은 이러한 이상과 거리가 멀었다. 이규보의 생애에서 이 상량문을 작성하였을 당시는 최이의 각별한 총애를 받으면서 승승장구하던 때였고 그 때 그는 철저하게 최씨 무인정권의 입장에서 활동하고 있었다. 그렇다면 이규보가 상량문에서 공전 1/10세를 언급한 것은 혹시 유학에서 말하는 태평성대를 당시의 상황과 연관시키고자 하는 의도가 있었던 것은 아닐까? 유학사상을 겸비한 이규보가 이상적으로 생각하고 있던 조세율을 당시의 상황과 결합시키고자 하였을 가능성은 충분히 상정해 볼 수 있다. 더구나 최충헌에 의해 계양현으로 한번 좌천된 바 있는 이규보로서는 다시는 그러한 전철을 밟고 싶지 않았을 것이고[40] 보다 철저하게 권력을 정당화하여 당시를 태평성대로 묘사하였을 것이다.

결국 12세기의 사회상황과 이규보의 저술들, 그리고 이규보의 사상과 그의 처세방식을 고려한다면 상량문에 나타난 1/10조가 당시 실제로 시행되었다고 볼 수는 없다. 오히려 유학자로서 이상적인 세율인 1/10조를 강조한 것으로 보는 것이 타당하다. 그렇다면 이제 1/10조론이 의지할 사료로 남은 것은 이제현의 저술밖에 없다.

바. 묻노라.
孟子가 말하기를, "夏后氏는 50묘에서 貢稅를 받고, 殷人은 70묘에서 助稅를 받고, 周人은 1백 묘의 徹稅를 받았으니, 그 실상은 모두 10분의 1이다." 하고, … 이처럼 經界井田什一의 세법은 천하 국가를 경영하는 데 의당 먼저 힘써야 할 것이다. 그런데 상앙은 井田法을 폐지하고 阡陌法을 마련하

---

40) 그가 얼마나 개경을 그리워 하였는지는 계양현에 부임한 이후 그가 남긴 시를 통해서 확인된다. 박창희, 1989, 「이규보의 본질에 대한 연구」『외대사학』2, 24~30쪽.

였고 이로써 秦나라가 날로 부강해져서 마침내 천하를 통일하였으니, 천백법을 마련한 그 이익이 정전법보다 나은 것 같다. 맹자의 말이 과연 옳다면, 漢高祖가 關中에 들어가 秦나라를 대신해서 그 가혹한 법을 없애고 민심을 수습하려 할 때, 어째서 정전법의 복구는 의논하지 않았으며, 그 후 孝文帝처럼 백성을 사랑하고, 孝武帝처럼 옛것을 좋아하는 임금이 있었는데도 어째서 賈誼와 董仲舒가 역시 정전에 대해서는 한 마디도 말하지 아니하였는가? 그것은 무슨 까닭인가? 우리 조종이 나라를 세우고 지켜온 지 지금까지 4백 년이라, 나라를 다스리는 법도와 백성에게 세를 받아들이는 제도가 대략 옛날 제도와 부합되고 후세에 전할 만하다. 이른바 內外足半, 轉祿之位, 役分口分加給補給의 명칭과 조세의 厚薄을 9등급으로 나누고 5種으로 나누는 제도가 있으며 그 밖의 負니 結이니 하는 것은 토지를 측량하는 것이며, 斗니 石이니 하는 것은 곡식을 되는 것이다. 이것이 옛날에 經界井田什一의 법과 같은 것인가, 같지 않은 것인가?"[41]

위의 글은 이제현이 과거에서 출제한 시험문제이다. 기왕의 연구[42]에서 이 책문은 고려시대 1/10조가 존재하였다는 중요한 논거가 되었다. 그런데 책문의 내용을 살펴보면 이 기록만으로 1/10조가 존재하였다고 보기에는 무리가 따른다. 이제현은 맹자의 말을 인용하여 1/10조가 왕도를 위한 기본적인 세율임을 강조하면서도 진나라의 상앙, 한고조, 한의 효문제, 효무제가 정전법을 취하지 않았던 이유를 여러 응시생들에게 묻고 있다. 그리고 고려의 토지제도가 井田制와 일치하는가를 묻고 있다. 즉 반드시 1/10세만이 치국의 도가 아니라는 점을 강조한 후 우리나라가 1/10조율에 부합하는가를 묻고 있는 것이다. 이제현의 이러한 인식은 정전법이 현실에 맞지 않아 시행되기 어렵다는 주자의 사상[43]과 상통하는 것으로 이해된다.[44] 따라서 이러한 질문은 오히려 고려에서 1/10조가 시행되

---

41) 『익재난고』 제9권 하 策問
42) 박종진, 앞의 책 ; 김재명, 앞의 글.
43) 김용섭, 1995, 「주자의 토지론과 조선후기 유자」 『조선후기 농업사연구』 2(증보판), 일조각, 401~408쪽.
44) 박경안, 1996, 『고려후기 토지제도연구』, 혜안, 265~268쪽.

고 있었다기 보다는 그러하지 않았을 가능성을 시사한다. 아래 경종에 대한 찬을 보면 그것이 단지 가능성에 그치지 않는다는 사실을 확인할 수 있다.

　　사. 李齊賢의 贊에 "등문공이 井地를 孟子에게 물으니 맹자가 말하기를, '仁政은 반드시 經界로부터 시작하나니 經界가 바르지 않으면 井地가 고르지 못하고 穀祿이 공평하지 못하게 됩니다. 그러므로 폭군과 탐관오리는 반드시 그 경계를 등한히 하는 것입니다. 경계가 이미 바르면 田地를 구분하고 秩祿을 制定하는 것은 가만히 앉아서 정할 수 있는 것입니다.'라고 하였으니 三韓의 땅은 사방에서 배나 수레가 모여드는 데가 아니므로 物産의 풍족함과 상업의 이익이 없고 백성이 바라는 바는 다만 토지의 생산력에 있을 뿐이다. 그런데 압록강 남쪽은 대체로 다 산이므로 해마다 심을 수 있는 기름진 田地가 거의 없다. 經界를 바로 잡음을 만약 가볍게 여긴다면 그 이해는 중국에 비하여 훨씬 더 한 것이다. 태조는 신라 쇠퇴기의 어지러움과 태봉의 사치스럽고 강폭함의 뒤를 이었으나 만사가 초창기인지라 날로 넉넉한 겨를이 없어서 다만 口分의 法만을 행하였다. 4대를 거쳐 경종이 전시의 과를 마련하니 비록 간략한 데가 있다고는 하더라도 또한 옛 世祿의 뜻이 있었다. 九一로서 助하고 什一로써 賦하는 것과 자못 君子와 小人을 우대하는 與否에 이르기까지는 논의할 겨를이 없었던 것이다. 後世에 여러 번 이를 개선하고자 하였으나 끝내 구차스럽게 되고 말았다. 대개 그 始初에 經界로서 긴급한 일을 삼지 아니하였으니, 그 근원을 어지럽게 하고 물 흐름의 맑음을 구한들 어찌 될 수 있겠는가. 애석하다, 당시의 임금과 신하가 孟子의 말로써 法制를 講求하고 啓迪하여 그것을 힘써 행하지 못하였도다."라고 하였다.[45]

---

45) 李齊賢曰, 文公, 問井汚吏, 必慢其經界, 經界旣正, 分田制祿, 可坐而定也, 三韓之地, 非四方舟車之會, 無物産之饒, 貨殖之利, 民生所仰, 只在地力, 而鴨綠以南, 大抵皆山, 肥膏不易之田, 絶無而僅有也, 經界之正, 若慢, 則其利害, 比之中國, 相萬也, 太祖, 繼新羅衰亂, 泰封奢暴之後, 萬事草創, 日不暇給, 止爲口分之法, 歷四世, 景宗作田柴之科, 雖有略, 亦古者世祿之意, 至於九一而助, 什一而賦, 與夫所以優君子, 小人者, 則不暇論也, 後世, 屢欲理之, 終於苟而已矣, 蓋其初, 不以經界爲急, 撓其源, 而求流之淸, 何可得也, 惜乎, 當時群臣, 未有以孟子之言, 講求法制, 啓迪而力行之也.

사료 사는 경종대 전시과에 대한 이제현의 贊이다. 이제현은 맹자의 말을 언급하면서 정전법에 의한 1/10세법이 이상적인 것이라고 하였다. 그리고 경종대의 전시과가 1/10세와 군자, 소인을 우대하는 것에 대해서는 논의할 겨를이 없었으며 이후에도 개선되지 못하였음을 지적하였다. 즉 경종대 전시과에서 토지는 지급하였으나 맹자가 주장한 1/10세에 입각한 세율이 시행되지 못하였음을 애석해 하는 것이다. 특히 '당시의 임금과 신하가 맹자의 말로서 법제를 강구하지 못하고 그것을 힘써 행하지 못하였다'는 기술은 맹자가 강조한 1/10세가 고려전기에는 시행되지 못하였다는 사실을 지적한 것이다. 따라서 이 찬을 보면 고려전기에 1/10세가 시행되지 못하였음을 확인할 수 있다.

결국 고려후기에 집중적으로 나타나는 1/10조 관련 기록들은 모두 주나라 정전법하에서 실시된 1/10조를 이상적 사회제도로 이해하는 유학자들의 사고에서 나왔다고 보는 것이 올바를 것이다. 1/10조가 고려전기에 존재하지 않았다면 고려전기 전조의 수취양상은 어떠하였을까? 이제 고려전기 전조수취에 대해서 살펴보자.

3. 고려전기 전조수취의 이해 방향

앞서 고려시대 이상적인 세율로 간주되었던 1/10조율이 현실에서 실행되지 못한 조세율이었음을 알았다. 이제 고려전기 전조수취 양상을 살펴보자. 고려전기 전조 수취의 실상은 유명한 성종 판문에서 잘 알 수 있다.

『고려사』 권2 세가 경종 이제현의 찬

　　아. 성종 11년에 판하기를, "公田의 租는 4분의 1을 취한다. 水田 上等 1
결에 租는 3석 11두 2승 5합 5작46)으로 하고, 中等 1결의 租는 2석 11두 2승
5합으로 하며, 下等 1결의 租는 1석 11두 2승 5합으로 한다. 旱田 上等 1결의
租는 1석 12두 1승 2합 5작으로 하고, 中等 1결의 租는 1석 10두 6승 2합
5작으로 하며, 下等 1결(이하 결(缺)) 【또 水田 上等 1결의 租는 4석 7두 5승
으로 하고, 中等 1결은 3석 7두 5승으로 하며, 下等 1결은 2석 7두 5승으로
한다. 旱田 上等 1결의 租는 2석 3두 7승 5합으로 하고, 中等 1결은 1석11두
2승 5합으로 하며, 下等 1결은 1석 3두 7승 5합으로 한다.】"라고 하였다.47)

　　위 판문에 의하면 고려 성종대에는 1/4세가 수취되고 있었으며 수전과
한전, 토지의 비옥도에 따라 수취되는 양이 달랐다. 그러나 성종 판문에
대한 해석은 논자에 따라 매우 다양하였는데, 이는 판문이 본문과 세주로
나뉘어있기 때문이다. 본문과 협주의 관계를 어떻게 이해할 것인가에 대
해 여러 견해들은 크게 두가지 경향으로 정리할 수 있다. 첫째는 본문과
협주 중에서 하나를 무시하고 하나를 취하는 방식이다. 본문을 버리고 협
주를 택하기도 하였으며, 협주를 시행되지 못한 시안정도로 이해하는 견
해들이 그것이다.48) 다음으로 본문과 협주 모두에 무게를 두면서 양자의
관계를 해명하고자 한 연구경향이 있다. 이는 다시 본문을 공전의 조율로

---

46) 『고려사』(아시아문화사간행)에는 2석 11두 2승 5합 5작으로 표기되어 있으나 전
　　제조율 차를 고려해 보면 3석의 오기로 판단되므로 3석으로 고쳐 기술하였다.(강
　　진철, 1965, 「고려전기의 공전 사전과 그의 차율수조에 대하여 - 고려 세역제도의
　　일측면 - 」『역사학보』29.
47) 성종 11년 판문을 알기 쉽게 도표화 하면 아래와 같다.

	본문				세주			
	수전		한전		수전		한전	
	조액	소출	조액	소출	조액	소출	조액	소출
상등	56.25두	15석	28.125두	7.5석	67.5두	18석	33.75두	9석
중등	41.25두	11석	20.625두	5.5석	52.5두	14석	26.25두	7석
하등	26.25두	7석	13.125두	3.5석	37.5두	10석	18.75두	5석

　　『고려사』권78 지32 식화 전제 조세.
48) 이러한 견해들에 대해서는 1996, 『역주 '고려사'식화지』, 한국정신문화연구원,
　　212쪽 참조.

협주를 사전의 조율로 파악한 연구, 본문과 협주를 전조의 상, 하한으로 이해한 연구,[49] 협주가 시기를 달리하여 생산력의 발전양상을 보여주는 것으로 이해한 연구,[50] 본문과 협주를 비옥도에 따른 구분으로 파악하는 연구[51]로 세분된다. 최근에는 비옥도에 따른 구분으로 보는 견해가 대세이다. 이 견해에 의하면 본문은 협주보다 덜 비옥한 지역이고 협주가 보다 비옥한 지역이 되며 이들 보다 더 비옥한 지역에 대한 조율 수취 규정이 누락되었다고 보고 있다. 성종 판문을 바탕으로 하고, 이들 견해에 입각하여 당시 결당 생산량을 표로 제시하면 다음과 같다.

〈표-1〉   단위: 석

윤한택/ 김용섭	불역전(윤한택) / A지역(김용섭)		일역전/ B지역		재역전/C지역	
	수전	한전	수전	한전	수전	한전
상등	20/21	10/10.5	18	9	15	7.5
중등	16/17	8/8.5	14	7	11	5.5
하등	12/13	6/6.5	10	5	7	3.5

결국 성종판문과 기왕의 연구성과를 참조할 때, 성종 당시 1결당 생산량은 비옥도에 따른 9등분과 수전·한전으로 구분되어 총 18등급으로 나누어져 있었고 그 분류에 따라 그 수조량도 상이하였음을 확인할 수 있다.

그런데 성종 판문을 이렇게 이해할 때 한가지 짚고 넘어가야 할 문제가 있다. 1부 3승의 수조 즉 1결당 30두(2석)를 수조하였다는 조준상소

---

49) 이 두 견해 역시『역주 '고려사' 식화지』참조.
50) 이태진, 1978,「휴전고-통일신라, 고려시대 수도작법의 유추-」『한국학보』10집 ; 1986,『한국사회사연구』, 지식산업사, 71~72쪽.
51) 더 비옥한 지역에 대한 조세 규정이 누락되었다는 점에서 성종 판문에 양자의 견해는 일치하지만 전자의 연구가 고려전기 상경농법을 기초로 9등전품제를 주장하였다면 후자의 연구는 고려전기 세역농법을 기초로 3품 3등제를 주장하였다. 김용섭, 1981, 앞의 글 ; 윤한택, 1993, 앞의 글.

와 가장 비옥한 지역의 상등 수전 생산량을 연관시켜 고찰해온 1/10조론
에 입각한 연구들을 어떻게 이해할 것인가가 그것이다. 1결당 2석이 수
취되었다는 조준상소와 1/10조가 올바르게 결합되기 위해서는 고려전기
결당생산량이 20석이 되어야 하는데, 이런 구도에서 김용섭은 성종판문
을 위와 같이 해석하였던 것이다.[52] 앞서 결부법과 관련하여 조준상소
가 고려전기의 상황을 반영하였다고 볼 수 없음을 논증한 바 있으나, 이
문제는 간과할 수 없음으로 詳論할 필요가 있다.

　성종판문의 분석에 의하면 고려전기 1결당 2석이 수조되는 토지는 가
장 비옥한 수전이다. 여기서 문제는 발생한다. 고려전기 가장 비옥한 수
전이 일반적으로 존재하였을 경우 이러한 주장은 설득력이 있다. 아쉽게
도 아직 여기에 대한 구체적인 논증은 제시되지 못하였다.

　필자가 보기에 이 문제와 관련하여 우선적으로 고려해야 하는 것이
수전과 한전에 대한 비율이다. <표-1>에서도 알 수 있듯이 가장 비옥
한 토지를 대상으로 할 때, 그것을 세역으로 보든 지역별 비옥도 차이로
보든 세 단계간의 차이는 21-18-15순으로 각 3석차이다. 여기에 반해 수
전과 한전의 생산량 차이는 무려 2배에 달한다. 때문에 수전·한전 중 어
떤 토지가 광범위하게 존재하였는가는 고려전기 1결당 전조수취량을 이
해하는데 중요한 의미를 가질 수 있다.

　현재 남아 있는 사료에서 고려전기 수한전의 비율을 직접 확인할 수
는 없다. 그렇지만, 15세기 『세종실록지리지』(이하 『세지』)에는 수전과
한전의 비율이 대략적으로나마 기술되어 있어 참고할 만하다. 『세지』의
수·한전 비율은 자세한 결수가 기술되어 있는 군현도 있지만, 대부분의
군현은 한전에 대한 수전의 비율만 기술되어 있거나 매우 모호하게 정리
되어 있다. 특히 많은 군현이 '몇분의 몇이 넘는다', '논이 많다', '몇 분

---

52) 한편 이러한 김용섭의 견해를 비판하면서 강진철은 고려전기에 가장 비옥한 토지
　　의 결당 생산량은 18~15석임을 주장하기도 하였다.

의 몇에 모자란다', '약하다', '논이 적다' 등 애매하게 기술되어 있어, 수·한전의 비율을 정확하게 파악하는데 어려움이 있다. 따라서 『세지』의 수한전 비율을 정리하기 위해서는 일단 모호한 기술에 대한 원칙이 필요하다. 필자는 '몇분의 몇이 넘는다'라고 기술된 경우에는 해당 군현 토지의 10%를 더 부여하였으며, '논이 많다'라고 기술된 경우는 모두 60%로 파악하였다. 한편 모자란다고 기술된 경우는 일단 모자라는 부분을 무시한 채 그 비율로 수전을 환산하였다. 이러한 원칙에 의해 정리된 것이 <표-2>이다.

〈표-2〉 전국 수한전 비율

도명	도별 총괄				군현환산치			
	간전결수	수전	한전	비율(%) 수전:한전	간전결수	수전	한전	비율(%) 수전:한전
경도한성부	1,415	불명	불명	불명				
개성유후사	5,357			30:70				
경기도	200,347	76,173	124,173	38.02 : 61.98	188,125 (여흥부 제외)	78,201.5	110,162.5	41.57 : 58.43
충청도	236,300	불명	불명	불명	236,296	103,319.5	132,976.5	43.72 : 56.28
경상도	301,147	불명	불명	불명	260,439	110,020	148,225	42.24 : 57.76
전라도	277,588	불명	불명	불명	271,467	138,041.5	131,671.5	50.85 : 49.15
황해도	104,072	불명	불명	불명	115,722	16,094	99,628	13.9 : 86.1
강원도	65,916	불명	불명	불명	65,908	10,424.5	55,439.5	15.82 : 84.18
평안도	308,751	불명	불명	불명	311,770	42,615	266,125	13.67 : 86.33
함길도	130,413	6,670	123,742	5.11 : 94.89	151,590	8,468	143,022	5.59 : 94.41
계	1,631,306	불명	불명	불명	1,601,317	507,184	1,087,250	31.09 : 68.91

위 표에서도 알 수 있듯이, 15세기 당시 수·한전의 비율은 약 3 : 7로
한전이 많았으며 특히 황해, 평안, 강원, 함길도에서는 수전이 차지하는
비중이 더욱 낮았음을 확인할 수 있다. 수전의 비중에 가산을 부여한 통
계를 감안한다면 전국적으로 수전의 비율은 조금 더 낮았을 가능성이 높
다. 15세기 한전의 비중이 높았다면 고려전기에 그 비중은 어떠하였을
까? 농업기술의 발전과 수전의 확대가 역사의 흐름과 같이하였으므로
더욱 한전의 비중이 높았을 것이다. 특히 고려전기는 산전이 발달해 있
었고53) 水車가 발달하지 못하였으므로54) 한전은 더욱 광범위하게 존재
하였을 것이다.

이렇듯 고려전기 한전이 보다 높은 비중을 차지하고 있었다면 수취의
중심은 한전에 두어졌을 가능성이 높다. 특히 고려 태조 원년 당시는 후
삼국이 통일되기 전으로 그 세력권은 경기, 황해, 평안, 강원도에 국한되
어 있었고 삼남지방까지 그 지배가 미치지 못하였다. <표-2>에서도 알
수 있듯이 고려의 세력권이었던 황해도, 평안도, 경기도는 한전의 비율
이 매우 높았던 지역이었다. 따라서 당시의 수취는 더욱 한전이 중심이
었을 것이다.

조준상소를 태조 원년 조서와 연결시킬 수 없음은 1장에서 지적하였지
만, 설령 선행연구를 적극적으로 수용하여 1부당 3승 수조가 고려 태조대
시행되었다는 조준의 주장을 받아들이더라도 한전이 양적으로 우세한 상
황에서 1부당 3승의 수세가 1/10에 입각한 수취였다고 볼 수는 없다.

---

53) 위은숙, 1990, 「고려시대 농업기술과 생산력 연구」『국사관 논총』17, 13~25쪽.
54) 공민왕 11년에 密直提學 白文寶가 箚子를 올리기를, "江淮의 백성이 농사를 지
   음에 水旱을 근심하지 않는 것은 水車의 힘입니다. 우리 동방 사람으로 水田을
   경작하는 자는 반드시 봇물을 끌어들일 뿐이고 水車로 쉽게 댈 수 있음을 알지
   못하는 까닭에 논 밑에 도랑이 있어 일찍이 尋丈의 깊이가 되지 않아도 내려다만
   보고 감히 물을 퍼 올리지 못하니 이로써 묵힌 밭이 십중팔구가 됩니다.
   『고려사』권79 식화2 農桑.

이상의 사실을 염두에 두면서 다시 성종 11년 판문으로 돌아가 보자. 고려전기 전조수취는 비옥도와 수·한인가에 따라 그 수취량은 상이하였지만 수조율은 1/4로 일정하였다. 즉 공전 생산량의 1/4을 수조하고 있었던 것이다. 이렇듯 고려전기 1/4조율이 시행되고 있었음은 公廨田에서 수취되던 전조량에 대한 분석을 통해서도 확인된다.[55] 따라서 고려전기 특히 성종 당시 일반적으로 시행되었을 수조율은 1/4이었다.

이 같이 고려전기 전조수취율을 파악한다면, 이제 남은 문제는 1/4조의 성격을 어떻게 파악하는가이다. 1/4조에 대한 해석은 사유지에 설정된 지세였다고 보는 견해와 국유지의 지대로 보는 견해로 나뉘어져 있고 후자가 대세로 자리 잡고 있음은 앞서 지적하였다. 1/4조를 지대로 보는 견해는 1/4조라는 높은 전조율이 지세로서 사유지에 설정될 수 없다는 인식에 근거하고 있다.

이 문제와 관련해서는 김석형과 윤한택의 견해가 주목된다. 김석형은 정현규의 1/10조론을 비판하면서 조선시대 사유를 실현한 농민들은 전조 이외에 역역과 공물을 수취당하고 있었으므로 전조수취 문제를 통해서 소유관계와 계급관계를 규정하는 것은 이론적으로 타당하지 않다는 점을 지적하였다.[56] 즉 어떤 사회든 소유관계는 전체적인 잉여수취의 양상 속에서 규정되어야 하며 우리나라 전근대 사회에서 그 잉여는 현물과 노동의 형태를 취하고 있었으므로 삼세에 대한 수취양상을 바탕으로 소유관계가 규정되어야 한다는 것이다. 이러한 관점에서 김석형은 우리나라 봉건 사회의 계급관계를 '봉건국가 – 양반지주' 대 '노비 – 양인농민'으로 규정지으면서 양인농민은 소유권을 가지고 있었지만 국가로부터 역역과 전조를 수취당하여 사회적 처지로는 노비와 별반 차이가 없음을 지적하였다.[57] 그러나 김석형의 연구는 주로 조선전기의 상황을 고

---

55) 안병우, 1994, 『고려전기 재정구조 연구』, 서울대학교 박사학위 논문, 166~170쪽.
56) 김석형, 앞의 책, 456~458쪽.

러시대와 연관시켜 고찰하고 있음으로 역시 거시적인 차원에서 그 대략
만을 언급한 정도이다.

　윤한택 역시 시론적 입장에서 김석형과 같은 주장을 하였다.[58] 특히
윤한택의 연구에서 주목되는 점은 노동력과 토지의 결합을 기초로 한 수
취방식에 대한 견해이다.[59] 고려전기 조세 수취 단위는 이견이 있으
나[60] 행정구역 즉 군현을 단위로 이루어졌다. 군현 단위로 수취되는 조
세는 주로 토지의 면적이나 호구의 다과에 의해서 결정되었으며 당시 토
지와 호구는 통일적으로 파악되고 있었다.[61] 다시 말해 토지와 노동력
이 결합되어 있었고 이를 바탕으로 하여 잉여수취가 이루어지고 있었다.
고려전기 토지와 노동력의 결합관계는 고려전기 감면조치와 고려말·조
선과 고려전기 전조감면조치의 비교를 통해서 확인할 수 있다.

　　자. 文宗 4년 11월 다음과 같이 결정했다. "田 1결에 10分을 定率로 삼아
　　損災가 4분에 이르면 租를 면제하고 6분이면 租·布를 면제하고 7분이
　　면 租·布·役 모두 면제하라."[62]

---

57) 김석형, 앞의 책, 213~217쪽.
58) 윤한택, 1993, 앞의 글, 287~292쪽.
59) 윤한택은 족정제를 분석하면서 족정제가 토지와 노동력을 결합한 것으로 양전의
　　단위이며 전부액과 역인수를 확정짓는 지표가 된다고 하였다.
　　윤한택, 1989,「고려전시과체제하의 농민신분」『태동고전연구』5.
60) 고려시기 수취단위에 대해서는 두가지 견해가 있다. 주현을 수취단위로 보는 견
　　해(①)와 속현을 수취단위로 보는 견해(②)가 그것이다.
　　① 박종기, 1999. 3,「고려시대 부세수취와 속현」『역사와 현실』31, 역사비평사.
　　② 박종진, 1999. 6,「고려시기 '수취단위'의 의미와 속현의 지위」『역사와 현실』32.
61) 윤한택, 1989, 앞의 글 ; 안병우, 1990,「고려전기 지방관아 공해전의 설치와 운영」
　　『이재용박사환역기념한국사학논총』, 한울.
62) 『고려사』권78, 지32 식화 전제 踏驗損實.
　　이와 유사한 감면 규정은 『고려사』권80, 식화3, 진휼 재해 면제에도 있다.
　　성종 7년 12월에 판하기를 "水·旱·虫·霜으로 재해를 입어 田穀이 4分 이상 손상
　　된 것은 租를 면제하고, 分 이상은 租·布를 면제하고, 7分 이상은 租·布·役을 모
　　두 면제하게 하라."고 하였다.

차. 恭讓王 3년 5월에 都評議使司가 청하여 다음과 같이 정했다. "損實은 10분을 비율로 삼아 損傷이 1분이면 1분의 租를 감하고 損傷이 2분이면 2분의 租를 감하고 차례로 이에 준하여 감하되 損災가 8분에 이르면 그 租의 全部를 면제하도록 한다."63)

위의 두 기록은 모두 답험손실조에 실려 있는 것으로 가장 주목되는 차이는 '자'가 손실에 대응하여 조포역 삼세를 면제하고 있다면 '차'는 손실의 비율에 따라 전조만을 감면해 주고 있다는 점이다. 이는 기본적으로 토지와 노동력이 강하게 결합된 고려전기의 상황과 이들이 서로 이완되기 시작한 후기의 상황을 반증하는 것이다. 토지와 노동력이 유기적으로 결합되어 있기 때문에 각종 요인에 의해 생산량이 감소될 경우 삼세 전체를 대상으로 감면이 이루어진 반면, 과전법이 실시된 단계에서는 이들 간의 결합이 완전히 분리되어 토지에 손실이 있을 경우 그 비율에 따라 전조만이 감면된 것이다. 이러한 감면규정은 이후 『경국대전』에도 반영되었다.

카. 10分이 다 차는 것을 上上年으로 하여 1結에 20斗를 거두고, 9分이면 上中年으로 하여 18斗를 거두고, 8分이면 上下年으로 하여 16斗를 거두고, 7分이면 中上年으로 하여 14斗를 거두고, 6分이면 中中年으로 하여 12斗를 거두고, 5分이면 中下年으로 하여 10斗를 거두고, 4分이면 下上年으로 하여 8斗를 거두고, 3分이면 下中年으로 하여 6斗를 거두고, 2分이면 下下年으로 하여 4斗를 거둔다. 1분分은 免稅한다.64)

위에서 풍흉에 따라 해를 9등분하고 전세수취량을 조정하였다는 사실을 알 수 있다. 여기서도 그 형식은 발전하였지만 풍흉 정도에 따라 전세만을 감면하고 있음을 알 수 있다. 사료 '차'와 '카'에서 고려말과 조선전기의 수취는 토지와 노동력의 결합을 전제한 것이라기보다는 토지

---

63) 『고려사』권78, 지32 식화 전제 踏驗損實.
64) 『經國大典』권2, 戶典

와 노동력을 별개의 단위로 하여 수취되었음을 알 수 있다.

이상의 내용을 정리하면 고려전기에는 인구수와 토지결수에 의거해서 조포역을 군현단위로 부과한 반면 조선전기에는 해당 군현의 인구수에 의거해서 역역을 징발하고 토지결수에 의거해서 전조를 수취하였던 것이다.

고려전기 토지와 노동력의 결합을 기초로 한 수취제의 붕괴는 12세기부터 시작된 농업생산력의 발전과 과도한 수취, 민의 유망과 항쟁[65]등이 주요한 요인으로 작용하였던 것으로 이해된다. 다음의 기록은 그것을 알려준다.

> 타. 왕이 원나라에 머물러 있는데 哈伯 平章이 康守衡과 趙仁規에게 이르기를, "어제 칙명이 있었으니 백성들을 안무하고 모을 수 있는 대책을 세워 보고하도록 하라." 하였다. 왕이 드디어 宰樞와 3品 이상에게 명령하여 의론케 하니 모두가, "윗 사람이나 아랫사람 모두 處干을 철폐하고 賦役을 맡기는 것이 좋다고 합니다."라고 말하였다. 處干이란 남의 밭을 耕作하여 租稅를 그 주인에게 돌리고 官에 庸과 調를 바치는 것으로 즉 佃戶인 것이다. 당시에 권세를 가진 자들이 백성들 많이 차지하고 이를 처간이라 하여 3稅를 逋脫하니 그 폐단이 심하였다.[66]

고려전기 토지와 노동력의 결합된 상황에서 조·포·역 삼세가 수취되었던 반면, 충렬왕대에는 남의 토지를 경작하면서 전조를 주인에게 바치고 역역과 공부를 관에 바치는 處干이 출현한 것이다. 당시에 이 처간은 백성을 안집하는데 장애가 되는 존재였다. 이와 같은 처간의 출현은 토지와 노동력을 통일적으로 파악하던 방식이 12·13세기 이래로 점차 분리되기 시작한 결과였다. 그리하여 공양왕대 '차'와 같은 감면규정이 나올 수 있었던 것이다.

---

65) 채웅석, 2000,『고려시대의 국가와 지방사회』, 서울대학교 출판부, 201~232쪽.
66)『고려사』권28 세가 충렬왕 4년(1278) 7월 乙酉

토지와 노동력이 결합되어 수취가 이루어지던 상황에서 전조수취율만을 기초로 고려전기 소유관계를 규정하는 것은 올바른 접근이라 볼 수 없다. 역역과 토지가 통일되어 파악되고 있었다면 삼세의 수취 역시 하나의 통일된 체계속에서 작동하였을 것이기 때문이다.

그러면 고려전기 토지소유론을 어떻게 보아야 하는가? 1/4의 전조율, 그리고 역역, 포의 삼세를 수취당하고 있던 농민들은 사유를 실현하던 존재였을까? 여기서부터 논의의 중심은 실증의 차원이 아니라 이론적 추상으로 바뀐다. 한 사회의 소유론을 정의한다는 것은 그 사회의 성격을 규정하는 매우 고차원적인 작업이다. 이는 실증과 이론이 유기적으로 결합될 때 가능한 것이다. 더불어 기본적으로 고려전기 토지소유론에 대해서는 일제시기 이후 많은 연구자들에 연구가 이루어졌기 때문에 이러한 연구성과들에 대한 총체적인 검토가 전제되어야 올바른 대안을 마련할 수 있다. 뿐만 아니라 사회성격에 대한 기본적 개념 그리고 소유에 대한 개념 역시 서유럽 사회역사의 산물이므로 중세 서유럽의 봉건적 소유가 가지는 의미가 무엇인지에 대한 검토 역시 전제되어야 한다.

본고는 소유문제를 직접적으로 대상으로 한 것이 아니다. 1/10조론의 재검토와 고려전기 전조수취 양상에 대한 고찰을 직접적인 목적으로 하고 있다. 다만 한가지 언급해 두고 넘어갈 점은 고려시대 아니 전근대 소유론에 있어서 일관되게 관철된 것은 사유론이라는 사실이다. 고려시기에는 전장이라는 대사유제도 광범위하게 발달해 있었으며 이는 통일신라와 잇닿아 있었다. 뿐만 아니라 어떤 형태로든 그리고 누구에 의해서 잉여가 수취되고 있다는 점은 사유를 전제로 해야만 가능한 것이다.[67] 사유론이 기왕의 연구에서 이미 거스를 수 없는 대세로 자리잡고 있다는 점을 상기한다면 여기에 대한 재론은 있을 수 없다.

---

67) 엥겔스저 김대웅역, 1987, 『가족 사유제산 국가의 기원』 아침.

5. 맺음말

일제 식민지 정체성론의 극복은 해방이후 한국역사학계의 시대적 과제였다. 때문에 많은 연구자들은 식민지 정체성론의 극복과 새로운 사론의 정립을 연구의 출발점과 종착점으로 삼았다. 그리고 해방 50년이 지난 지금, 그러한 연구들은 확실히 많은 성과들을 낳았다.

이러한 연구성과 가운데 1/10세를 사유지의 지세로 파악하고 1/4을 국유지 지대로 보는 견해가 고려시대 경제사 연구에서 중요한 위치를 점하고 있다. 고려 태조대 조세감면 조치와 조준상소를 바탕으로 하여 고려전기부터 1/10조율에 의거한 1결 2석의 전조수취가 이루어졌음을 이들 연구는 논증하고 있다. 나아가 1결당 전조량이 고려초와 고려말이 같다는 사실을 해명하기 위한 방도로 결 면적의 축소를 주장하였다.

그러나 고려전기와 후기는 기본적으로 척제 및 결을 파악하는 방식이 달랐기 때문에 결면적의 축소로 그것을 설명할 수 없다. 뿐만 아니라 1/10조 관련 사료를 면밀히 검토해 보면 1/10조는 실재로 시행된 제도가 아니었다. 그것은 단지 고려후기 유학자들에 의한 개혁론으로, 구현되어야 할 과제에 불과한 것이었다. 성종 당시 실시되고 있던 조율은 1/4이었으며 비옥도와 수·한전에 따라 총 18등급으로 세분되어 있었다. 당대에는 한전이 대부분이었으므로 그 중심은 한전에 두어졌을 가능성이 높다.

이렇게 고려전기 전조문제를 이해할 때, 나서는 가장 큰 문제는 역시 소유론이다. 1/4이라는 과도한 잉여생산물이 수취되는 상황에서 사유론을 어떻게 정립할 것인가의 문제가 제기될 수밖에 없기 때문이다. 이런 이유 때문에 이를 국유지하의 지대로 파악하는 연구들이 큰 흐름을 형성하고 있다. 그러나 소유론의 정립에서 핵심은 잉여의 수취양상이고 고려시대 잉여의 수취는 삼세의 형태를 띄고 있었으므로 전조만을 대상으로 소유관계를 규정하는 것은 이론적 결함을 가진다.

일반적으로 봉건적 토지소유란 봉건영주 즉 소수의 대표자에 의한 토지소유를 기초로 하는 것으로 이는 항상 소농경영과 결합되어야 한다. 그리고 이 소농경영은 봉건사회에서 경제외적 강제를 가능케 하는 기초로 작용한다. 따라서 경제외적 강제는 봉건사회에서 매우 핵심적인 부분을 차지하며 이는 인격적 지배를 통해서 발현된다.68) 즉 영주와 농노간의 인격적 관계는 소유관계와 유착되어 있으며 이들이 유기적으로 결합되어야 봉건적 관계가 형성된다.69) 봉건적 토지소유를 이렇게 규정할 때 생산수단의 소유와 짝하는 경제외적 강제가 매우 중요하다.

그러나 선행연구에서는 인격적 예속관계와 소유관계를 직접 결합시켜 고찰한 연구는 많지 않다. 오히려 소유권에 의해서 지세가 수취되고 있음을 지나치게 강조하고 있다. 이러한 접근으로는 중세 토지 소유의 실체와 소유관계의 특징을 올바르게 파악하기 어렵다. 따라서 인격적 예속관계와 소유관계의 결합 즉 계급관계가 올바르게 해명되어야 삼세수취의 의미가 무엇인지 보다 확연하게 알 수 있으리라 생각한다. 여기에 대해서는 후고를 기약한다.

---

68) 山岡亮一외 편집, 김석민 옮김, 1987, 『봉건사회의 기본법칙』, 아침.

69) 인격적 의존이 물질적 생산의 사회적 관계들뿐 아니라 그 위에 세워진 생활의 모든 영역들까지도 규정하고 있다. 그러나 인격적 의존관계가 주어진 사회의 기초를 이루고 있다는 바로 그 이유 때문에 노동이나 생산물은 그 현실성과는 다른 환상적인 자태를 취할 필요가 없다. 노동이나 생산물은 부역이나 공납으로서 사회적 기구속에 들어간다. 여기에서는 노동의 현물형태가, 그리고 상품생산의 기초 위에서와 같이 노동의 일반성이 아니라 그 특수성이 노동의 직접적인 사회적 형태인 것이다. … 그러므로 여기에서는(봉건제 - 필자) 상대하고 있는 사람들의 분장이 어떻게 평가되든, 그들의 노동에 있어서 사람들 사이의 관계는 언제나 그들 자신의 인격적 관계들로 나타나지 물적존재와 물적존재의 사회적 관계 즉 노동생산물의 사회적 관계로 변장되어 있지는 않다. 마르크스저 김영민 옮김, 1990, 『자본론』, 이론과 실천, 107쪽.

참고문헌

1. 사료

『三國史記』(김정배 교감, 이병도 감수, 민족문화추진회 발간)

『高麗史』(아시아문화사 영인본)

『高麗史節要』(아시아문화사영인본)

『朝鮮王朝實錄』(국사편찬위원회 영인본)

『新唐書』(경인문화사 출간)

『新增東國輿地勝覽』(민족문화추진회 국역본).

『해인사지』(가산문고, 1992)

『통도사지』(아시아문화사 영인, 1979)

『태안사지』(아시아문화사 영인, 1977)

『운문사지』(아시아문화사 영인, 1977)

『고려묘지명집성』(김용선 편저, 한림대학교 아시아문화연구소, 2002)

『역주교감역대고승비문』(이지관 엮음, 1993)

『조선금석총람』(경인문화사 영인)

『경북지방고문서집성』(이수건엮음, 영남대학교 출판부, 1981)

『한국고대중세고문서연구』 상(서울대학교 출판부, 2000)

『삼국유사』(최남선 교감, 서문문화사 출간본)

『고려도경』(홍익재, 1997)

『고려명현집』 1-4(성균관대학교 대동문화연구소 영인)

『동국이상국집』(민족문화추진회 국역본)

『양촌집』(민족문화추진회 국역본)

『太古和尙語錄』(『한국불교전서』, 동국대학교 출판부, 1994)

『梅溪集』(『한국문집총간』 16, 민족문화추진회, 1988)

『退溪集』(『한국문집총간』 29, 민족문화추진회)

『及菴詩集』(한국문집총간』 3, 민족문화추진회)
『동문선』(민족문화추진회 국역본)
『대동야승』(민족문화추진회 국역본)
『색경』(『농서』 1, 아시아문화사영인, 1978)
『만성대동보』(명문당 영인, 1983)

2. 논저

1) 국외저서

하타다 타카시(旗田巍), 1972, 『朝鮮中世社會史の硏究』, 法政大學出版局.
하마나까 노보루[浜中昇], 1986, 『朝鮮古代の經濟と社會』, 法政大學出版局.
포스탄 지음, 이연규 옮김, 1989, 『중세의 경제와 사회』, 청년사.
마르크 블로크 저, 한정숙 역, 1986, 『봉건사회』 1·2, 한길사.
김석민옮김, 1987, 『봉건사회의 기본법칙』, 아침.
맑스, 김영민 옮김, 1987, 『자본론』, 이론과 실천.
마르티나 도이힐러지음, 이훈상 옮김, 2003, 『한국사회의 유교적 변화』, 아카넷.

2) 국내 저서

과학원 역사연구소, 『삼국시기 사회경제구성에 관한 토론집』(일송정, 1989재출간)
『한국사』, 1994, 한길사.
한국중세사 연구회, 1997, 『고려시대사 강의』, 늘함께.
역사학회, 1998, 『노비·농노·노예-예속민의 비교사』, 일조각.
연세대학교 국학자료원, 2001, 『고려-조선전기 중인연구』, 신서원.
강진철, 1980, 『고려토지제도사연구』, 일조각.
강진철, 1989, 『한국중세토지소유연구』, 일조각.
구산우, 2003, 『고려전기 향촌지배체제연구』, 혜안.
김광철, 1991, 『고려후기 세족층 연구』, 동아대학교 출판부.

김건태, 2004, 『조선시대 양반가의 농업경영』, 역사비평사.

김기덕, 1998, 『고려시대 봉작제 연구』, 청년사.

김기흥, 1991, 『삼국및 통일신라 세제의 연구』, 역사비평사.

김당택, 1998, 『원간섭하 고려정치사』, 일조각.

김석형, 1957, 『조선봉건시대 농민의 계급구성』, 북한사회과학원 (신서원, 1993, 재출간)

김용섭, 2000, 『한국중세농업사연구』, 지식산업사.

김인호, 1999, 『고려후기 사대부의 경세론 연구』, 혜안.

김태영, 1983, 『조선전기 토지제도사연구』, 지식산업사.

나종일편, 1988, 『봉건제』, 까치.

박경안, 1996, 『고려후기 토지제도연구』, 혜안.

박용운, 2003, 『고려사회와 문벌귀족가문』, 경인문화사.

박용운, 1997, 『고려시대 관계·관직연구』, 고려대학교 출판부.

박종기, 1990, 『고려시대 부곡제 연구』, 서울대학교 출판부.

박종기, 2002, 『고려의 지방사회』, 푸른역사.

박종진, 2000, 『고려시대 재정운영과 조세제도』, 서울대학교 출판부.

배상현, 1998, 『고려후기 사원전연구』, 국학자료원.

백남운 지음, 윤한택 옮김, 1989, 『조선사회경제사』, 이론과 실천.

백남운 지음, 하일식 옮김, 1993, 『조선봉건사회경제사』 1·2, 이론과 실천.

안병우, 2002, 『고려전기의 재정구조』, 서울대학교출판부.

위은숙, 1998, 『고려후기 농업경제 연구』, 혜안.

윤한택, 1995, 『고려전기 사전연구』, 고려대학교 민족문화연구소.

이경식, 1986, 『조선전기 토지제도연구』, 일조각.

이경식, 1998, 『조선전기토지제도연구』 2, 지식산업사.

이기백, 1968, 『고려병제사연구』, 일조각.

이상선, 1998, 『고려시대 사원의 사회경제연구』, 성신여자대학 출판부.

이수건, 1984, 『한국중세사회사연구』, 일조각.

이수건, 1995, 『영남사림파의 형성』, 일조각.

이영훈, 1988, 『조선후기 사회경세사』, 한길사.

이우성, 1991, 『한국중세사회연구』, 일조각.

이인철, 1996, 『신라촌락사회사연구』, 일지사.

이정신, 1991, 『고려 무신정권기 농민·천민항쟁 연구』, 고려대학교 민족문화연
　　　구소.

이정희 2000, 『고려시대 세제의 연구』, 국학자료원.

이종봉, 2001, 『한국중세도량형제연구』, 혜안.

이태진, 1986, 『한국사회사연구』, 지식산업사.

이태진, 2002, 『의술과 인구 그리고 농업기술』, 태학사.

이호철, 1986, 『조선전기농업경제사』, 한길사.

정용숙, 1988, 『고려왕실족내혼연구』, 새문사.

채상식, 1991, 『고려후기불교사연구』, 일조각.

채웅석, 2000, 『고려시대 국가와 지방사회』, 서울대학교 출판부.

한기문, 1998, 『고려사원의 구조와 기능』, 민족사.

한우근, 1992, 『기인제 연구』, 일지사.

허종호, 1965, 『조선봉건말기의 소작제연구』, 사회과학원출판사(한마당, 1989).

허흥식, 1986, 『고려불교사연구』, 일조각.

홍승기, 1983, 『고려귀족사회와 노비』, 일조각.

3) 박사학위 논문

권오영, 1996. 8, 『삼한의 '국'에 대한 연구』, 서울대학교박사학위논문.

김기섭, 1993, 『고려전기 전정제 연구』, 부산대학교 박사학위 논문.

김재홍, 2001, 『신라중고기 촌제의 성립과 지방사회구조』, 서울대학교 박사학위
　　　논문.

윤경진, 2000, 『고려군현제의 구조와 운영』, 서울대학교 국사학과 박사학위 논문.

윤선태, 2000, 『신라통일기 왕실의 촌락지배』, 서울대학교 박사학위논문.

이기영, 1990, 『고전장원제하의 농업경영』, 서울대학교 서양사학과 박사학위 논문.

이병희, 1992, 『고려후기 사원경제의 연구』, 서울대학교 국사학과 박사학위논문.

이숙경, 1996, 『고려후기 사패전 연구』, 서강대학교 사학과 박사학위논문.

3. 연구논문

1) 국외

스도오 요시유끼[周藤吉之], 1934, 「麗末鮮初に於ける農莊に就ついて」, 『靑丘學叢』 17.

미야지마 히로시[宮嶋博史], 1984, 「朝鮮史硏究と所有論－時代區分について一提言」, 『人文學報』 167, 東京都立大.

미야지마 히로시[宮嶋博史], 1994, 「東アジア小農社會の形成」, 『長期社會變動』 (アジアから考える 6), 東京大學出版會.

하마나까 노보루[浜中昇], 1976, 「高麗末期の田制改革にについて」, 『朝鮮史における國家と民衆』, 朝鮮史硏究會論文集 13.

有井智德, 1967, 「李朝初期の私的土地所有關係」, 『朝鮮史硏究會論文集』 3.

北村秀人, 1975, 「高麗時代の'所'制度について」, 『朝鮮學報』 50.

2) 국내

강진철, 1988, 「고려말기의 사전개혁과 그 성과」, 『진단학보』 66.

구산우, 1992, 「나말여초의 울산지역과 박윤웅－곽소의 기원과 관련하여－」, 『한국문화연구』 5, 부산대 한국문화연구소.

권영국, 1996, 「염업」, 『한국사』 19, 국사편찬위원회.

김건태, 1991, 「16세기 재지사족의 농장경영에 대하여」, 『성대사림』 7.

김건태, 1993, 「16세기 양반가의 작개제」, 『역사와 현실』 9.

김광수, 「나말여초 호족과 관반」, 『한국사연구』 23.

김광철, 1984, 「홍자번 연구」, 『경남사학』 창간호.

김광철, 1987, 「여몽전쟁과 재지이족」, 『부산사학』 12, 1987.

김광철, 1993, 「충렬왕대 측근세력의 분화와 그 정치적 귀결」, 『고고역사학지』 9.

김기섭, 1987, 「고려전기 농민의 토지소유과 전시과체제의 특징」, 『한국사론』 17, 서울대학교 국사학과.

김두진, 1979, 「고려 광종대의 전제왕권과 호족」, 『한국학보』 15, 일지사.

김세광, 1998, 「여말·선초 품상자기소의 경영형태와 기술진보」 『한국경상논총』 16-2.

김아네스, 2001, 「고려 태조대 귀부호족과 본읍장군」 『진단학보』 92.

김영두, 1996, 「고려 태조대의 역분전」 『고려태조의 국가경영』, 서울대학교 출판부.

김용섭, 1976, 「고려시기의 양전제」 『동방학지』 16.

김용섭, 1980, 「전근대의 토지제도」 『한국학 입문』, 학술원.

김용섭, 1981, 「고려전기의 전품제」 『한우근 박사 정년기념사학논총』.

김윤곤, 1991, 「여대의 사원장사」 『고고역사학지』 7.

김윤곤, 2001, 「여대의 운문사와 밀양·청도지방」 『한국 중세 영남불교의 이해』, 영남대학교 출판부.

김인호, 1993, 「이규보의 현실이해와 정치경제 개선론」 『학림』 15.

김재명, 1985, 「고려시대 십일조에 관한 일고찰」 『청계사학』 2.

김창석, 1991, 「통일신라기 전장에 관한 연구」 『한국사론』 25, 서울대학교 국사학과.

김호동, 2000, 「여말선초 향교교육의 강화와 그 경제적 기반의 확보과정」 『대구사학』 61.

나각순, 1994, 「신분제의 동요」 『한국사』 20, 국사편찬위원회.

노명호, 1990, 「전시과체제하 백정농민층의 토지소유」 『한국사론』 23, 서울대학교 국사학과.

노명호, 1992, 「나말여초 호족세력의 경제적 기반과 전시과체제의 성립」 『진단학보』 74.

마종락, 1985, 「토지소유관계 연구서설」 『진단학보』 59.

마종락, 1989, 「고려시대 군인과 군인전」 『백산학보』 36.

민현구, 1971, 「고려의 녹과전」 『역사학보』 53·54.

박광순, 1996, 「전남지방 누정의 사회경제적 기능에 관한 연구」 『호남문화연구』 24.

박국상, 1988, 「고려시대 토지분급과 전품」 『한국사론』 18, 서울대학교 국사학과.

박종기, 1984, 「고려부곡제의 구조와 성격」 『한국사론』 10, 서울대학교 국사학과.

박종기, 1993, 「예종대 정치개혁과 정치세력의 변동」 『역사와 현실』 9.

박종기, 1999, 「고려시대 부세수취와 속현」 『역사와 현실』 32.

박종진, 1999,「고려시기 '수취단위'의 의미와 속현의 지위」『역사와 현실』32.

박준성, 1984,「17·18세기 궁방전의 확대와 소유형태의 변화」『한국사론』11, 서울대학교 국사학과.

박창희, 1987,「이규보의 본질에 대한 연구」『외대사학』창간호.

박창희, 1989,「이규보의 본질에 대한 연구2」『외대사학』2.

박창희, 1990,「이규보의 본질에 대한 연구3」『외대사학』3.

서성호, 1999,「고려 수공업소의 몇가지 문제에 대한 검토」『한국사론』41·42.

E. J. Shultz, 1983,「한안인일파의 등장과 그 역할」『역사학보』99·100합집.

송병기, 1969,「고려시대의 田莊－12세기 이후를 중심으로」『한국사연구』3.

송찬섭, 1985. 2,「17, 18세기 신전개간의 확대와 경영형태」『한국사론』12, 서울대학교 인문대학 국사학과.

신은제, 2001,「민전용례의 재검토」『한국중세사연구』10, 한국중세사학회.

신은제, 2002,「고려시대 전조 수취율과 그 이해방향」『역사연구』11.

신은제, 2004,「고려시대 전장의 용례와 범주」『지역과 역사』15, 부경역사연구소.

신은제, 2006,「원종·충렬왕대 전민변정사업의 성격」『한국중세사연구』21호.

안병우, 1984,「고려의 둔전에 관한 일고찰」『한국사론』10, 서울대학교 국사학과.

안병우, 1990,「고려전기 지방관아 공해전의 설치와 운영」『이재룡 박사환력기념한국사학논총』, 한울.

안병우, 1994,「고려후기 농업생산력의 발달과 농장」『14세기 고려의 정치와 사회』, 민음사.

안병우, 1997,「고려민전의 경영」『김용섭교수정년기념사학논총』, 지식산업사.

오일순, 1985,「고려전기 부곡민에 관한 일시론」『학림』7.

위은숙, 1993,「고려후기 소농민경영의 성격」『부산여대사학』10·11.

위은숙, 1985,「나말려초 농업생산력 발전과 그 주도세력」『부산사학』9집.

유경아, 1986,「이승휴의 생애와 역사인식」『고려사의 제문제』, 삼영사.

윤경진, 1999,「고려전기 호장의 기능과 외관의 성격」『국사관논총』87.

윤경진, 2002,「고려시기 소의 존재양태에 대한 시론」『한국중세사연구』13.

윤한택, 1987,「전자본주의 사회의 성격」『사회과학개론』, 백산서당.

윤한택, 1989,「고려 전시과체제하의 농민신분」『태동고전연구』5.

윤한택, 1992,「고려전기 경원이씨가의 과전지배」『역사연구』창간호.

윤한택, 1993, 「고려전기 3등 3품제」『태종고전연구』 10.

윤한택, 1997, 「고려전기의 양반과 양반전」『한국근현대 사회변혁운동』, 역사학연구소.

윤한택, 1998, 「고려전기 양반공음전시와 등과전」『경기사학』 2.

이경식, 1986, 「고려전기의 평전과 산전」『이원군화갑기념사학논총』.

이경식, 1988, 「고대·중세의 식읍제의 구조와 전개」『손보기박사 정년기념 한국사학논총』, 지식산업사.

이경식, 1988, 「고려시기의 양반구분전과 시지」『역사교육』 44.

이경식, 1991, 「조선초기 농지개간과 대농경영」『한국사연구』 45.

이경식, 1991, 「고려시기의 작정제와 조업전」『이원순교수 정년기념 역사학논총』.

이병희, 1991, 「15세기 토지소유와 농민」『역사와 현실』 5.

이병희, 2001, 「고려시기 승려의 개인재산」『전농사론』 7.

이병희, 1988, 「고려전기 사원전의 분급과 경영」『한국사론』 18, 서울대학교 국사학과.

이성무, 1980, 「公田·私田·民田의 槪念－高麗·朝鮮初期를 中心으로－」『韓㳓劤博士停年紀念史學論叢』.

이순근, 1989, 「나말려초 지방세력의 구성형태에 관한 일연구」『한국사연구』 67.

이영훈, 1988, 「조선봉건제론의 비판적 검토」『조선후기사회경제사』, 한길사.

이영훈, 1994, 「조선전호고」『역사학보』 142.

이영훈, 1998, 「고려전호고」『역사학보』 161.

이우성, 1965, 「고려의 영업전」『역사학보』 28.

이우성, 1965, 「新羅時期의 王土思想과 公田」『趙明基博士華甲紀念佛敎史學論叢』.

이인재, 1992, 「'통도사지' 사지사방산천비보편의 분석」『역사와 현실』 8.

이인재, 1993, 「신라통일기 烟戶의 토지소유」『동방학지』 77·78·79.

이인재, 1997, 「고려중·후기 농장의 전민확보와 경영」『국사관논총』, 국사편찬위원회.

이인재, 1997, 「통일신라기 전장의 형성과 경영」『김용섭교수 정년기념사학논총』, 지식산업사.

이정신, 1998, 「고려시대의 어업실태와 어량소」『한국사학보』 4.

이정신, 1999, 「고려시대 茶생산과 다소」『한국중세사연구』 6, 169쪽.

이종봉, 1995, 「고려전기의 결부제」『부산사학』 29.

이태진, 1977, 「金致陽亂의 성격」『한국사연구』.

이평래, 1989, 「고려전기 경지이용에 관한 재검토」『사학지』 22.

이평래, 1991, 「고려후기 수리시설의 확충과 수전개발」『역사와 현실』 5.

이형우, 1997, 「우왕의 왕권강화 노력과 그 좌절」『역사와 현실』 23.

이훈상, 1985, 「고려중기 향리제도의 변화에 대한 일고찰」『동아연구』 6, 서강
　　대학교 동아연구소.

전덕재, 1990, 「4~6세기 농업생산력의 발전과 사회변동」『역사와 현실』 4.

전덕재, 1994, 「신라하대의 농민항쟁」『한국사』 4, 한길사.

정종한, 1983, 「고려시대 양계의 민전과 그 소유관계」『전북사학』 6집.

정현규, 1955, 「14~15세기 봉건조선에서의 民田의 성격」『역사과학』 3호.

채웅석, 1985, 「고려전기 사회구조와 본관제」『고려사의 제문제』, 삼영사.

채웅석, 2001, 「12세기초 고려의 개혁추진과 정치적 갈등」『한국사연구』 112.

최길성, 1962, 「1328년 통도사의 농장경영형태」『역사과학』, 4호, 25쪽.

최완기, 1981, 「고려조의 세곡운송」『한국사연구』 34.

최재율, 1996, 「전남지방 누정의 성격과 기능」『호남문화연구』 24.

하일식, 1997, 「해인사전권과 묘길상탑비」『역사와 현실』 24, 역사비평사.

하태규, 1997, 「高麗時代 民田의 성격과 국가의 파악방식」『전북사학』 19·20합
　　집호.

한기문, 1990, 「고려시대 사원보의 설치와 운영」『역사교육논집』 13·14.

홍승기, 1979, 「고려시대의 노비와 토지경작」『한국학보』 14.

찾아보기

ㅊ

경인한국학연구총서

*대한민국학술원 우수학술 도서   **문화체육관광부 우수학술 도서